GORILLES
DANS LA BRUME

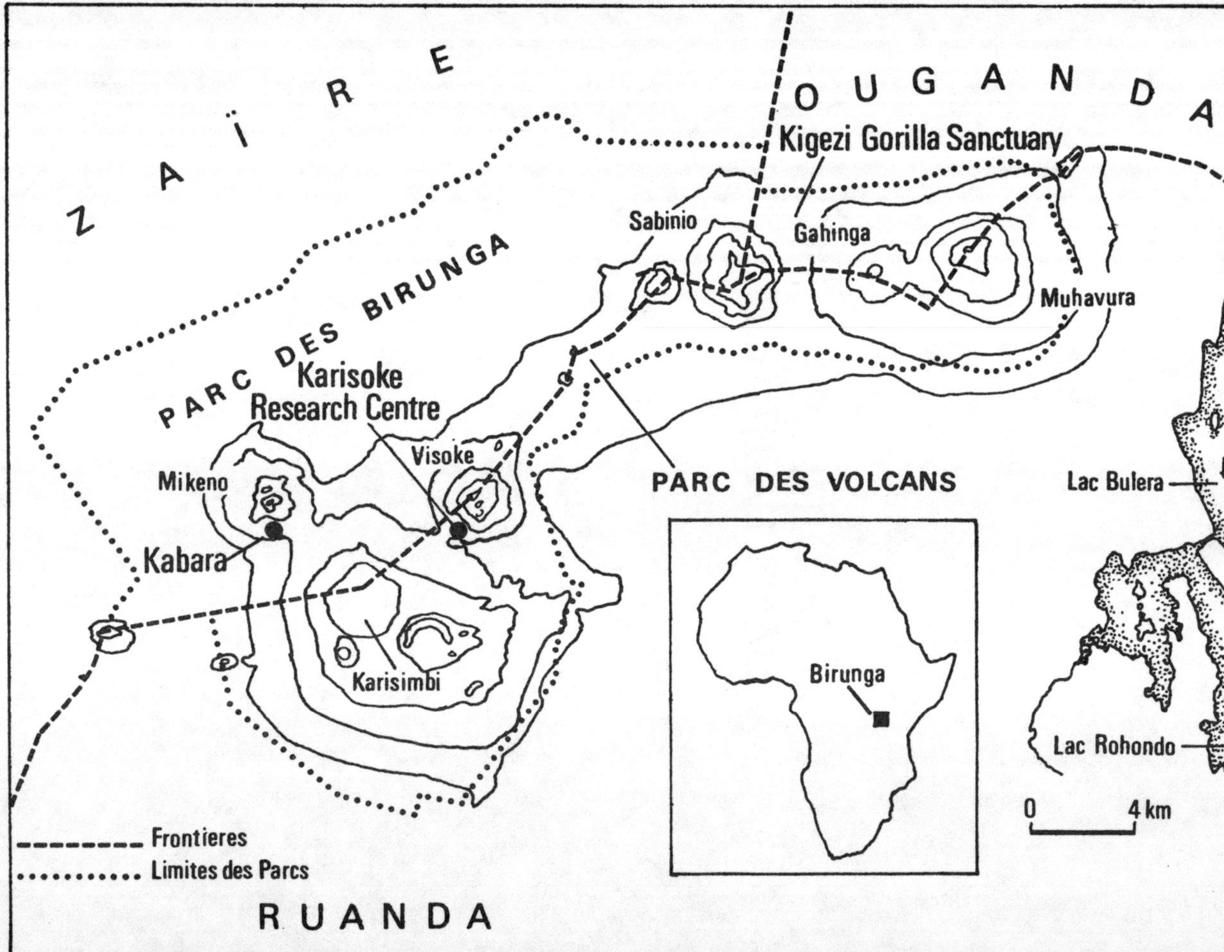
ZAÏRE
OUGANDA
Kigezi Gorilla Sanctuary
Sabinio
Gahinga
Muhavura
PARC DES BIRUNGA
Karisoke
Research Centre
Visoke
Mikeno
Kabara
Karisimbi
PARC DES VOLCANS
Lac Bulera
Lac Rohondo
Birunga
0
4 km
Frontieres
Limites des Parcs
RUANDA

Dian FOSSEY

GORILLES DANS LA BRUME

FRANCE LOISIRS
123, boulevard de Grenelle, Paris

Titre original :
Gorillas in the mist

Traduction de Josie FANON

La première édition française de ce livre a paru sous le titre *Treize ans chez les gorilles.*

GORILLES DANS LA BRUME

Un film de Michael Apted
Une production Guber/Peters
en association avec Arnold Glimcker
Scénario de Anna Hamilton Phelan

avec

Sigourney Weaver .... Dian Fossey
Bryan Brown .... Bob Campbell
Julie Harris .... Roz Carr
John Omerah Miliwi .... Sembagare
Jain Cuthberston .... Dr Louis Leakey

Édition du Club France Loisirs, Paris,
avec l'autorisation des Presses de la Cité

Publié avec l'accord de Houghton Mifflin Company, Boston.
ISBN 2-7242-4165-7

Avant-propos

J'ai passé treize ans de mon existence parmi les gorilles de montagne et je les ai observés dans leur environnement naturel. Ce livre, qui est également le fruit de quinze années de travaux et de recherches, retrace certains épisodes de cette expérience.

La chaîne des Birunga est composée de huit volcans dont deux seulement sont en activité. Les six volcans éteints sont les seuls endroits au monde où l'on trouve les gorilles de montagne. Cette zone s'étend sur quarante kilomètres de long et, selon les endroits, sur dix à vingt kilomètres de large. Elle forme une réserve dont les deux tiers sont situés au Zaïre et portent le nom de *Parc National des Birunga.* Douze mille hectares font partie du territoire ruandais ; c'est le *Parc National des Volcans.* Enfin, une portion plus petite, le *Kigezi Gorilla Sanctuary,* se trouve en Ouganda.

Les recherches que j'ai effectuées sur le gorille, ce grand singe de l'ordre des primates, animal à la stature majestueuse, d'une grande douceur mais qui, à l'occasion, peut devenir vindicatif, concernent particulièrement l'organisation sociale et familiale. Elles ont permis de découvrir certains modèles de comportement jusqu'alors inconnus.

Carl Linné, le pionnier de la classification, fut le premier à établir, en 1758, la relation existant entre l'homme et le singe. C'est lui qui définit l'ordre des *primates,* voulant souligner par ce terme la place supérieure que l'homme et le singe occupent dans le règne animal.

L'homme et les trois grands singes (orang-outang, chimpanzé et gorille) sont les seuls primates dépourvus de queue. Ils ont cinq doigts aux pieds et aux mains et leurs pouces sont opposables. Ce sont des mammifères. La position de leurs orbites permet la vision binoculaire. Enfin, leur mâchoire comporte généralement trente-deux dents.

La rareté des fossiles ne permet pas d'établir l'origine des deux familles, les pongidés (grands singes) et les hominidés (hommes) qui se sont séparés du tronc commun depuis des millions d'années. On ne peut donc être certain que l'un des trois grands singes est l'ancêtre de l'homme moderne, l'*Homo sapiens.*

Parmi tous les primates, cependant, le gorille possède les caractéristiques physiques les plus proches de celles de l'homme. Son étude devrait donc nous permettre de déduire certains comportements de nos lointains ancêtres.

La branche des chimpanzés s'est séparée de celle des gorilles il y a plusieurs millions d'années. Les orangs-outangs s'étaient détachés du tronc commun depuis plus longtemps encore. La confusion persista pendant tout le XVIIIe siècle entre les orangs-outangs, les chimpanzés et les gorilles. L'orang-outang fut le premier à être considéré comme étant d'un genre distinct, sans doute parce qu'il vivait dans les régions lointaines de l'Asie. Ce n'est qu'après 1847 et la découverte d'un squelette de gorille au Gabon que l'on différencia le gorille du chimpanzé.

De même que chez les orangs-outangs et les chimpanzés, il existe des subdivisions chez les gorilles. Les différences morphologiques sont avant tout fonction de la nature de l'habitat.

Il reste en Afrique de l'Ouest entre neuf mille et dix mille gorilles de plaine *(Gorilla gorilla gorilla)* qui vivent en liberté. Ce sont des spécimens de cette sous-espèce que l'on capture généralement et que l'on trouve derrière les grilles des zoos ou empaillés dans les musées. Plus de quinze mille kilomètres à l'ouest, dans la chaîne des volcans Birunga, au Zaïre, en Ouganda et au Ruanda vivent les derniers gorilles de montagne *(Gorilla gorilla beringei)* qui font l'objet de cette étude. Ils ne sont guère plus de deux cent quarante. Tous vivent en liberté. La troisième sous-espèce *(Gorilla gorilla graueri)* compte environ quatre mille gorilles que l'on rencontre dans l'est du Zaïre. Une vingtaine seulement ont été capturés.

On dénombre, selon l'altitude où ils vivent, vingt-neuf caractères morphologiques différents entre les gorilles de plaine et les gorilles de montagne. Le gorille de montagne vit de préférence à terre. Il a des poils plus longs, des mamelles plus importantes, un tronc plus large, une crête sagittale plus prononcée, un palais plus allongé, des bras plus courts, des pieds et des mains plus petits et plus larges.

Quatre mille gorilles seulement vivent donc en liberté dans des réserves. Pour assurer la protection de l'espèce, certains préconisent la capture des gorilles et leur emprisonnement dans les zoos ou des endroits similaires. Par suite des liens familiaux étroits qui existent chez les gorilles, la capture d'un seul jeune peut entraîner la mort de plusieurs membres du groupe familial. De plus, tous les animaux capturés ne parviennent pas vivants à destination. On estime qu'un tiers seulement survit. La mortalité dans les zoos contribue encore à diminuer le nombre des gorilles. Je m'élève avec la plus vive énergie contre la théorie selon laquelle le massacre, la capture des gorilles et leur exposition dans les zoos sont des moyens d'empêcher la disparition de ces animaux.

La préservation d'une espèce menacée d'extinction commence avec la prise de mesures rigoureuses et le renforcement de la législation pour protéger l'habitat naturel des animaux contre l'empiétement de l'homme sur les parcs et les réserves.

Il faut construire pour les gorilles enfermés dans les zoos des abris se rapprochant le plus possible de leur habitat naturel et supprimer les cages et les barreaux. Les animaux doivent pouvoir grimper aux arbres et avoir à leur disposition de la paille, des branches ou des bambous pour construire leurs nids. La nourriture doit être fournie en petites portions, répartie tout au long de la journée, correctement préparée et disséminée en différents endroits pour permettre à l'animal de la chercher et de la découvrir. Les gorilles doivent pouvoir sortir de leur cage. Contrairement à l'opinion couramment répandue, ils n'aiment rien tant que paresser au soleil. Enfin, il faut aménager des recoins obscurs pour permettre aux animaux captifs de se mettre à l'abri, s'ils le désirent, des regards humains et de s'isoler de leurs congénères, comme ils le font quand ils sont en liberté.

Pour éviter la consanguinité et stimuler la reproduction, il convient de faire permuter d'un groupe à l'autre les animaux qui semblent stériles. C'est un processus habituel chez les gorilles en liberté.

De meilleures conditions de vie contribueront sans aucun doute à améliorer la reproduction des gorilles.

Le Dr Louis Leakey, aujourd'hui décédé, craignait que le gorille de montagne, sous-espèce scientifiquement identifiée en 1902, ne disparaisse avant la fin du siècle. C'est pourquoi il souhaitait vivement que l'on entreprenne des recherches sur le terrain. Jusqu'en 1960, seul George Schaller l'avait fait.

Pendant les six ans et demi qui séparèrent la publication des brillants travaux de Schaller et le début de ma propre enquête, la proportion des mâles par rapport aux femelles chez la population gorille des volcans Birunga tomba de 1 pour 2,5 à 1 pour 1,2. La population totale diminua de moitié. Il y a plus grave : près de la moitié de la réserve où vivent les gorilles est en passe d'être transformée en terres de cultures. Délogés de leur habitat naturel par la présence de l'homme, les gorilles deviennent de plus en plus vindicatifs et se battent entre eux.

Des mesures urgentes de protection doivent être prises si l'on veut que les gorilles survivent et se multiplient. Mais n'est-il pas déjà trop tard ?

J'ai eu ce rare privilège, parmi tous les chercheurs qui ont travaillé sur le terrain en Afrique, d'avoir pu étudier le gorille de montagne. Je souhaite vivement que le résultat de mes recherches soit à la hauteur des souvenirs et des observations que j'ai accumulés.

CHAPITRE PREMIER

A Kabara, sur les traces de Carl Akeley et de George Schaller

Je rêvais depuis longtemps d'aller en Afrique, ce continent où l'on trouve en liberté les animaux sauvages les plus variés. Mais les rêves ne se réalisent que si l'on y met un peu du sien. Je m'endettai donc pour trois ans en contractant un prêt bancaire afin de financer un safari à travers les régions qui m'attiraient le plus. Je préparai minutieusement mon itinéraire, bien différent des habituels circuits touristiques, louai par correspondance les services d'un chauffeur par l'intermédiaire d'une compagnie de Nairobi et, un beau jour de septembre 1963, m'envolai pour l'Afrique.

Je m'étais fixé deux objectifs : rencontrer Louis et Marie Leakey qui habitaient Olduvai Gorge en Tanzanie et partir à la recherche des gorilles du mont Mikeno, au Congo.

Je me souviens encore du vif intérêt que manifesta le Dr Leakey quand il apprit mon intention de me rendre à Kabara dans les monts Birunga, là où George Schaller avait travaillé quelques années auparavant. Il parla avec enthousiasme des recherches que faisait depuis trois ans Jane Goodall sur les chimpanzés du *Gombe Stream Research Centre* de Tanzanie. Il insista sur la nécessité d'études de longue haleine en ce qui concerne les grands singes. Je crois que c'est à ce moment-là que germa dans mon esprit, à mon insu peut-être, l'idée de revenir un jour ou l'autre en Afrique pour m'y livrer à des recherches sur les gorilles de montagne.

Le Dr Leakey me permit de visiter les nouveaux sites archéologiques d'Olduvai. On venait d'y découvrir un fossile de girafe. Je descendais en courant une pente escarpée, exultant de me sentir libre sous le beau ciel d'Afrique, lorsque, soudain, je roulai dans le fossé où se trouvait la dernière découverte et me foulai la cheville. De douleur, je vomis sans ménagement sur le précieux fossile. Pour compléter mon humiliation, les membres de l'équipe de Leakey, légèrement dégoûtés, me hissèrent hors du trou comme un goret. Mary Leakey me fit boire gentiment un jus de citron tandis que nous contemplions ma cheville enflée qui virait du bleu au noir. De l'avis général, je devais abandonner mon projet de tournée dans les Birunga. Ce petit accident ne fit, au contraire, que renforcer ma détermination.

Je quittai les Leakey quinze jours plus tard. M'aidant d'une canne que m'avait confectionnée un sympathique Africain rencontré sur la route, et accompagnée d'un chauffeur et d'une douzaine de porteurs, j'entrepris l'escalade difficile qui devait nous mener en cinq heures jusqu'à la prairie de Kabara.

C'est à Kabara, situé à une altitude de 3 141 mètres, au-dessous du mont Mikeno qui culmine à 4 482 mètres dans le Parc des Birunga au Zaïre, que George B. Schaller avait mené ses recherches. Il a rassemblé quatre cent cinquante-huit heures d'observation sur le sujet. Sur la prairie de Kabara se trouve la tombe de Carl Akeley, un naturaliste américain qui obtint du gouvernement belge la création du Parc National Albert pour la protection des gorilles de montagne et de leur habitat volcanique vieux de 400 000 ans.

A partir de 1890, cette région montagneuse a fait l'objet d'une querelle entre la Belgique (pour la partie se trouvant actuellement au Zaïre), l'Allemagne (pour la partie située au Ruanda) et la Grande-Bretagne (pour la partie ougandaise). Il fallut plus de vingt ans pour régler le problème. En 1925, une superficie de trois cent quatre kilomètres carrés fut finalement délimitée.

Carl Akeley avait convaincu le roi Albert de Belgique d'étendre la réserve à la presque totalité de la chaîne des Birunga. Elle reçut le nom de *Parc National Albert.* En 1967, les Zaïrois appelèrent la section qui se trouvait sur leur territoire *Parc National des Birunga* et les Ruandais dénommèrent la leur *Parc National des Volcans.* La partie située en Ouganda s'appelle depuis 1930 le *Kigezi Gorilla Sanctuary.* Akeley mourut en 1926 au cours d'un séjour à Kabara et y fut enterré, selon ses dernières volontés. C'était pour lui l'un des endroits les plus beaux et les plus paisibles du monde. Il reposa à Kabara pendant cinquante-trois ans. En 1979, des pilleurs de tombeaux zaïrois violèrent le site et déterrèrent son squelette.

Quand j'arrivai pour la première fois à Kabara, en 1963, j'eus la chance de rencontrer Joan et Alan Root, des photographes qui venaient du Kenya et qui réalisaient un reportage sur les gorilles des montagnes. Tous deux accueillirent avec gentillesse cette touriste américaine clopinante et curieuse. Je les accompagnai dans quelques-unes de leurs randonnées et fus témoin de leurs rencontres passionnantes avec les gorilles de Kabara. C'est grâce à Joan et Alan et au talent de Sanwekwe, un garde forestier congolais habile à dépister les animaux sauvages, que je pus rencontrer et photographier des gorilles au cours de cette première visite.

Sanwekwe avait travaillé successivement avec Carl Akeley quand il était jeune puis, plus tard, avec George Schaller. Il devint mon ami. Son expérience fut pour moi d'un apport inestimable.

Je n'oublierai jamais ma première rencontre avec les gorilles. J'entendis, je sentis avant de voir : le bruit d'abord, puis une puissante odeur musquée, une odeur de basse-cour et, en même temps, une odeur presque humaine. L'air retentit soudain de cris perçants suivis d'un bruit de battements rythmés. C'était un énorme mâle à dos argenté, caché derrière un rideau de végétation impénétrable, qui se frappait la poitrine.

Joan et Alan, qui me précédaient de quelques mètres sur la piste me firent signe de ne pas bouger. Nous nous figeâmes tous trois sur place jusqu'à ce que les cris et les battements cessent. Puis, nous commençâmes à ramper lentement dans le fourré en direction du groupe. Nous nous arrêtâmes à une distance de cinq mètres environ. A travers le feuillage nous aperçûmes alors une panoplie de faces noires au cuir tanné qui nous fixaient d'un air furieux et inquisiteur. Leurs yeux étincelaient sous leurs épais sourcils tandis qu'ils cherchaient à déterminer s'ils avaient affaire à des amis ou à des ennemis. Je fus tout de suite frappée par le spectacle de ces imposants corps noirs se détachant sur le vert soutenu du feuillage.

La plupart des femelles s'étaient retirées avec leurs petits à l'arrière du groupe, laissant en avant le chef à dos argenté et quelques mâles plus jeunes qui nous considéraient en pinçant les lèvres. De temps en temps, le chef se frappait la poitrine pour essayer de nous intimider. Le bruit se répercutait à travers la forêt et les gorilles assemblés autour de lui se frappaient la poitrine à leur tour, les coups résonnant plus faiblement.

Alan mit lentement la caméra en marche et commença à filmer. Le bruit éveilla la curiosité d'autres membres du groupe qui s'avancèrent pour mieux nous voir. Cherchant à attirer notre attention, certains gorilles se livraient à des démonstrations : bâillements, simulation de repas, bris de branches, coups frappés sur la poitrine. Ils nous regardaient ensuite d'un air railleur comme s'ils essayaient de déterminer quel effet le spectacle faisait sur nous.

Je fus captivée, au cours de cette première rencontre, par leur personnalité et la timidité de leur comportement. Je quittai Kabara avec regret, mais convaincue qu'un jour ou l'autre je reviendrais pour en apprendre davantage sur les gorilles de la montagne perdue dans les brumes.

C'est une visite que je rendis au Dr Leakey à Louisville, dans le Kentucky, qui décida de mes retrouvailles avec Kabara, Sanwekwe et les gorilles. De retour aux États-Unis j'avais repris mon travail de rééducatrice pour payer mes dettes.

Le Dr Leakey n'avait sans doute gardé qu'un vague souvenir de la touriste maladroite qu'il avait rencontrée trois ans auparavant, mais il fut frappé par les photos et les articles que j'avais publiés à mon retour d'Afrique.

Après un bref entretien, il me déclara que j'étais celle qu'il cherchait depuis longtemps pour entreprendre des recherches sur le terrain. Auparavant, me dit-il, je devais me faire opérer de l'appendicite afin de ne pas courir le risque d'être malade dans cette région reculée d'Afrique centrale. J'aurais accepté n'importe quelle condition et j'entrai à l'hôpital pour une appendicectomie.

Six semaines après ma sortie de l'hôpital, je reçus une lettre du Dr Leakey. « En réalité, disait-il, il n'y avait aucune raison impérieuse de vous faire enlever l'appendice. C'est seulement ma façon de mettre à l'épreuve les nouveaux postulants. » Ce fut ma première expérience du sens de l'humour bien particulier qui était le sien.

Il fallut huit mois au Dr Leakey pour rassembler les fonds nécessaires. Pendant ce temps, je finis de rembourser le prêt bancaire qui avait financé mon safari de 1963, appris pratiquement par cœur les deux magnifiques ouvrages de George Schaller sur ses recherches de 1959 à 1960 parmi les gorilles de montagne et m'initiai à la langue swahili.

Ce fut dur de quitter mon travail et les enfants dont je m'étais occupée pendant onze ans. Je dis au revoir à mes amis du Kentucky et à mes trois chiens, Mitzi, Shep et Brownie. Ces derniers sentaient que notre séparation serait définitive. Je les vois encore courant derrière ma voiture chargée à ras bord. Je me rendis ensuite en Californie, pour embrasser mes parents.

Je ne pouvais faire comprendre à personne ce qui me poussait à retourner en Afrique. Les uns appelleront cela la destinée. D'autres jugeront cette initiative bizarre et affligeante. Quant à moi, comme chaque fois que ma vie prend une tournure surprenante, je parlerai seulement de hasard.

Vers la fin de l'année 1960, Leighton Wilkie, qui finançait les recherches de Jane Goodall sur les chimpanzés, informa le Dr Leakey qu'il était prêt à participer à un autre projet à long terme sur les grands singes.

En décembre 1966, j'étais de nouveau en route pour l'Afrique. Mon unique but, cette fois-ci, était de retrouver les gorilles.

J'eus la chance de tomber sur Joan Root à l'aéroport d'Heathrow à Londres où elle attendait son vol pour Nairobi. Elle-même et Alan furent stupéfaits d'apprendre que j'avais l'intention de parcourir plus de mille kilomètres en voiture (du Kenya au Congo) et de solliciter du gouvernement congolais l'autorisation de m'installer à Kabara. Comme la plupart de mes amis, ils estimaient qu'une femme seule, fraîchement débarquée des États-Unis de surcroît, n'avait aucune chance de mener à bien cette entreprise.

A Nairobi, Joan m'aida à faire mes emplettes. Grâce à sa longue expérience des safaris, je gagnai du temps et évitai de nombreuses erreurs. Elle choisit le matériel de camping adéquat, tentes, éclairages, réchaud, literie. Le Dr Leakey acheta une antique Land Rover bâchée que j'appelai par la suite « Lily ». J'étais loin de me douter que sept mois plus tard, Lily me sauverait la vie.

Quand tout mon attirail fut réuni, Jane Goodall m'invita aimablement pendant deux jours au Centre de Recherches de Gombe pour me montrer ses méthodes d'organisation et pour me présenter ses adorables chimpanzés. Je crains de n'avoir pas été une invitée très attentive, obsédée que j'étais par mon désir d'arriver au plus vite à Kabara et de retrouver mes gorilles.

Alan Root, qui entretenait de sérieux doutes sur ma santé mentale et celle du Dr Leakey, décida finalement de m'accompagner avec sa Land Rover jusqu'au Congo.

S'il n'avait pas été là, je ne sais pas comment j'aurais réussi à persuader Lily d'escalader les routes aussi escarpées que des sentiers de chèvres, qu'on trouvait encore en Afrique à cette époque-là. De plus, sans son aide, je n'aurais sans doute jamais pu venir à bout de mes difficultés bureaucratiques et obtenir du gouvernement les permis nécessaires à mon travail à Kabara, dans le Parc des Birunga.

Au matin du 6 janvier 1967, Alan et moi-même, accompagnés de quelques gardes forestiers et de deux Africains qui devaient constituer l'embryon de mon équipe, arrivâmes au petit village de Kibumba, situé au pied du mont Mikeno. Comme je l'avais fait avec mon chauffeur trois années auparavant, nous choisîmes des porteurs pour emmener le matériel jusqu'à Kabara.

Ni le village ni la forêt d'arbres moussus (des *Hagenia abyssinica*) n'avaient changé pendant ces trois ans.

Transportée de joie, je grimpai allégrement de Kibumba à Kabara. Là non plus rien n'avait changé. Je retrouvai même les deux corbeaux malicieux *(Corvultur albicollis)* qui fondaient sur les restes de nos repas et qui apprirent vite à ouvrir la fermeture Éclair de la tente pour y dérober de la nourriture.

Alan ne pouvait rester plus de deux jours à Kabara. Il travailla d'arrache-pied pour installer des commodités dissimulées par des sacs de toile, disposer des barils pour la réserve d'eau et creuser des canaux d'écoulement autour de ma tente.

A notre plus grand regret, nous ne vîmes pas de gorilles pendant ces deux jours. Seuls nous parvinrent les échos des vocalisations échangées d'un groupe à l'autre sur les pentes du mont Mikeno.

Nous découvrîmes des traces récentes du passage d'un groupe de gorilles au niveau d'un col. Dans mon excitation je m'élançai sur la piste nettement visible sur l'herbe épaisse, persuadée que j'allais d'un instant à l'autre recontrer les gorilles. Cinq minutes plus tard, je m'aperçus qu'Alan ne m'avait pas suivie. Perplexe, je fis demi-tour et le retrouvai qui m'attendait calmement à l'endroit où je l'avais laissé.

« Dian, me dit Alan avec une courtoisie toute britannique, si vous voulez rencontrer les gorilles, vous devez suivre leurs traces à partir de leur point de départ et non celles qu'ils laissent sur le chemin du retour. »

Ce fut ma première leçon dans l'art de suivre un animal à la piste. Je ne l'ai jamais oubliée.

Quand Alan me quitta le lendemain, je sentis la panique me gagner tandis que je regardais sa silhouette disparaître à travers les arbres. C'était mon dernier lien avec la civilisation, telle que je la connaissais du moins, et la seule personne dans ces montagnes qui parlait ma langue. Je m'accrochai au poteau de ma tente pour m'empêcher de courir derrière lui.

Quelques instants après le départ d'Alan, l'un des deux Africains qui devaient rester au camp avec moi, me demanda : « *Unapenda maji moto ?* » Incapable de me rappeler le moindre mot de swahili, je fondis en larmes et me réfugiai sous ma tente, terrifiée. Une heure plus tard, consciente du ridicule de la situation, je sortis et demandai au Congolais de répéter sa question. « Est-ce que j'avais besoin d'eau chaude ? » Il ne disait pas si c'était pour faire du thé ou pour prendre un bain mais, dans son esprit, c'était certainement une panacée pour les problèmes des Blancs. J'acceptai avec moult *asane* (merci) les dix litres d'eau chaude qu'il m'apporta.

Le lendemain, je décidai de remettre à plus tard l'installation définitive du campement et de me mettre immédiatement sur la piste des gorilles.

***

Pour mon premier jour de travail sur le terrain, je n'eus guère à marcher plus de dix minutes avant d'apercevoir un mâle isolé prenant un bain de soleil sur un tronc d'arbre qui avait poussé à l'horizontale, au bord d'un petit lac.

Je n'eus pas le temps de sortir mes jumelles de leur étui. Le singe bondit de l'arbre et s'enfonça dans les profondeurs de la forêt. J'essayai pendant toute la journée de le retrouver. En vain. Mon agilité à escalader les flancs de la montagne n'avait rien de commun avec celle d'un gorille effrayé. Ce fut la première et la dernière fois que je rencontrai un gorille se reposant en terrain découvert. Ce n'est que plus tard que j'appris que ces animaux évitaient les prairies et les plans d'eau par crainte d'y renconter des hommes.

Un garde forestier arriva au camp le lendemain. C'était un Congolais qui devait provisoirement m'aider à dépister les gorilles avant l'arrivée du vieux Sanwekwe. Il n'avait aucune expérience et pendant deux jours nous ne trouvâmes pas la moindre trace d'animal.

Le troisième jour nos recherches furent tout aussi décevantes, mais j'eus cependant l'occasion de m'amuser. Nous marchions depuis plusieurs heures, mon guide et moi, au milieu d'une végétation dense, quand nous aperçûmes soudain sur l'autre flanc du ravin, à quelque deux cents mètres de distance, un gorille se chauffant au soleil. Je sortis lentement mes jumelles de leur étui, préparai mon bloc-notes et cherchai un coin propice pour observer l'animal. Celui-ci ne fit pas le moindre mouvement pendant plus d'une heure. Finalement, je réveillai mon guide qui dormait paisiblement et lui demandai de m'attendre pendant que j'irais voir le gorille de près. Je n'oublierai jamais ma déception quand je réalisai que mon premier « gorille » était en réalité un cochon sauvage géant *(Hylochoerus meinertzhageni)* qui disparut dans la forêt dès qu'il m'aperçut. Deux jours plus tard, je trouvais son cadavre sous un grand *Hagenia*. Il était apparemment mort de vieillesse.

La nuit réservait aussi des surprises. Au cours de ma quatrième nuit passée à Kabara, je fus brutalement tirée de mon sommeil et jetée hors de mon lit de camp. Je roulai de l'autre côté de la tente encore enveloppée de mon sac de couchage. J'eus l'impression que les volcans éteints se réveillaient et entraient en éruption. Des grondements sourds puis des barrissements et une puissante odeur m'apprirent que j'avais affaire à des éléphants. Ils étaient trois et l'un d'eux avait laissé une énorme « carte de visite » à l'entrée de la tente. Ces trois-là et d'autres encore prirent l'habitude de venir très souvent au campement. J'étais toujours émerveillée par leur curiosité et leur intrépidité. Mon jardin potager n'y survécut pas et je décidai de le sacrifier après le troisième *tembo* (raid) des éléphants.

Je passais la plus grande partie de mon temps en forêt. Je rencontrais presque chaque jour des éléphants, des buffles, des cochons sauvages géants et, évidemment, des gorilles.

Je notais soigneusement les détails concernant le temps, les oiseaux, les plantes, le braconnage et, bien sûr, les gorilles. Je fus bientôt submergée par les papiers. Je consacrais mes soirées à taper à la machine et à classer ma documentation.

Ma tente mesurait deux mètres sur trois et me servait à la fois de chambre à coucher, de salle de bains, de bureau et de séchoir pour mes vêtements perpétuellement mouillés. Des cageots de bois que j'avais recouverts de tissus africains colorés faisaient office de bureau, de chaises, d'étagères et de placards. Je préparais mes repas et mangeais dans une des deux pièces de la cabane où logeaient les hommes. C'était une baraque en bois construite une trentaine d'années auparavant. Elle avait été maintes fois visitée par des pilleurs.

Avec l'arrivée de Sanwekwe, mon équipe se composait maintenant de trois membres. Les hommes préparaient leur repas sur un foyer placé au milieu de leur chambre. La fumée qui envahissait la cabane ne les dérangeait pas, mais me faisait souvent pleurer et me coupait la respiration. La nourriture de base des Africains était composée de phénoménales platées de patates douces, de haricots multicolores, de maïs et, de temps en temps, de légumes frais qu'ils apportaient de Kibumba, leur village.

J'avais craint que ma propre nourriture, plus variée, soit un objet de convoitise et s'épuise vite. Mes inquiétudes ne durèrent pas. Les hommes jetaient un regard poli et légèrement ironique sur les conserves qui formaient l'ordinaire de mes repas. Une fois par mois, je me rendais à Kisoro, en Ouganda, et je faisais provision de boîtes de hot dogs, de lait en poudre, de margarine, de corned-beef, de thon, de légumes, de spaghetti, de nouilles, de céréales et de bonbons. Le pain, le fromage et les produits frais ne se conservaient pas plus de deux semaines. Je faisais ripaille pendant quinze jours. La seconde moitié du mois, je jeûnais plus ou moins. Heureusement, nous avions des œufs en abondance grâce à notre prolifique pondeuse, la poule Lucy. Lucy et son compagnon, Dezi, m'avaient été donnés par Sanwekwe qui espérait que je les mangerais quand ils seraient assez gros. Je n'en fis rien. Ils devinrent mes premiers animaux domestiques en Afrique et je m'y attachai au cours des années.

Quand les provisions se faisaient rares, je me contentais fort bien de patates, en purée, frites, bouillies ou au four. C'était une chance pour moi d'aimer ce tubercule.

A la fin du mois, j'étais toujours à court de cigarettes. Sanwekwe, de son côté, avait souvent épuisé sa provision de tabac. Cette privation nous était pénible à tous deux. Sanwekwe mélangeait alors des feuilles séchées au tabac qui lui restait, tandis que je ne m'accordais que deux ou trois bouffées sur chaque précieuse cigarette.

Sanwekwe, outre son habileté à dépister les animaux et l'intérêt qu'il portait aux gorilles, avait un remarquable sens de l'humour. Il fut un maître irremplaçable et sa compagnie me fut précieuse pendant toutes ces journées passées à vagabonder à travers un terrain difficile sous une pluie battante. C'est grâce à lui que je pus identifier trois groupes de gorilles sur les pentes du mont Mikeno.

Les gorilles vivent en unités organisées qu'on appelle des groupes. La composition de ces groupes varie selon les naissances, les morts et l'arrivée ou le départ de certains individus.

Chaque groupe peut comprendre de deux à vingt gorilles (la moyenne se situant autour de dix) et se compose traditionnellement d'un mâle adulte à dos argenté de plus de cinquante ans qui est le chef incontesté et pèse environ cent soixante kilos (c'est-à-dire deux fois plus qu'une femelle), d'un mâle jeune à dos noir (sexuellement immature) de huit à treize ans, qui pèse environ cent quinze kilos ; de trois ou quatre femelles adultes de plus de huit ans, pesant environ cent kilos et qui sont généralement les compagnes permanentes du chef et enfin, de trois à six jeunes de moins de huit ans.

Chez les jeunes, on distingue les enfants (de moins de trois ans, pesant de un à quinze kilos), les juvéniles (de trois à six ans, pesant environ cinquante-cinq kilos) et les mâles jeunes sexuellement immatures (de six à huit ans, pesant environ quatre-vingts kilos).

Par suite de la vie commune des jeunes avec leurs parents et leurs frères et sœurs, les gorilles jouissent d'un type d'organisation familiale solide et sécurisant.

Quand le mâle et la femelle approchent de l'âge de la maturité sexuelle, ils quittent souvent leur groupe natal. Il s'agit, peut-être, d'un processus d'évolution tendant à réduire les effets de la consanguinité. Il semble pourtant que les individus adultes se séparent du groupe quand ils n'ont pas la possibilité de procréer.

Au début, il ne me fut pas facile d'entrer en contact avec les gorilles. Ils n'étaient pas habitués à ma présence et s'enfuyaient généralement dès que je m'approchais. Je pouvais choisir entre deux types de contact : soit rester cachée pendant que je les observais, soit me manifester.

Observer les gorilles à leur insu présentait l'intérêt de ne pas altérer leur comportement, mais il y avait un inconvénient : les gorilles ne pouvaient s'habituer à ma présence. Je réussis à vaincre peu à peu leur réticence en imitant certaines de leurs activités ; en me grattant et me nourrissant à leur manière et en émettant des vocalisations manifestant le contentement. Ils se sentaient ainsi plus à l'aise que lorsque je les observais avec mes jumelles et en prenant des notes. Je camouflais souvent les jumelles avec des feuilles pour ne pas effrayer les gorilles qui sont timides et pour qui le regard, comme c'est souvent le cas chez l'homme, constitue une menace.

Il était non seulement indispensable que les gorilles s'habituent à cette créature en blue-jeans qui faisait maintenant partie de leur vie quotidienne, mais il fallait encore que j'apprenne à reconnaître chaque individu dans un même groupe.

Comme l'avait fait George Schaller sept ans et demi avant moi, je me fiais aux « empreintes nasales » pour identifier chaque animal. A l'intérieur d'un même groupe, les animaux, surtout ceux qui sont issus de la même mère, ont tendance à se ressembler de façon frappante. De même que, chaque homme possède des empreintes digitales uniques, aucun gorille n'a les mêmes empreintes nasales qu'un autre (à savoir la forme des narines et les plis profonds en travers du nez).

Tant que les gorilles ne furent pas habitués à ma présence, j'utilisai mes jumelles. Même à distance, je parvins vite à faire des croquis des empreintes nasales de certains gorilles qui m'observaient curieusement, en partie cachés par la végétation. Ces croquis se révélèrent d'une grande utilité car il était hors de question de prendre des photos en gros plan. De plus, il m'aurait fallu trois mains pour tenir en même temps les jumelles, l'appareil de photo et prendre des notes, sans parler des mimiques auxquelles je devais me livrer pour mettre les gorilles en confiance.

Lorsqu'il y avait du soleil, je sortais mon appareil de photo. L'une des plus belles photos de gorilles en liberté fut prise pendant le deuxième mois de mon séjour à Kabara, à une époque où les gorilles commençaient à me faire confiance. La photo représente un groupe de seize gorilles prenant la pose comme pour un portrait de famille. Ils étaient occupés à construire des nids et à se chauffer au soleil et se dispersèrent immédiatement en m'apercevant, pour se cacher dans la forêt. Déçue, je me mis à escalader un arbre, exercice dans lequel je n'excelle pas particulièrement. Le tronc de l'arbre était lisse et je ne réussis pas à m'élever de plus de deux mètres au-dessus du sol. J'allais abandonner quand Sanwekwe, en proie à un fou rire silencieux, me donna une puissante bourrade sur le postérieur. Je me sentais aussi maladroite qu'un bébé faisant ses premiers pas. Je parvins finalement à me hisser sur une branche à près de six mètres du sol. J'imaginais que mes soupirs, mes exclamations, le bruit des branches brisées avaient fait fuir les gorilles définitivement. A ma grande surprise, je les aperçus tous assis en rang comme les spectateurs d'une pièce de théâtre. Il ne leur manquait plus que des sachets de caramels ou des esquimaux. Ce fut mon premier public et, certainement, le plus inattendu.

Cet incident est un exemple parfait de la façon dont on peut utiliser la curiosité innée des gorilles pour les apprivoiser.

La majorité des membres du groupe étaient à découvert, oubliant complètement de se dissimuler derrière l'écran de feuillage. Ils semblaient comprendre mes problèmes d'escalade, une activité qu'ils connaissaient bien.

Stimuler la curiosité des gorilles n'est qu'un aspect du long processus que je dus mettre au point pour habituer les gorilles à ma présence. Il me fallut un certain temps pour comprendre que la station debout ou la marche augmentaient leur appréhension. Cette découverte marqua le début de ma période à quatre pattes. En me déplaçant de cette façon ou en restant assise, je ne donnais plus aux gorilles l'impression de vouloir à tout moment m'élancer sur eux. Après avoir établi un contact, je me rendis compte que si je parvenais à refréner mon impatience, la curiosité des gorilles les amènerait inévitablement à sortir des fourrés ou même à grimper sur un arbre pour mieux m'observer.

Tant que j'étais visible, les gorilles se cachaient et se contentaient de m'épier à travers la végétation, ce qui ne m'avançait guère dans l'observation de leur comportement. Je changeai donc de tactique et renversai les rôles, laissant les gorilles escalader les arbres pour mieux me voir.

J'attendais parfois plus d'une heure en faisant semblant de manger des feuilles avant que la curiosité des gorilles l'emporte et qu'ils grimpent aux arbres. Une fois que leur intérêt était épuisé, ils m'oubliaient et retournaient à leurs activités.

Pendant plusieurs mois j'imitai le bruit fait par les gorilles en se frappant la poitrine, en me donnant de grandes claques rythmées sur les cuisses. L'attention des gorilles était immédiatement attirée, surtout lorsqu'ils se trouvaient à une distance de plus de trois cents mètres. Je pensais que c'était très astucieux sans comprendre que je ne transmettais pas la bonne information. Ces bruits représentent pour les gorilles un signal d'alarme ou d'excitation alors que je souhaitais émettre un signal d'apaisement. Je cessai donc mes battements rythmés, les réservant pour les occasions où je voulais attirer un nouveau groupe dont la curiosité ne manquait pas d'être éveillée par mon manège et l'emportait sur leur instinct de fuite.

Chaque fois que j'essayais d'entrer en contact avec un nouveau groupe, je choisissais toujours un endroit pourvu d'un arbre solide sur lequel les gorilles pourraient grimper. Les jours où j'avais escaladé pendant plusieurs heures des pentes de 45°, où j'avais pataugé dans la boue, où je m'étais frayé un chemin à travers d'épais taillis, où j'avais rampé sur les mains et les genoux au milieu des orties, la fatigue l'emportait sur la logistique. Le nez, que j'ai assez long, souffrait davantage des piqûres d'orties que les autres parties de mon corps protégées par des gants, des jeans épais, une longue veste, des chaussettes et de hautes bottes.

Quand on pense à l'Afrique, on imagine généralement des plaines immenses sous un soleil perpétuel. Pour moi, l'Afrique c'est la pluie, le froid et la brume de la forêt des Birunga.

Les matinées étaient souvent ensoleillées, mais j'appris à me méfier des caprices du temps et j'ajoutais toujours un imperméable au contenu habituel de mon sac à dos : appareil-photo, jumelles, rouleaux de pellicules et, luxe suprême, une bouteille Thermos remplie de thé brûlant. Les jours où j'emportais mon magnétophone Nagra et son micro multidirectionnel et où je faisais de longues randonnées, le poids devenait insupportable. Je fus souvent tentée de me débarrasser de tout mon attirail. Seule, la pensée que les gorilles m'attendaient un peu plus loin me donnait le courage de continuer mon chemin.

Les gorilles de Kabara m'apprirent beaucoup sur le comportement de leurs congénères. Je compris que tout observateur du monde des animaux sauvages est un intrus et qu'il doit en accepter et en respecter les règles. Il doit savoir aussi que le souvenir du premier contact influera sur le comportement de l'animal, les jours suivants.

⁂

Je ne devais jamais connaître de « jours suivants » avec les gorilles de Kabara.

En rentrant d'une randonnée en compagnie de Sanwekwe, le 9 juillet 1967 à 3 h 30 de l'après-midi, nous trouvâmes le camp encerclé par des soldats. Une rébellion avait éclaté dans la province du Kivu au Zaïre, le nouveau nom du Congo belge. Je devais être, me dirent les militaires, « évacuée pour ma propre sécurité ».

Le lendemain, je fus « escortée » par des soldats et des porteurs chargés de l'équipement du camp, de mes objets personnels et de mes chers volatiles, Lucy et Dezi. Les deux corbeaux volaient de-ci, de-là au-dessus de nos têtes, aussi troublés que je l'étais moi-même par cet abandon précipité de notre maison. Après trois heures de marche, nous arrivâmes au pied du mont Mikeno. Les corbeaux me quittèrent pour retourner à la prairie de Kabara.

Je restai prisonnière deux semaines à Rumangabo, le poste militaire que se partageaient la direction du Parc National et les soldats. Ce fut une période pénible. Des fenêtres de ma chambre j'apercevais les pentes du mont Mikeno. Je me demandais tristement si je retournerais jamais dans la montagne et si je retrouverais un jour les gorilles.

Une semaine passa. Personne n'était capable de me donner la raison de ma détention. L'anxiété des administrateurs du Parc s'accrut quand les soldats venus du camp militaire voisin établirent des barrages à l'entrée. J'appris par des bribes de conversation qu'on assurait ainsi la protection d'un général qui venait de Bukavu où il avait dirigé la rébellion.

Au cours d'une « visite » au camp militaire, je me rendis compte en lisant un télégramme qu'on me « réservait » pour le général. D'heure en heure, mes chances d'être libérée diminuaient. Je décidai de fuir en profitant de la plaque d'immatriculation kenyane de Lily.

A cette époque, l'immatriculation d'une voiture étrangère au Zaïre coûtait environ quatre cents dollars. Je fis croire aux militaires que mon argent était à Kisoro, en Ouganda, et que je devais m'y rendre pour le récupérer. Ils ne résistèrent pas à cet appât et acceptèrent de m' « escorter » jusqu'en Ouganda.

La nuit précédant notre départ, je chargeai subrepticement Lily avec toutes mes affaires, mon matériel de photo, Lucy et Dezi. J'avais un automatique 32 que, bien sûr, je n'avais jamais utilisé. En arrivant à Rumangabo je l'avais confié à un sympathique garde forestier qui, pendant toute ma détention, m'avait apporté de la nourriture et m'avait informée du développement de la situation politique. En me rendant le pistolet, le garde me conseilla de le garder à portée de main pendant le voyage et, particulièrement, en franchissant la frontière zaïro-ougandaise. A Bunaga, le poste-frontière, les soldats zaïrois ne verraient certainement pas d'un bon œil mon passage en Ouganda, dit-il. Comment cacher un pistolet au milieu de la demi-douzaine de soldats armés chargés de m'escorter ? Je le dissimulai dans une boîte de Kleenex placée dans la boîte à gants de la voiture que je surveillai d'un œil jaloux.

Les hommes étaient déjà très excités au moment du départ. Leur bonne humeur ne fit que croître avec les multiples haltes dans les petites gargotes et les abondantes libations de *pombe* (bière locale). Personne ne remarqua ma fascination pour la boîte de Kleenex.

Le garde avait vu juste : le passage de la frontière fut l'occasion de palabres interminables. Les militaires du poste acceptèrent d'abord que je me rende à pied à Kisoro situé à huit kilomètres de là, à condition de leur laisser la voiture. Les soldats de mon escorte refusèrent de marcher. Ils refusèrent également de me laisser partir seule. Les soldats et les douaniers étaient aussi ivres les uns que les autres, et je regardais avec inquiétude passer de main en main l'autorisation d'entrée temporaire en Ouganda qui m'avait été délivrée par les autorités militaires.

Cependant, le nom du général fit impression. Après plusieurs heures de discussions animées, pendant lesquelles je ne pipai mot, Lucy pondit un œuf. Je bondis sur mes pieds en battant des mains et en acclamant à grands cris cet exploit. Les soldats se calmèrent brusquement et me regardèrent sans comprendre. Finalement, ils conclurent que j'étais une parfaite *bumbavu* (idiote), donc, inoffensive. Ils ouvrirent la barrière et nous laissèrent franchir la frontière en voiture.

Une douzaine d'années avant ces événements, un homme

extraordinaire nommé Walter Baumgärtel avait ouvert à Kisoro un hôtel où descendaient les touristes et les scientifiques qui faisaient des recherches sur les gorilles. J'avais rencontré Walter lors de mon premier safari en 1963 et nous étions devenus des amis. Dix minutes après avoir passé la frontière, j'arrivai devant l'hôtel de Walter. Arrachant les clés du tableau de bord, je me précipitai à l'intérieur en écartant la foule de réfugiés zaïrois ébahis, massés devant l'entrée et, lâchement, courus me cacher dans la chambre la plus reculée.

Pendant ce temps, Walter faisait le nécessaire auprès de l'armée ougandaise. Les soldats zaïrois furent arrêtés. Quand le remue-ménage s'apaisa, je sortis de mon trou. Mon premier geste fut de féliciter chaleureusement Lucy pour sa ponte miraculeuse. L'œuf s'était cassé pendant la mêlée.

A Kisoro, on m'interrogea plusieurs jours de suite. Les soldats ougandais avaient reçu l'ordre de tirer à vue si j'essayais de repasser la frontière du Zaïre. Je dus me rendre ensuite à Kigali pour y subir un nouvel interrogatoire. Enfin, je fus autorisée à prendre l'avion pour Nairobi où m'attendait le Dr Leakey.

Nous ne nous étions pas vus depuis sept mois et ces retrouvailles n'étaient pas exactement celles que nous avions espérées. Il m'accueillit à l'aéroport de Nairobi. « Nous les avons eus ! » sous-entendait son large sourire. Après une rapide discussion, nous décidâmes tous deux qu'il était préférable que j'aille poursuivre mes recherches au Ruanda.

J'appris à Nairobi que j'avais été portée disparue et que le Département d'État avait annoncé ma mort. Je me rendis avec le Dr Leakey à l'ambassade américaine. Le chargé d'affaires fut catégorique : il était hors de question que je retourne au Ruanda car j'en serais immédiatement expulsée et refoulée au Zaïre où j'étais considérée comme « prisonnier évadé ».

Le Dr Leakey adorait ce genre de situation. On me demanda de quitter la pièce. Pendant une heure des éclats de voix me parvinrent à travers la porte fermée. Finalement, Leakey sortit du bureau, radieux. Apparemment, il avait gagné la partie.

C'est grâce à la générosité de Leighton Wilkie que je pus réunir à nouveau l'équipement nécessaire et m'envoler pour le Ruanda. J'allais retrouver des gorilles sur les pentes des monts Birunga. Je me sentais revivre.

J'eus la chance de rencontrer au Ruanda une femme exceptionnelle : Alyette DeMunck, une Belge née dans la province du Kivu, qui connaissait à la perfection le pays et ses traditions. Grâce à elle, je pus me faire une idée assez précise du nombre de gorilles qui se trouvaient sur le versant ruandais des volcans.

La recherche d'un nouveau terrain de campement aussi favorable que celui de Kabara représentait une gageure. Je commençai à explorer les pentes du mont Karisimbi (4561 mètres d'altitude), situé au sud-est du mont Mikeno. Les troupeaux y étaient si nombreux que je dus monter jusqu'à 3600 mètres avant de trouver un endroit adéquat pour bivouaquer, à une heure et demie de marche de la frontière zaïroise. Je n'avais pas vu de gorilles depuis cinq mois, mais j'eus la chance de découvrir une piste fraîche qui me conduisit à l'un des groupes que j'avais rencontrés à Kabara. Ce fut l'un des plus merveilleux cadeaux de bienvenue que j'aie jamais reçu. Les gorilles me reconnurent. Ils s'arrêtèrent à une distance de quinze mètres pour m'observer. Je dus constater qu'un nouveau bébé était né dans le groupe.

Suivirent onze jours de recherches décevantes. Les troupeaux et les braconniers pullulaient sur les pentes du mont Karisimbi et l'on ne voyait pas trace de gorilles.

Par un matin clair, je grimpai jusqu'à une prairie élevée d'où je pouvais apercevoir toute la chaîne des volcans sur une longueur de quarante kilomètres. Je découvris avec mes jumelles un col reliant les monts Karisimbi et Visoke qui, à ce qu'il me sembla, devait être peuplé de gorilles. Tandis que j'étais assise, rêvant à l'avenir, deux corbeaux s'élevèrent au-dessus de ce vaste océan de forêts. Ils descendirent en croassant et s'approchèrent de moi, lorgnant les restes de mon repas. Ils étaient trop timides pour que je reconnaisse en eux ceux que j'avais laissés à Kabara mais leur présence me sembla de bon augure.

Plus de dix ans ont passé. Assise à ma table de travail, je peux voir de la fenêtre ce même terrain que j'avais découvert de mon poste d'observation ce jour-là, et mon cœur est toujours rempli d'une joie aussi vive. Au cœur des volcans des Birunga, parmi les gorilles, je me sens chez moi.

CHAPITRE 2

Le second souffle : le centre de recherches de Karisoke au Ruanda

Le Ruanda a l'une des plus fortes densités de population du monde. D'une superficie de 26000 kilomètres carrés, il compte 4700000 habitants. On estime que la population aura doublé à la fin du siècle. Appelé la « petite Suisse de l'Afrique », c'est aussi l'un des cinq pays les plus pauvres du globe. 95% de la population vit dans des conditions précaires sur de petites parcelles, d'environ un hectare, les *shambas.* Par suite de manque de terres, les paysans pratiquent les cultures en terrasses. Chaque année, vingt-trois mille familles supplémentaires ont besoin de nouveaux champs pour leurs jardins potagers et leur bétail.

En 1969, huit mille huit cents hectares furent pris sur la superficie du Parc National des Volcans pour la culture du pyrethrum, une plante ressemblant à la marguerite dont on tire un insecticide naturel exporté dans les pays du Marché Commun. Le reste du Parc compte douze mille hectares, soit 0,5 % de la superficie du Ruanda.

Le ministère de l'Agriculture envisage de prendre encore quatre mille huit cents hectares pour les transformer en pâturages. Le cheptel ruandais compte six cent quatre-vingt mille têtes de bétail. Il n'existe aucune zone-tampon entre le Parc National et les terres cultivées où la densité de population atteint 480 habitants au kilomètre carré.

Les habitants entraient librement dans le Parc pour chercher du bois, poser des pièges pour les antilopes, ramasser le miel des abeilles sauvages, faire paître le bétail et planter du tabac et des patates. C'est une des raisons qui menace l'existence des gorilles de montagne, l'une des sept espèces rares découvertes au XXe siècle.

Alyette DeMunck m'aida à préparer mon second safari vers le col que j'avais repéré de mon poste d'observation.

Avec ma Land Rover Lily et le bus Volkswagen d'Alyette chargés de l'équipement de camping, nous partîmes en direction du nord-est sur les contreforts des monts Karisimbi et Visoke, par des pistes irrégulières, parsemées de blocs de pierre et continuellement traversées par des troupeaux de bœufs et de chèvres. Après trois heures de route, nous arrivâmes à 3000 mètres d'altitude dans une zone cultivée, au milieu des *shambas* et des champs de pyrethrum. Il n'y avait plus de pistes carrossables et il fallut avoir recours à des porteurs. Cinq heures de marche étaient nécessaires pour parvenir jusqu'au col, situé dans la forêt pluvieuse et couverte de brouillard jouxtant le mont Visoke.

La plupart des porteurs étaient des Hutu de race bantoue. Plus de quatre siècles auparavant, les Tutsi, venus du nord et appartenant à la race hamitique, avaient établi leur domination sur les Hutu vivant dans la région qui allait devenir plus tard le Ruanda. Les Tutsi étaient des féodaux. Ils possédaient la terre et le bétail. Les Hutu devinrent leurs serfs et les deux castes restèrent distinctes pendant l'occupation coloniale allemande puis belge. En 1959, les Bahutu se révoltèrent et, après l'indépendance du Ruanda en 1962, prirent le pouvoir. Des milliers de Tutsi furent massacrés. D'autres fuirent le pays. Une certaine animosité subsiste entre les deux populations.

Quand j'arrivai au Ruanda en 1967, les Tutsi qui y vivaient encore étaient des éleveurs. Par suite du manque de pâturages, ils avaient l'habitude d'emmener paître leurs troupeaux à l'intérieur du Parc National. Pendant mon séjour je fis connaissance d'une famille tutsi. Dans le *Parc des Volcans* je découvris aussi des Batwa, membres d'une tribu de pygmées, la caste inférieure du système ruandais. C'étaient des chasseurs et des braconniers. Ils récoltaient le miel sauvage. Leurs méfaits devaient avoir par la suite des répercussions notables sur mes activités et la vie des gorilles.

Les porteurs hutu aux pieds nus se répartirent allégrement les charges. Ils confectionnèrent des sortes de coussins circulaires faits d'herbes tressées pour poser sur la tête afin d'amortir le poids du chargement et se munirent d'une sorte de long bâton ou *fimbo.* Ce bâton leur servait de balancier pour garder l'équilibre sur la piste boueuse et parsemée de trous énormes laissés par le passage des éléphants. A cette époque, on ne trouvait pas de bottes au Ruanda et les sandales de plastique vendues sur les marchés n'étaient d'aucune utilité dans la boue où l'on s'enfonçait jusqu'aux genoux.

Je laissai Lily à un garde *zamu* et, avec Alyette DeMunck, suivis les porteurs qui se frayaient un passage au milieu des enfants et des paysans curieux. Les femmes restaient au village pour s'occuper des cultures, du ramassage du bois, du feu et pour prendre soin des enfants. Beaucoup étaient enceintes et portaient encore un bébé sur leur dos.

Les porteurs s'étiraient en une longue file à travers les champs, hélant joyeusement au passage les paysans au travail. Cette région surpeuplée contrastait de façon frappante avec celle où j'avais établi mon premier campement et le petit village congolais de Kibumba, à la lisière de la forêt profonde et déserte. Cependant, comme les indigènes de Kabara, ceux de Kinigi étaient curieux et amicaux. Les hommes et les femmes étaient vêtus de pagnes de coton et ne portaient pas encore les accoutrements disparates à l'européenne qui se répandirent par la suite. Comme les adultes, les enfants allaient nu-pieds, à moitié dévêtus et gambadaient joyeusement autour de nous sans se soucier le moins du monde de la pluie, alors que je frissonnais sous mon imperméable de plastique.

Sous le brouillard épais, nous marchions à travers les champs de pyrethrum, au milieu d'un paysage dévasté par le déboisement. On pouvait voir, çà et là, quelques troncs de magnifiques *Hagenia,* seuls vestiges de ce qui avait été une forêt luxuriante. Je ne retrouvais pas l'exaltation que j'avais ressentie en escaladant la montagne pour aller à Kabara. J'avais l'impression de marcher à travers une région saccagée par les bombardements.

Après une heure et demie de marche, nous arrivâmes dans une forêt de bambous qui avait fait partie du Parc et que l'on destinait aux cultures. Aujourd'hui, on y a construit des abris de tôles pour les touristes. A cette époque, l'endroit gardait encore un charme magique et sauvage. On y voyait les traces du passage des éléphants et des gorilles.

La piste menait à une sorte de tunnel de lave refroidie, large d'environ deux mètres et long d'une dizaine, qui débouchait sur la forêt. Les éléphants l'utilisaient. Le sol et les parois du tunnel portaient les traces de leurs pas et l'air brumeux était rempli de leur odeur. Dix ans plus tard, quand les braconniers eurent tué la plupart des éléphants, la mousse commença à recouvrir les flancs du tunnel, effaçant le souvenir des habitants séculaires des volcans Birunga.

Ce tunnel me parut symboliser l'entrée dans le monde des gorilles. Il marquait le passage de l'univers civilisé à celui, silencieux, de la forêt. Il débouchait sur une trouée pratiquée dans la forêt dense, composée de vieux *Hagenia* aux troncs couverts de mousse.

Le tronc de l'*Hagenia abyssinica* peut atteindre jusqu'à deux mètres cinquante de diamètre. Il ressemble, selon l'expression délicieuse de George Schaller, à un « vénérable vieillard hirsute ». Ses branches inférieures sont recourbées et couvertes de mousses, de lichens, de fougères, d'orchidées et autres épiphytes. Il atteint rarement plus de vingt mètres de hauteur. Les gorilles sont particulièrement friands d'une fougère à petites feuilles *(Pleopeltis excavatis)* qui pend sous les branches inférieures presque horizontales de l'*Hagenia*. Confortablement installés sur le sol couvert d'une végétation épaisse, les animaux arrachent des lambeaux de mousse, les posent dans leur giron et mangent les fougères feuille par feuille. Les troncs des vieux *Hagenia* sont souvent creux et servent d'abri à une multitude de petits animaux comme la mangouste, le loir et l'écureuil.

On trouve également dans les zones des cols des volcans Birunga, l'*Hypericum lanceolatum*, connu en Europe sous le nom de St. John Wort. C'est un arbre haut de quinze mètres environ, plus fragile que l'*Hagenia*, au tronc et aux branches plus minces et dépourvus de mousse. Parmi les petites feuilles lancéolées et les fleurs de l'*Hypericum* pendent de longs filaments d'un lichen, l'*Usna*. Une plante parasite à fleurs rouges, le *Loranthus luteo-aurantiacus*, très appréciée des gorilles y pousse également. Ses branches fines et élastiques constituent un matériau de choix pour les nids que les gorilles construisent à terre ou, plus rarement, dans les arbres.

On trouve dans cette zone des cols et sur les premières pentes du mont Visoke une troisième catégorie d'arbre, le *Vernonia adolfi-friderici*, d'une hauteur d'environ dix mètres. Les branches sont épaisses, les feuilles larges et charnues et les fleurs en forme de grappes blanches mouchetées de mauve. Les gorilles se délectent de ses bourgeons au goût de noisette qu'ils mangent un à un comme nous le ferions de grains de raisin, assis sur une branche ou tout simplement accroupis sur le sol, en tirant à eux les branches.

Les gorilles aiment aussi le bois du *Vernonia*, qu'ils mangent soit détrempé, soit pourri. En maints endroits ne subsistaient plus que de vieilles souches, témoins des multiples usages qu'avaient fait de cet arbre des générations de gorilles.

A mesure que nous nous élevions en altitude, la respiration, tout au moins la mienne, devenait de plus en plus courte. Je fus soulagée quand les porteurs décidèrent de faire halte pour se reposer et fumer une cigarette dans une petite clairière que traversait un ruisseau. L'air était divinement pur et l'eau rafraîchissante. Le brouillard se dissipait. La journée promettait d'être ensoleillée. Je pus pour la première fois juger de l'abondance du tapis herbeux qui recouvrait les premières pentes du mont Visoke. Les gorilles devaient abonder dans cette région et j'avais hâte de découvrir ce qui m'attendait au cœur des volcans Birunga.

Les porteurs, qui avaient manifesté une certaine appréhension en quittant le village, semblaient maintenant rassurés. Manifestement, la plupart ne s'étaient jamais aventurés aussi loin dans la montagne.

Une heure plus tard, nous arrivâmes aux abords d'une prairie longue et étroite, couverte d'une herbe épaisse. Semblables à d'immenses sentinelles, des *Hagenia* se dressaient çà et là, avec leurs longues barbes de lichens. Sous le soleil, le paysage était d'une indicible beauté. Il me parut l'endroit idéal pour y établir mon campement.

A 16 h 30, très exactement, le 24 septembre 1967, je jetai, à 3000 mètres d'altitude, les fondations du *Karisoke Research Centre : Kari*, du nom du mont Karisimbi qui dominait le campement au sud et *soke* d'après le nom du mont Visoke au nord, à 3700 mètres d'altitude.

Après avoir choisi l'emplacement, je sélectionnai les porteurs qui resteraient sur place pour s'occuper du campement. Ce fut vite fait car la plupart de ces hommes avaient besoin d'un emploi permanent. Ils m'aidèrent à monter les tentes, à faire bouillir de l'eau, à ramasser du bois et à déballer l'équipement et les vivres. La tente qui devait abriter leur équipe fut installée à une centaine de mètres de la mienne.

Je me souviens encore de la joie que j'éprouvais ce jour-là. J'étais loin de me douter cependant que les deux petites tentes plantées dans cet endroit sauvage allaient donner naissance à un centre de recherches internationalement connu, où viendraient plus tard travailler des étudiants et des chercheurs du monde entier. Je connus parfois la solitude des pionniers mais aussi des joies exaltantes.

Pendant les premiers temps, la barrière du langage fut un handicap pour les Ruandais et pour moi-même. Alyette De Munck, qui parlait à la perfection plusieurs dialectes, ne resta que quelques jours avec nous. Je ne connaissais que le swahili. Les Ruandais parlaient le kinyarwanda. Nous communiquions par gestes, hochements de tête et mimiques. Les Africains sont doués pour l'apprentissage oral des langues étrangères. Ils apprirent plus vite le swahili que je leur enseignais que je n'appris le kinyarwanda.

La plupart des porteurs que j'engageai ce jour-là devinrent par la suite mes fidèles assistants. Certains aimaient la vie en forêt. Je leur appris, comme me l'avait appris Sanwekwe, à pister les animaux. D'autres préféraient rester au campement et s'occuper de l'entretien des tentes, de la lessive et de la cuisine. Ceux qui coupaient le bois devaient se conformer impérativement à une règle : aucun arbre vivant ou même mort aidant les plantes à se développer ou les animaux à se nourrir ne devait être utilisé comme bois de chauffage. La nature humaine étant ce qu'elle est, les bûcherons restaient moins longtemps à leur poste que les autres.

***

En 1967, le Parc des Volcans du Ruanda n'employait qu'une douzaine de gardes forestiers. Le conservateur se désintéressait de son travail. Le personnel ne connaissait généralement pas la forêt et en avait peur. Les gardes forestiers préféraient rester dans leurs villages, en famille. Sur le plan administratif, le Parc dépendait du ministère de l'Agriculture et de la direction des Eaux et Forêts. En fait, le Parc était laissé à l'abandon. Les bergers y amenaient leurs troupeaux, les paysans venaient y chercher du miel sauvage et de nombreux braconniers, parents ou amis des gardes, s'y livraient en toute liberté à leurs activités.

A l'exception de quelques Européens vivant au Ruanda qui venaient parfois y faire des randonnées ou y camper pour une nuit, le Parc ne présentait aucun intérêt pour personne, sinon pour ceux qui l'utilisaient illégalement. De nombreux Européens m'avaient assuré qu'il n'y avait pas ou très peu de gorilles au Ruanda et que j'allais perdre mon temps. Je pensais pourtant le contraire.

Les braconniers chassaient surtout les antilopes. Ils tuaient ces gracieux animaux avec des lances ou des flèches ou bien les attrapaient avec des pièges où les antilopes mouraient de mort lente.

Comme les bergers, les braconniers construisaient des abris de fortune appelés *ikibooga*, dressés autour des troncs creux des vieux *Hagenia*. Les braconniers passaient généralement plusieurs nuits dans le Parc selon les hasards de la chasse et, le soir, fumaient du haschisch auprès de leurs feux de camp. Quand ils quittaient leur campement pour aller chasser, ils cachaient leurs pipes, le fil de fer qu'ils utilisaient pour les pièges, la viande d'antilope séchée et leurs réserves de nourriture dans les troncs creux des arbres. Les bergers cachaient aussi leurs *ibianzie* (cruches à lait) non loin de leurs *ikibooga*. Il ne me fallut pas longtemps pour découvrir ces cachettes et confisquer ce qui s'y trouvait pour essayer de décourager les bergers et les braconniers.

Quand ils chassaient l'antilope, les braconniers se déplaçaient soit seuls soit en petits groupes et utilisaient des chiens portant autour du cou des grelots de métal faits à la main et retenus par un collier en peau d'antilope. Les grelots étaient bourrés d'herbe pendant la traque. Une fois que les chiens avaient trouvé une piste fraîche, les braconniers enlevaient les herbes et se lançaient avec les chiens à la poursuite de leur proie, guidés par le grelot.

A maintes occasions, alors que je pistais les gorilles sur les pentes du mont Visoke, j'entendis les cris des braconniers poursuivant leur proie, les aboiements des chiens et le bruit des grelots. Souvent, j'applaudissais silencieusement quand une antilope épuisée parvenait à échapper à ses poursuivants et se réfugiait dans les profondeurs de la forêt. Je me demandais si notre présence réussirait un jour à décourager les braconniers qui, parfois, lancés aux trousses d'une antilope, déboulaient avec leurs chiens à travers le campement, se prenant les pieds dans les piquets des tentes.

Un jour où j'observais subrepticement une de ces parties de chasse, j'aperçus devant moi un jeune garçon d'une dizaine d'années caché derrière un arbre et qui s'apprêtait à lancer une flèche contre une antilope que les braconniers avaient débusquée. Je capturai le jeune garçon et l'emmenai avec ses armes sous ma tente. C'était le fils du chef des braconniers, Munyarukiko. Je voulais engager des discussions avec son père et les autres chefs braconniers et leur demander de cesser leurs activités sur les flancs des montagnes. Mon captif passa deux jours très agréables au campement et, finalement, les négociations menées par l'intermédiaire des mes aides ruandais aboutirent. J'échangeai l'enfant contre la promesse que me fit Munyarukiko de ne plus chasser sur les contreforts du mont Visoke. Il tint parole pendant un certain temps, tout au moins. Cependant, le braconnage continua dans la région du col où l'on rencontrait non seulement des antilopes mais aussi des troupeaux d'éléphants et de buffles.

Faire la chasse aux braconniers devint l'une de nos occupations quotidiennes. C'était réconfortant de découvrir un piège et de le détruire avant qu'il ne se soit refermé sur une victime. Réconfortant aussi de libérer une antilope qui venait de se laisser prendre et de la regarder s'échapper en bondissant. Les pièges étaient généralement attachés à des piquets de bambous, facilement identifiables au milieu des herbes, mais que l'on repérait mal quand ils étaient fichés au milieu des champs de bambous.

La situation était souvent hautement comique, quoique humiliante, lorsque mes aides et moi-même, marchant ou rampant à travers les bambous, nous trouvions subitement serrés au poignet ou à la cheville par un collet. Chaque fois que nous découvrions un piège, nous le ramenions au camp pour le brûler ou le détruire, afin qu'il ne puisse resservir.

Des trappes de deux à trois mètres de profondeur, et dont le fond était hérissé de bambous pointus sur lesquels venaient s'empaler les victimes, étaient aussi creusées dans le sol par les braconniers. Un matin, alors que, sans méfiance, je me frayais un chemin à l'aide de mon *panga* (une sorte de machette), je tombai dans l'une de ces trappes. Par chance, le piège était ancien et les pointes de bambous s'étaient émoussées avec le temps et la pluie. J'en fus quitte pour des piqûres d'orties qui avaient poussé dans la fosse. Il était encore tôt et personne ne s'inquiéterait de mon absence avant plusieurs heures. Mon *panga*, fort heureusement, m'avait accompagnée dans ma chute et je pus creuser des marches sur un côté de la fosse et me hisser jusqu'au bord. Ce fut la seule fois de ma vie où je fus satisfaite de mesurer un mètre quatre-vingts.

D'autres pièges étaient constitués de nœuds coulants, dissimulés dans des ronces épaisses. Quand l'antilope tend le cou pour manger les baies sauvages, le nœud coulant se referme et tous ses efforts pour se dégager ne font que l'étrangler davantage.

Une autre sorte de piège que l'on trouvait de plus en plus rarement, par suite sans doute de la diminution des troupeaux, consistait en barrières faites de troncs d'arbres formant un couloir allant en se rétrécissant jusqu'à un précipice. Des braconniers avec leurs chiens dirigeaient les buffles dans ces couloirs tandis que d'autres chasseurs les attendaient en bas du précipice et les achevaient avec leurs lances.

Chaque fois que nous rencontrions les vestiges de ces pièges dans la forêt, les hommes se souvenaient des anciennes histoires racontées par leurs pères sur les massacres de buffles. Au pied des précipices, nous trouvions parfois des cimetières d'ossements qui en disaient long sur le carnage.

Un étudiant qui était venu visiter le campement découvrit un jour, par hasard, une autre sorte de piège, heureusement assez rare. Le jeune homme se déplaçait à quatre pattes sur le sol couvert d'une végétation assez dense et il s'apprêtait à poser une main devant lui quand il s'arrêta, instinctivement. A l'endroit même où il allait poser la main, il aperçut un petit collet partiellement recouvert de terre. Suivant du regard le fil de fer qui s'en détachait, il s'aperçut qu'il était relié à trois gros troncs d'arbre de soixante centimètres de diamètre et de plus d'un mètre de long, posés en équilibre au-dessus de sa tête, à environ un mètre de hauteur. La plus petite pression de la main aurait déclenché le système et les troncs d'arbre en lui tombant dessus l'auraient tué net. Avec un remarquable sang-froid, l'étudiant recula et lorsqu'il fut hors de portée actionna le piège. Les troncs d'arbre s'écroulèrent avec un bruit de tonnerre.

Ce dispositif me troublait. Il n'était pas assez haut ni assez puissant pour tuer des buffles ou des antilopes mais semblait plutôt destiné au cochon sauvage *(Potamochoerus porcus)* qui abondait avant qu'une partie du Parc ne soit, en 1967, destinée à l'agriculture.

Par suite du braconnage, les animaux sauvages devenaient de moins en moins nombreux sur les premières pentes des montagnes et les braconniers étaient amenés à monter de plus en plus haut dans la forêt où se trouvaient les gorilles.

Bien que les pièges ne leur soient pas destinés, les gorilles en étaient parfois les victimes. Grâce à leur force prodigieuse, les animaux parvenaient à s'échapper en entraînant avec eux le collet qui s'était refermé sur leur cheville ou leur poignet.

Je pus en observer trois qui avaient été pris par le poignet et qui s'étaient habitués à attraper leur nourriture avec les pieds. Ils devenaient de plus en plus faibles et, un beau jour, ils quittèrent leur groupe. Ils ne réapparurent jamais.

Je pus mieux observer un quatrième cas : celui d'une femelle de quarante-quatre mois que je suivis de sa naissance à sa mort. C'était un jeune animal bien vivant, joueur et captivant jusqu'au jour où elle tomba dans un piège. Le collet se referma sur une de ses chevilles. Les autres gorilles gesticulaient autour d'elle, courant, cassant des branches, se frappant la poitrine, criant de désespoir et d'impuissance et ne sachant que faire pour la libérer. Un peu plus tard dans la journée, elle réussit à casser le piquet auquel était attaché le piège et à s'échapper. Pendant soixante jours horribles, le fil de fer continua à s'enfoncer dans ses chairs. Elle maigrit considérablement et mourut enfin de gangrène et de pneumonie. Pendant toute cette période où elle perdit progressivement ses forces, les autres membres du groupe adaptèrent le rythme de leurs déplacements au sien pour qu'elle puisse les suivre.

Dans deux autres cas où de jeunes gorilles furent attrapés par le poignet, le vieux chef à dos argenté put les libérer en utilisant ses canines pour détacher le collet. Il semble que ce chef avait davantage l'expérience des pièges que celui du groupe dans lequel vivait la femelle dont nous venons de parler. Une autre femelle, adulte celle-là, avait certainement été victime d'un piège dans sa jeunesse car il lui manquait plusieurs doigts à chaque main. J'admirais la dextérité avec laquelle elle s'occupait de son bébé, malgré son infirmité.

Certains groupes de gorilles semblaient être plus avisés en ce qui concerne les pièges. Peut-être avaient-ils davantage d'expérience. J'observais un jour un groupe qui déviait manifestement de son chemin. Une ligne presque invisible de piquets de bambous courbés dont chacun était attaché à un piège de fil de fer se dessinait sur le sol. Une antilope s'y était laissé prendre et était morte après avoir essayé vainement de se libérer. Mes aides, un invité et moi-même nous employâmes immédiatement à détruire la douzaine de pièges restants avant qu'ils ne fassent d'autres dégâts. J'étais inquiète de l'effet que pouvait avoir sur les gorilles le bruit que nous faisions en coupant les piquets de bambou. Ils ne semblaient pas effrayés. Sans doute nous avaient-ils reconnus et ne nous confondaient-ils pas avec les braconniers.

Nous finissions de détruire le dernier piège quand des cris perçants poussés par les gorilles qui pénétraient à ce moment-là sous la futaie nous firent sursauter. Horrifiés, nous nous précipitâmes. Sous le coup de l'émotion, je transgressai la règle de fer que je m'étais imposée et rompis le silence.

— Non, non, non ! hurlai-je.

Les gorilles, surpris par mon comportement, s'enfuirent. Quand nous atteignîmes le piège, je constatai que c'était une jeune antilope, et non un gorille, qui s'y était laissé prendre.

Avec le temps, nous apprîmes à libérer les antilopes. Il faut d'abord couvrir la tête de l'animal, avec une veste par exemple, afin de calmer ses mouvements frénétiques. Ensuite, il est nécessaire d'immobiliser les pattes pour que les os ne se brisent pas et que les muscles et les ligaments ne soient pas endommagés. Ce n'est pas une tâche aisée car un animal pris au piège montre une force incroyable dans ses efforts pour se libérer. On peut alors défaire le collet. On vérifie si l'animal n'a pas été blessé et s'il a retrouvé l'autonomie des ses mouvements et l'on peut lui découvrir la tête.

Avant de détacher le collet qui retenait la patte de la courageuse petite antilope, je jetai un coup d'œil aux gorilles et ne pus retenir un éclat de rire. Quatre jeunes mâles étaient assis sur une branche basse d'un *Hagenia* à quelques mètres de là, fascinés par ce que nous faisions. J'eus la nette impression qu'ils nous apportaient leur soutien moral. Un peu plus loin, le reste du groupe nous observait intensément à travers les arbres. Quand l'antilope fut libérée et s'échappa d'un bond, les quatre gorilles se frappèrent vigoureusement la poitrine et descendirent de leur perchoir. Leur sens de l'observation, leur curiosité m'émerveillèrent, une fois de plus.

⁂

Il nous fallut quatre ans pour venir à bout de la présence du bétail et nous débarrasser des braconniers. Les gorilles purent alors descendre des pentes plus élevées où ils s'étaient réfugiés.

Lorsqu'un groupe se déplaçait assez loin des limites du campement et tombait sur des pièges, je recourais à une technique de « regroupement » que j'avais mise au point.

C'est avec une grande réticence que je procédais à cette opération et seulement dans les cas où un groupe courait un véritable danger. Tous les membres de l'équipe et les étudiants qui vivaient sur le campement se munissaient de clochettes que nous avions récupérées autrefois dans les *ikibooga* des braconniers. Après avoir localisé les gorilles, nous nous approchions silencieusement du groupe à une distance d'une trentaine de mètres et simulions une attaque en agitant nos clochettes et en imitant les cris des braconniers. Les gorilles étaient progressivement repoussés vers un endroit plus sûr, choisi généralement sur les pentes du mont Visoke. Dans leur fuite, les gorilles effrayés étaient pris de crises de diarrhée, laissant sur leur chemin d'abondantes traces et emplissant l'air d'une odeur caractéristique qu'ils exsudaient, quand ils avaient peur.

Lorsque le groupe comprenait deux gorilles à dos argenté, le chef assurait la direction de la colonne pour montrer le chemin aux femelles et aux petits, tandis que son adjoint jouait le rôle d'un chien de berger, à l'arrière, pour protéger les autres animaux. Après un quart d'heure de fuite environ, les gorilles ralentissaient généralement leur marche et prenaient de brefs instants de repos. Quand ils arrivaient en terrain familier et sûr, nous les laissions seuls, sans essayer de les contacter pendant le reste de la journée. Je n'utilisais que très rarement cette tactique, efficace mais traumatisante pour les gorilles. De deux maux, je choisissais en fait le moindre, les gorilles laissés à leur propre sort étant incapables de se défendre contre les braconniers et leurs pièges.

Les braconniers ne prenaient évidemment pas à la légère mes activités. Ils manifestaient leur mécontentement par le *sumu*, terme africain qui signifie *poison* mais qui, en Afrique centrale, est utilisé dans le sens de *magie noire*. Ils coupaient deux branches d'arbre, les assemblaient en forme de croix et en jalonnaient le chemin conduisant aux pièges. Ce symbole chrétien constituait une menace de mort pour celui qui s'aventurait au-delà de l'endroit où il était placé. La plupart de mes hommes éprouvaient une terreur instinctive à la vue des croix et refusaient de continuer plus avant. Certains se laissèrent convaincre par mes arguments mais je constatai que les Ruandais, et particulièrement ceux qui vivent dans les régions reculées de la province zaïroise du Kivu, connue pour ses célèbres sorciers-guérisseurs, les *umushitsi*, sont profondément impressionnés par les pouvoirs qu'ils attribuent au *sumu*.

Pour exercer le *sumu*, on utilise généralement un mélange à base de *pombe* (bière de banane). Dans certains cas, on enterre la côte d'un animal sur le chemin. Le charme agit quand l'ombre de la victime désignée se projette sur l'endroit où est enterré l'os. Une méthode plus onéreuse consiste à égorger une chèvre ou un poulet. L'*umushitsi* psalmodie des mots magiques mêlés au nom de la victime. Où qu'elle se trouve, cette dernière doit fatalement tomber gravement malade au moment même où l'on tranche la gorge de la chèvre ou du poulet. J'ai connu un homme qui mourut à la suite de cette pratique magique.

Tous les Africains qui travaillaient au campement ont été, à un moment ou à un autre, exposés aux dangers du *sumu*. Lorsque quelqu'un pense qu'il a été empoisonné par une substance que l'on a ajoutée à son *pombe*, il croit dur comme fer que seul un *umushitsi* peut le délivrer de la sorcellerie. Il commence à se préparer pour le jour de sa mort. Il revêt ses meilleurs vêtements afin d'être certain qu'ils seront enterrés avec lui et ne tomberont pas en d'autres mains.

Les *umushitsi* se font payer très cher, l'équivalent d'un mois de salaire, pour délier les sorts. Au début, quand les hommes me demandèrent de l'argent pour les séances de sorcellerie, je crus à une plaisanterie. Puis, je me rendis compte du pouvoir exercé par le *sumu* sur les Africains. C'est un phénomène que les étrangers peuvent difficilement comprendre. Il m'arriva donc de payer les trente jours de soins prodigués dans la hutte du sorcier-guérisseur. J'essayais de ne pas manifester trop d'étonnement quand l'homme ensorcelé, une fois guéri, reprenait son travail, vêtu de ses vêtements de tous les jours.

Tous les *sumu* ne sont pas faits pour tuer. Seregera était un vieil Africain qui arrivait du Kivu et avait demandé à travailler au camp comme *zamu* (garde). Je lui trouvais quelque chose d'un peu effrayant. Il impressionnait fortement les trois plus jeunes membres de notre équipe. L'un d'eux, Kanyaragana, eut le courage de m'apporter la preuve des pratiques de sorcellerie de Seregera. Effrayé de sa propre audace, Kanyaragana, pénétra un jour, en fin d'après-midi, sous ma tente. Il sortit de sa poche un petit objet ressemblant à une tête momifiée et partiellement recouverte de cheveux. En l'examinant de plus près, je vis que la figurine avait été grossièrement taillée dans un bois très dur et lui trouvai une lointaine ressemblance avec mon profil. Pendant des semaines, Seregera avait patiemment ramassé des cheveux sur ma brosse. Une fois que la tête serait entièrement couverte, me dit Kanyaragana, on la réduirait en poudre qu'on ajouterait au thé ou à la nourriture de la victime, en l'occurrence la malheureuse Fossey, qui serait alors soumise à la volonté de celui qui avait ramassé les cheveux. Je rendis l'objet à Kanyaragana afin qu'il le replace où il l'avait pris avant que Seregera ne s'en aperçoive. Je devais toujours par la suite, même quand je fus rentrée aux États-Unis, garder l'habitude de nettoyer soigneusement ma brosse à cheveux.

Seregera était un braconnier, ce que j'ignorais. Après avoir fait l'acquisition d'un fusil de chasse, il devint l'un des plus grands tueurs d'éléphants des Birunga.

Les braconniers pratiquaient souvent le *sumu*. Enhardis par l'utilisation du haschisch, ils tuaient les gorilles à dos argenté et prélevaient leurs oreilles, les langues, leurs testicules et leurs petits doigts. Ils les faisaient bouillir et en tiraient une mixture à laquelle ils ajoutaient certains ingrédients fournis par les sorciers-guérisseurs. Cette préparation était censée donner à ceux qui l'utilisaient la force et la virilité des gorilles. Certains des jeunes gens qui travaillaient m'avouèrent que leurs pères s'adonnaient à ces pratiques mais qu'eux-mêmes ne respectaient plus guère la tradition.

Les crânes et les mains des gorilles étaient également très recherchés. Les touristes payaient ces trophées l'équivalent de vingt dollars. Heureusement, cette pratique ne dura qu'un temps, mais elle coûta néanmoins la vie à une douzaine de gorilles à dos argenté.

Les bergers qui menaient paître leurs troupeaux à l'intérieur de la réserve étaient beaucoup moins dangereux que ces braconniers criminels.

Le pâturage est depuis quatre siècles une activité traditionnelle dans la zone des volcans Birunga. Les prairies et les collines portent des noms d'origine tutsi. Ce sont les hommes qui s'occupent des troupeaux. Trois générations d'une même famille se partagent souvent le travail. Les plus âgés mènent paître les animaux tandis que le plus jeune fils surveille l'*ikibooga*, garde les petits veaux et entretient le feu de camp. Les *ibianzie*, seaux de bois utilisés pour la traite, se transmettent de père en fils.

Au moment de mon arrivée, une même famille tutsi occupait depuis des temps immémoriaux cette zone de pâturages. Tout en sachant qu'elle avait été transformée en réserve nationale et qu'ils commettaient une infraction en y pénétrant, les Tutsi la considéraient néanmoins comme leur propriété. Le chef de la famille était un très vieil homme, à l'allure princière, du nom de Rutshema. Ses fils aînés, Mutarutkwa et Ruwenga, et d'autres enfants plus jeunes l'aidaient à s'occuper du troupeau qui comptait trois cents têtes de bétail. C'était le troupeau le plus important existant dans le Parc.

Il me parut extrêmement difficile et délicat de demander à cette famille d'emmener paître son troupeau à l'extérieur de la réserve. Le lecteur est en droit de me poser la question : « Dans ce cas, pourquoi l'avoir fait ? » Je répondrai, comme je le fis il y a quinze ans : « Les parcs nationaux ont été conçus pour protéger la flore et la faune. Cet objectif ne peut souffrir de compromis. »

Pendant des années, j'ai perdu un temps inappréciable à résoudre ce problème des pâturages. Les Tutsi quittèrent finalement le Parc. Ils ne gardèrent heureusement aucune animosité à mon égard et, par la suite, Mutarutkwa devint l'un de mes meilleurs amis. Il fut le chef d'une des patrouilles antibraconnage que j'organisai.

***

Devant l'ampleur du problème posé par l'existence des troupeaux, je dus recourir à d'autres moyens. Je décidai de survoler en avion toute la chaîne des volcans, y compris le deux volcans en activité situés au Zaïre. Cette expérience extraordinaire vaut la peine d'être racontée.

Un beau matin de 1968, nous nous envolâmes donc en commençant notre périple par le volcan situé à l'est, le mont Muhavura, culminant à plus de 4000 mètres et dont le nom signifie « celui qui montre le chemin ». C'est une montagne sacrée, habitée par des esprits bénéfiques. Le tiers environ se trouve en Ouganda, dans la région où fut créé en 1930 le *Kigezi Gorilla Sanctuary*. En vingt ans, la superficie de la réserve a été réduite de moitié et continue à diminuer au profit des cultures et des pâturages.

Le sommet de la montagne, dénudé et couvert de grêle, contraste avec les forêts de bambous des premières pentes.

Jouxtant le mont Muhavura, se trouve le plus petit de tous les volcans, le mont Gahinga, à 3400 mètres d'altitude. Il est entouré de cols utilisés traditionnellement comme voies de passage par les paysans ruandais se rendant en Ouganda, où ils se procurent les outils nécessaires à l'agriculture chez les forgerons. D'où le nom de ce volcan qui signifie « montagne des cultures ». Ses pentes douces sont couvertes de bambous et de petites forêts d'*Hypericum*. On trouve, au sommet, un petit cratère marécageux.

Malgré sa taille réduite et la prédominance des bambous qui ne constituent qu'une nourriture saisonnière, ce volcan semblait, à première vue, offrir de meilleures possibilités d'habitat aux gorilles. Les cols, situés à l'est et au sud-ouest, constituaient une voie d'accès facile aux montagnes avoisinantes, mais ils étaient fréquentés par de nombreux contrebandiers. Les gorilles, vraisemblablement, ne les empruntaient pas.

Nous survolâmes ensuite le troisième volcan, le mont Sabinio (3500 mètres) ou « père des dents », ainsi dénommé à cause de ses cinq sommets déchiquetés. Les hauteurs sont dénudées et inhospitalières mais, en descendant, on trouve de petits bois d'*Hypericum* et d'autres espèces d'arbres, entrecoupés de ravins herbeux. Une large ceinture de bambous entoure le pied de la montagne, sans discontinuité avec les terres cultivées. Les versants abrupts limitent le déplacement des antilopes et les braconniers y trouvent un terrain de choix pour y poser leurs pièges. Les bergers, quant à eux, ne fréquentent guère cette région.

Un col étroit permet de passer du mont Sabinio au mont Muside, un petit volcan aux pentes couvertes de bambous.

Entre le mont Sabinio et le mont Visoke, on trouve douze kilomètres de petites collines de bambous. En 1969, ce terrain servait de voie de passage entre les trois volcans situés à l'est que nous venons de décrire et les trois autres, à l'ouest. Les gorilles se déplaçaient généralement d'un bout à l'autre de la chaîne, ce qui n'est plus possible aujourd'hui, la zone intermédiaire ayant été occupée par les cultures.

En arrivant au-dessus du mont Visoke (3600 mètres), le pilote réduisit l'altitude et survola de si près le camp que nous eûmes tous l'impression qu'il allait se poser.

Visoke signifie « là où les troupeaux vont boire » et fait référence à un point d'eau situé sur le versant nors-est, le lac Ngezi. Le cratère du volcan est occupé par un lac magnifique, de cent vingt mètres de diamètre. Les pentes de la montagne sont couvertes d'une végétation abondante, constituant un habitat idéal pour les gorilles. Des cols conduisent aux monts Karisimbi et Mikeno. Cette région est pour moi le cœur de la chaîne des Birunga. Elle sera probablement la dernière place forte des gorilles de montagne.

Vue d'avion, la superficie prise sur le Parc pour les cultures apparaît nettement. Les rangées d'arbres à feuilles persistantes qui marquaient en 1920 les limites de la réserve restaient visibles sur le versant ruandais des six volcans éteints, sentinelles fatiguées montant la garde devant un poste militaire détruit. Au-delà, on apercevait, de place en place, la fumée s'élevant des parcelles où l'on brûlait les *Hagenia*, pour préparer les champs à la culture du pyrethrum.

Le Parc National des Birunga a été amputé de 8800 hectares où vivaient des gorilles, des éléphants et des buffles pour la culture du pyrethrum. En 1967, un an avant ce voyage en avion, j'avais rencontré un groupe de gorilles qui venait d'être privé de son terrain habituel et avait été obligé de remonter sur les pentes du mont Visoke. Je les avais vus pour la première fois dans une forêt d'*Hagenia* qui fut transformée plus tard en terrain de camping pour les touristes.

En 1971, six ans après la création des *shambas*, les quatorze gorilles (groupe 6) essayaient encore de tirer partie de petites bandes de terrain inutilisées entre les champs de pyrethrum. Ils ne touchaient pas aux cultures vivrières et se nourrissaient exclusivement de ce qui restait des plantes et des arbres de la forêt. Souvent, les villageois venaient jusqu'au camp pour me demander de faire remonter le groupe sur les pentes de la montagne. J'allais parfois observer les gorilles, près des *sham-*

bas. Les bruits du village me dérangeaient dans mon travail. Les gorilles, au contraire, semblaient parfaitement s'en accommoder alors que, dans la profondeur de la forêt, le seul son d'une voix humaine les faisait fuir.

En 1975, on planta des eucalyptus et d'autres arbres à feuilles persistantes pour indiquer la nouvelle démarcation entre le Parc et les cultures. Par la suite, on installa des baraques de tôle tous les cinq kilomètres. Ces baraques étaient, en principe, destinées aux gardes forestiers mais ils s'en servaient rarement. Elles furent détruites ou transportées jusqu'au terrain de camping, établi au pied de la montagne.

En 1970, la forêt subit une nouvelle agression. Les arbres furent brûlés sur une longueur de quatre kilomètres et sur une largeur de douze mètres, afin de mieux délimiter la frontière entre le Zaïre et le Ruanda. Un technicien occidental qui travaillait sur ce projet était persuadé que cette mesure suffirait à empêcher les braconniers et les chasseurs de franchir la frontière. Je ne pus que lui demander où il fallait s'adresser pour obtenir un visa afin que les gorilles, les éléphants et les antilopes puissent rendre visite aux membres de leur famille habitant de l'autre côté.

L'avion survola ensuite mon ancienne « propriété », une bande de terrain de huit kilomètres de long entre le mont Visoke et le mont Mikeno (4365 mètres). Mikeno signifie « pauvre » et se dit d'une région montagneuse inhospitalière. Je regardais le paysage avec nostalgie. Il y avait un an que j'avais quitté Kabara. Je reconnus avec émotion la petite clairière enfouie dans la forêt dense où j'avais établi mon premier campement mais je fus amèrement déçue. Les troupeaux avaient envahi ma prairie et la cabane qui servait d'abri aux gardes forestiers avait été détruite.

Laissant Kabara derrière nous, l'avion prit de l'altitude pour survoler les sommets désolés du mont Mikeno. Les rochers nus recouverts de grêle étincelaient au soleil. J'essayais d'oublier Kabara. S'il y avait des troupeaux, il y avait certainement des braconniers. Qu'étaient devenus mes gorilles ? Je fus tirée de mon abattement par le spectacle extraordinaire qui s'offrait à nos regards : des parois rocheuses presque verticales, des canyons, des citadelles de pierre.

A regret, nous descendîmes vers l'ouest, en direction du Zaïre et des deux volcans en activité : le mont Nyaragongo

(3 414 mètres) dont le nom signifie « l'esprit d'une femme » et le mont Nyamaragira (3 069 mètres) qui veut dire « commandant » ou « celui qui surveille ». Quand je vivais à Kabara, ces deux volcans me faisaient toujours penser à deux petits frères bien vivants du mont Mikeno. Des traînées de lave refroidie, semblables à de longs doigts noirs, s'allongeaient le long de la forêt. Quelques petites éruptions avaient eu lieu l'année précédente, rougissant le ciel nocturne de Kabara.

L'avion repartit vers le Ruanda pour survoler le mont Karisimbi (4 451 mètres).

Selon la tradition, les esprits des gens de bien vivront éternellement sur les hauteurs du mont Karisimbi dont le nom vient du mot *nsimbi*, qui décrit à la perfection l'aspect du sommet souvent couvert de grêle.

A 3 600 mètres d'altitude, on trouve de vastes prairies parsemées de lacs et de petits cours d'eau. Comme je l'avais supposé, ces prairies étaient couvertes de troupeaux, quelque trois mille têtes de bétail au total.

Cinq minutes après avoir survolé les prairies du mont Karisimbi, l'avion se posa sur le terrain de Rahengeri. Le voyage n'avait pas excédé quatre-vingt-dix minutes, mais j'avais l'impression d'avoir volé pendant un million d'années.

CHAPITRE 3

Le travail sur le terrain

Le triste destin de Kabara conforta ma détermination. Je devais accélérer mes recherches à Karisoke. L'espoir de trouver de nouveaux gorilles, de les identifier et de les apprivoiser ne parvenait pourtant pas à chasser de mon esprit le souvenir de ceux que j'avais laissés à Kabara.

J'avais observé là-bas trois groupes de gorilles, soit 50 individus.

Pendant la première année de mon séjour à Karisoke, je concentrai mon travail sur quatre groupes principaux totalisant 51 animaux vivant sur les quatorze kilomètres carrés de mon terrain de recherches. Je donnai à ces groupes des numéros indiquant l'ordre dans lequel je les avais découverts — à savoir, les groupes 4, 5, 8 et 9. (Voir en fin de volume.)

Je définis comme « marginaux » d'autres groupes dont les domaines vitaux chevauchaient ceux des groupes principaux ou que j'avais rencontrés au hasard de mon recensement.

J'essayais de répartir également mon temps entre les quatre principaux groupes mais il se passait souvent plusieurs jours sans rencontre.

Je fis, par nécessité, de grands progrès dans le dépistage des gorilles car mes aides ruandais n'avaient encore aucune formation.

Il fallut attendre six mois pour que les hommes aient confiance en eux et s'enfoncent au cœur de la forêt. Ils préféraient toujours se limiter à des déplacements qui n'excédaient pas une heure de marche. Sur les pistes vieilles de deux ou trois jours qui demandaient des déplacements plus longs, les hommes craignaient de rencontrer des animaux sauvages ou des braconniers et sortaient généralement à deux.

Les Ruandais apprenaient plus facilement que les étudiants étrangers, qui venaient parfois à Karisoke, à dépister les gorilles. Leurs sens, et particulièrement la vue, étaient plus aiguisés. Quand j'apprenais à quelqu'un la technique du dépistage, je marchais devant lui pendant deux jours, expliquant sur quels indices je me basais. Parfois, je quittais volontairement la piste pour voir si ceux qui suivaient se rendaient compte de mon erreur. Ou bien, j'imprimais à la dérobée l'empreinte de mes phalanges dans la direction opposée à celle des empreintes des gorilles.

Suivre des gorilles à la piste dans des fourrés à la végétation luxuriante est un jeu d'enfant. Les plantes sont courbées en avant, les empreintes des phalanges laissées dans la poussière sont nettement visibles. Les membres d'un groupe ne se déplacent généralement pas en file indienne. Chacun suit sa propre piste. Je m'attachais toujours à la piste centrale.

En terrain boisé, on gagne du temps en repérant les traces du passage des gorilles dans les arbres où ils ont grimpé pour se nourrir. Cette technique est particulièrement utile dans les cols où les traces des gorilles sont effacées par celles des troupeaux d'éléphants et de buffles et où ne subsistent que leurs excréments à la forme caractéristique et des restes de nourriture, comme les épluchures de chardons et de céleris sauvages.

Souvent, la piste des gorilles s'éloigne de celle des buffles sur une petite distance puis y revient, dessinant ainsi des zigzags. Quand j'avais un doute et que les traces n'étaient pas visibles, il me suffisait de toucher du bout des doigts les empreintes laissées par les sabots fourchus des buffles pour me rendre compte que je n'étais pas sur le bon chemin. Les gorilles ne se nourrissent jamais de feuilles ou de plantes écrasées, aussi est-il rare de trouver longtemps leurs traces confondues avec celles des buffles.

Les buffles, au contraire, comme tous les bovins, suivent instinctivement les chemins tout tracés. Quand ils rencontrent une piste de gorilles, ils s'y engagent souvent comme le feraient des vaches rentrant à l'étable.

Il m'arriva souvent de pister des gorilles qui étaient eux-mêmes suivis par des buffles. Par deux fois les gorilles, vexés ou, peut-être, en manière de plaisanterie, firent demi-tour et chargèrent les buffles qui battirent précipitamment en retraite dans ma direction. On se serait cru dans un film de Laurel et Hardy. J'avais le choix entre grimper à l'arbre le plus proche ou piquer une tête dans les orties qui bordaient la piste.

Suivre à la piste des gorilles est souvent une gageure et mes aides se demandaient parfois si des ailes n'avaient pas poussé à ces quadrupèdes tant les indices étaient ténus. C'était le cas quand ils suivaient un solitaire à dos argenté, quand les pistes étaient anciennes ou traversaient des zones dénudées comme les prairies ou les coulées de lave ou encore, quand les traces se confondaient avec celles d'autres ongulés partageant le même domaine vital que les gorilles.

Je rampais un matin sur la piste d'un gorille à dos argenté dans un tunnel long et humide dont la voûte était formée par le tronc d'un énorme *Hagenia* mort et dont les parois étaient constituées de plantes grimpantes touffues. J'aperçus avec soulagement à une quinzaine de mètres en avant une trouée de lumière et me mis à jouer énergiquement des jambes et des bras, tirant derrière moi mon sac à dos. En arrivant près de l'ouverture, je m'agrippai à ce que je crus être la branche d'un arbrisseau pour me hisser au-dehors. Soudain, je me sentis tirée en avant et traînée sur plusieurs mètres, au milieu des orties. Je m'étais accrochée à la jambe gauche d'un buffle. Je gardai pendant plusieurs jours sur mes cheveux et mes vêtements l'odeur tenace des excréments de l'animal effrayé.

Quand on suit la piste d'un gorille, on a avantage à ramper plutôt qu'à marcher. Les gorilles à dos argenté laissent dans leur sillage une odeur corporelle ressemblant a celle de la sueur humaine qui imprègne la végétation avoisinante pendant vingt-quatre heures.

Il existe deux types de glandes sudoripares chez les gorilles. La peau de la région axillaire du mâle adulte comprend quatre à sept couches de grosses glandes qui, lorsque l'animal a peur, sécrètent une substance à l'odeur puissante. Cette odeur est plus légère chez la femelle adulte. La paume des mains et la plante des pieds des mâles et des femelles sont pourvues de glandes sudoripares et sébacées qui jouent un rôle lubrificateur important. Ces deux types de glandes sont une conséquence de l'évolution et de l'adaptation aux déplacements terrestres et à la communication olfactive.

L'odeur des excréments est encore plus forte. Les gorilles en bonne santé laissent derrière eux des excréments ressemblant au crottin de cheval. Quand les gorilles se déplacent paisiblement, les trois boules de crottin reliées par des fibres végétales sont disposées en chaîne. Quand les animaux ont mangé des mûres sauvages *(Rubus runssorensis)* ou des *Pygeum africanuum*, fruit de la grosseur d'une prune, on trouve parfois les graines ou le fruit entier dans les fèces. On peut ainsi en déduire le domaine vital de l'animal.

Les mouches et les œufs qu'elles déposent sur les excréments fournissent également des indications précieuses. Dans les instants qui suivent la défécation, les mouches pondent des centaines de petits œufs blancs qui éclosent en huit ou douze heures, selon qu'il fait plus ou moins chaud. Il faut toujours tenir compte du temps pour déterminer si une piste est récente ou ancienne. Par temps sec et chaud, les excréments et les feuilles arrachées sèchent en quelques heures.

Je rapportai au camp des échantillons d'excréments et de feuilles laissés par les gorilles, pour étudier leur modification selon les variations du temps. Grâce à ce procédé tout simple, je fus vite capable d'évaluer avec exactitude l'ancienneté d'une piste.

Pendant la lactation, les excréments des femelles sont souvent entourés d'une pellicule blanchâtre qui provient, sans doute, de l'habitude qu'ont les mères de manger les excréments de leurs petits jusqu'à l'âge de six mois.

Les fèces diarrhéiques, mêlées ou non de filaments de mucus et de sang, indiquent, si elles proviennent d'un seul individu, qu'il y a dans le groupe un gorille malade. Si elles sont le fait de nombreux animaux, on peut en déduire que le groupe a été effrayé par l'arrivée d'autres gorilles ou par des braconniers. Selon la disposition des excréments, on s'aperçoit que les gorilles ont pris la fuite en file indienne.

Les gorilles sont parfois contaminés par un parasite intestinal assez courant *(Anoplocephalo gorillae)*. Les excréments évacués par les gorilles dans leurs nids pendant la nuit et examinés au matin grouillent de larges segments semblables à des vers plats de deux centimètres et demi de long.

Les gorilles, quels que soient leur âge et leur sexe, mangent leurs excréments et, parfois, ceux des autres gorilles. La coprophagie s'observe après de longues périodes de repos, pendant la saison des pluies. La nourriture est alors plus rare et les déplacements moins fréquents. L'animal écarte légèrement ses fesses et recueille la crotte dans une main en prenant garde qu'elle ne touche le sol. Il mastique tout en se léchant les babines avec satisfaction. La coprophagie existe chez la plupart des vertébrés, y compris l'homme, dans les cas de carence nutritionnelle. On peut penser que, chez les gorilles, elle a une fonction diététique et permet aux vitamines, la vitamine B12 en particulier, dont la synthèse se fait dans le gros intestin, d'être assimilées au niveau de l'intestin grêle.

La taille des excréments varie selon le sexe et l'âge, de sept centimètres chez les mâles à dos argenté à un centimètre chez les enfants. L'analyse du contenu des nids permet de connaître la composition des groupes marginaux ou recensés. C'est aussi un moyen de déterminer si de nouvelles naissances ont eu lieu. La plupart des naissances ont lieu pendant la nuit et les nids comprennent à peu près la moitié des excréments évacués par un animal en vingt-quatre heures.

Les gorilles sont des animaux diurnes et construisent chaque soir leur nid dans un endroit différent. Quatre-vingt-dix-huit pour cent des nids sont faits de végétaux non comestibles pour les gorilles. Les chardons, les orties, le céleri ne conviennent pas en effet à la confection des nids. Les nids des adultes sont de structure serrée, de forme ovale et font penser à une baignoire faite de feuilles. Les gorilles utilisent des plantes résistantes comme le lobelia *(Lobelia giberroa)* et le senecio *(Senecio erici-rosenii)*. Les bords du nid sont façonnés avec les tiges recourbées tandis que les feuilles sont entassées autour et en dessous du corps de l'animal. Les nids sont construits dans les arbres ou à terre, cette dernière solution étant généralement choisie par les gorilles compte tenu du poids des mâles adultes. Pendant la saison des pluies, les animaux préfèrent les arbres creux. Les nids sont alors faits de mousse et de mottes de terre. Au réveil, les gorilles se nourrissent de l'écorce et des racines de l'arbre.

Le jeune dort généralement avec sa mère jusqu'à ce qu'elle donne naissance à un nouveau bébé. L'animal le plus jeune capable de construire son nid que j'aie pu observer avait trente-quatre mois.

Quand ils passent la nuit aux abords du Parc ou près des voies de passage des braconniers ou lorsqu'un autre groupe est à proximité, les gorilles construisent leurs nids sur des buttes ou des pentes découvertes leur permettant d'observer les environs. Dans la journée, ils choisissent les endroits ensoleillés.

Pendant plusieurs années, les pentes situées derrière le campement faisaient partie des domaines vitaux des groupes 4 et 5. Je trouvais souvent des nids construits par les femelles et les jeunes jusqu'à une distance de trente mètres sur les pentes. Les mâles à dos argenté construisaient leurs nids en contrebas. A l'aube, j'essayais d'observer les animaux avant leur réveil, mais je tombais immanquablement sur un gorille à dos argenté qui bondissait hors du nid en poussant des cris pour alerter le reste du groupe, et qui remontait la pente en courant.

Les *Lobelia* utilisés par les gorilles pour construire leurs nids continuent à pousser après l'arrachage des feuilles supérieures. J'ai pu estimer que ces plantes poussent de cinq à sept centimètres par an. Des bouquets de *Lobelia* de trois mètres de haut indiquent alors que des nids ont pu être construits à cet endroit trente ans plus tôt.

L'hypothèse selon laquelle les nids construits dans les arbres sont à la fois une protection contre les intempéries et un vestige du genre de vie arboricole des anciens gorilles, est plausible. Dans les zoos, j'ai pu observer beaucoup de gorilles nés en captivité qui reproduisaient instinctivement les gestes des gorilles en liberté et essayaient de construire leur nid avec ce qui leur tombait sous la main. Je jetai un jour un grand chapeau de paille à l'intérieur de l'enclos. Une femelle adulte s'en empara immédiatement et commença à en défaire les brins et à les enrouler autour de son corps tout en défendant âprement son matériel de construction contre les autres gorilles.

Les gorilles passent environ quarante pour cent de leur temps à se reposer, trente pour cent à se nourrir et trente pour cent à se déplacer. Ils continuent à s'alimenter pendant la marche.

La dizaine de kilomètres carrés qui constituait mon terrain de recherche comprenait huit types de végétation différents.

La région du col est constituée d'un terrain assez plat, situé entre les trois volcans de la partie ouest (les monts Visoke, Karisimbi et Mikeno). Elle est parsemée de petites collines et d'escarpements de moins de trente mètres de hauteur. On y trouve de nombreux *Hagenia* et une grande variété de plantes grimpantes et d'herbacées.

Les *Vernonia*, dont les fleurs, l'écorce et la pulpe sont une nourriture très appréciée des gorilles, poussent de place en place. Cette espèce, qui couvre aussi les premières pentes de la montagne, devient de plus en plus rare à cause de l'usage multiple qu'en font les gorilles pour leurs jeux et la construction de leurs nids.

Les orties poussent dans les mêmes endroits que les *Vernonia,* mais on les trouve surtout à l'ouest du mont Visoke.

A l'est du Parc, une petite forêt de bambous constitue un domaine vital saisonnier pour le groupe 5. Quelques bouquets de bambous isolés poussent dans la zone du col, domaine du groupe 4. A l'époque de la pousse des bambous, les gorilles descendent des pentes et se dirigent tout droit sur les bouquets de bambous, montrant ainsi nettement qu'ils reconnaissent à la fois la saison et le lieu où pousse leur nourriture.

Dans la zone de broussailles qu'on trouve sur les petites collines du col et sur les pentes supérieures de la montagne, poussent de nombreux arbustes dont les fruits sont très appréciés des gorilles.

Les *Lobelia* abondent entre 3400 et 3700 mètres. Les gorilles vivent dans cette zone pendant les périodes sèches, l'humidité de la nuit étant alors retenue par la végétation.

Enfin, au sommet de la montagne, la végétation est rare et ne consiste plus qu'en herbe rase et en lichens qui conviennent peu à la nourriture des gorilles.

Les gorilles se déplacent plus rapidement dans les zones où les ressources alimentaires sont rares ou lorsqu'ils explorent un terrain qu'ils ne connaissent pas. Ils essaient parfois d'étendre leur domaine vital dans la région du col, en évitant d'empiéter sur le domaine des autres groupes, comme ce fut le cas à la fin des années 60.

Dans les huit zones de végétation citées plus haut, les gorilles se nourrissent de cinquante-huit variétés de plantes. Les feuilles, les pousses et les tiges constituent quatre-vingt-six pour cent de leur alimentation, les fruits deux pour cent seulement, les écorces, les racines, les vers de terre, les escargots, la terre et les excréments n'interviennent que pour une faible part. Le chardon, l'ortie et le céleri sauvage, qui peut atteindre deux mètres cinquante de hauteur, sont les plantes herbacées préférées des gorilles. Le *Galium,* une maigre plante grimpante, qui pousse à toutes les altitudes, aussi bien sur le sol qu'au sommet des arbres, constitue leur nourriture de base.

Contrairement au bétail et aux buffles dont les sabots abîment les plantes, les gorilles avec les paumes de leurs mains et la plante de leurs pieds ne font que presser la végétation sur le sol, ce qui favorise les nouvelles pousses. En comparant trois sortes de terrains : l'un foulé par les gorilles, le deuxième par les buffles et le troisième vierge de toute trace d'animal, j'ai constaté que la végétation avait repoussé plus vite sur le premier.

Il n'y a généralement pas de compétition pour la nourriture, sauf quand les aliments préférés se font rares. Le *Pygeum* par exemple, haut de dix-huit mètres, ne pousse que sur quelques crêtes. La saison des fruits est courte (deux à trois mois par an). Plusieurs groupes de gorilles se rassemblent alors autour des arbres. Les mâles à dos argenté grimpent les premiers jusqu'aux plus hautes branches pour cueillir les fruits du *Pygeum* dont ils raffolent. Pendant ce temps, les autres animaux attendent leur tour au pied de l'arbre.

Le gui est également une nourriture rare et recherchée. On le trouve à 3 000 mètres d'altitude sur les *Hypericum*, conifères élancés et fuselés. Les jeunes, plus légers, grimpent facilement sur les hautes branches tandis que les mâles à dos argenté se contentent d'attendre ce qui tombe sous l'arbre. Quand les jeunes commettent l'erreur de descendre à terre pour consommer leur cueillette, les mâles à dos argenté font de l'intimidation et n'hésitent pas à leur voler leur butin.

Les gorilles se nourrissent aussi d'une plante parasite des arbres, le *Ganoderma applanatum*. Elle ressemble à un gros champignon solidifié et a la dureté d'un coquillage. Les jeunes n'arrivent pas à l'arracher et la mangent sur place, accrochés au tronc de l'arbre. Les gorilles plus âgés emportent parfois le champignon à plusieurs dizaines de mètres de l'arbre, en le protégeant farouchement de l'avidité d'autres mâles dominants. Il est fréquent que des bagarres éclatent à l'intérieur d'un groupe pour la possession d'un champignon. Le mâle à dos argenté y met fin en s'appropriant tout simplement la nourriture.

Des disputes se produisent aussi quand l'espace manque, par exemple, quand un groupe entier se presse dans un petit bouquet de bambous. Pendant la saison sèche, les gorilles sont friands de certains sols riches en calcium et en potassium qu'on trouve sur les escarpements. Le groupe 5, en fouillant ainsi la terre pendant plusieurs années, avait creusé une véritable caverne entre les racines des arbres.

Quand ils arrivaient à cet endroit, le mâle dominant entrait d'abord dans l'excavation tandis que les autres attendaient patiemment à l'entrée. Il disparaissait comme par magie dans les profondeurs obscures puis en émergeait quelques instants plus tard, couvert de poussière. Les autres membres du groupe s'engageaient alors, par ordre hiérarchique, sous les racines. On entendait leurs cris et leurs grognements, témoignant de la façon dont ils se pressaient à l'intérieur.

Le groupe 4 préférait la terre de certains endroits sablonneux qui attiraient aussi les hirondelles qui venaient s'y baigner et y faire leur nid. Pendant la saison sèche, le groupe 5 fréquentait aussi ces régions dénudées. J'observais les gorilles pendant des heures tandis qu'ils mangeaient la terre à pleines poignées. Je ne les vis jamais essayer d'attraper des hirondelles ou dérober leurs œufs.

La préparation de la nourriture des gorilles, à base presque exclusivement végétale, exige une grande habileté manuelle et buccale. C'est peut-être pour cette raison que les gorilles n'utilisent pas certains objets de leur environnement comme instruments au contraire des chimpanzés qui sont réputés pour leur aptitude à se servir de brindilles ou de feuilles pour dénicher leurs aliments ou recueillir l'eau.

Il se peut que les gorilles n'aient jamais ressenti la nécessité d'utiliser certains objets comme instruments parce que les ressources de leurs domaines vitaux correspondaient à leurs besoins. En 1969, après quatre mois de sécheresse, mon terrain de recherches fut envahi par les termites. Je m'attendais à ce que les gorilles, à la manière des chimpanzés, se servent de brindilles pour extraire les termites du bois pourri. Ils n'en firent rien et passèrent leur chemin pour aller se nourrir ailleurs.

Les belles journées ensoleillées font la joie des gorilles. Pendant qu'ils se reposent ou se nourrissent, ils émettent des vocalisations ressemblants à des rots : *naoum, naoum, naoum* qui provoquent des réponses similaires des animaux alentour. L'imitation de ces vocalisations est un excellent moyen de contact pour l'homme quand les gorilles sont partiellement ou entièrement cachés dans la forêt. J'informais ainsi les gorilles de ma présence par le bruit que je faisais en approchant. C'est un sentiment unique de se trouver ainsi assise au milieu d'un groupe de gorilles qui se reposent et de participer à leur chœur.

Ce type de « vocalisations-rots », comme je les appelai, est la forme la plus fréquente de communication orale à l'intérieur d'un même groupe. Prolongées, elles expriment le contentement. Plus courtes, elles sont utilisées dans le sens d'une légère réprimande à l'égard des jeunes. Le « grognement de porc » est une série de vocalisations saccadées, comme font les cochons quand ils mangent. Il est employé par les gorilles à dos argenté quand ils veulent, par exemple, faire cesser une querelle entre les autres membres du groupe. Les femelles utilisent ce type de vocalisations envers d'autres adultes quand des conflits éclatent à propos de la nourriture, en cours de route, quand un autre animal ne veut pas leur céder le passage ou encore avec leurs enfants, dans les dernières étapes du sevrage. Les jeunes poussent ce genre de grognements au cours de certains jeux brutaux.

On pense généralement que les gorilles émettent des grondements ou des cris. C'était en effet le cas, au début de mes recherches, quand les animaux n'étaient pas encore habitués à ma présence. J'étais très intéressée par les vocalisations des gorilles et je les enregistrai pendant plusieurs mois consécutifs. Quand je les analysai plus tard au spectrographe à l'université de Cambridge, je me rendis compte que les signaux d'alarme étaient progressivement remplacés par les vocalisations de communication que j'avais moi-même utilisées pour me faire accepter des gorilles.

Fin 1972, quand les premiers étudiants commencèrent à travailler à Karisoke, mes premiers cours commençaient toujours par des « vocalisations-rots ». Certains ne réussirent jamais à imiter correctement les sons. Je me souviens d'un étudiant dont les imitations ressemblaient à un chevrotement. Pourtant, au bout de quelques semaines, les gorilles s'habituèrent à son signal sonore de bienvenue.

⁂

Parfois, les étudiants et moi-même tombions sur des gorilles, sans avoir eu le temps de les avertir de notre présence. Les animaux chargeaient alors, surtout si plusieurs groupes étaient proches les uns des autres, s'ils se déplaçaient dans une zone dangereuse fréquentée par les braconniers, ou s'il y avait parmi eux un nouveau-né.

On comprend qu'en de telles circonstances, le chef à dos argenté devait recourir à des tactiques défensives.

J'escaladais un jour une colline à la végétation épaisse sur les traces du groupe 8 qui, selon mes estimations, se trouvait à quelques heures de marche devant moi. L'air fut soudain déchiré par les cris stridents de cinq gorilles qui dévalaient la colline en chargeant dans ma direction. Il est difficile de décrire l'impression causée par une charge de gorilles. Les cris sont si assourdissants qu'on ne peut les localiser. Je me rendis compte que les gorilles étaient au-dessus de ma tête quand je vis les futaies s'écarter, comme au passage d'un tracteur fou qui fonçait directement sur moi.

Quand le mâle dominant à dos argenté me reconnut, il freina brusquement. Il était environ à un mètre de moi. Les quatre mâles qui le suivaient lui tombèrent dessus. Je me laissai glisser lentement à terre, prenant une pose aussi soumise que possible. Les poils des gorilles se dressaient au-dessus de leur crête sagittale (pilo-érection), ils montraient les dents, et leurs iris, habituellement marron clair, viraient au jaune, leur donnant des yeux semblables à ceux des chats. L'odeur caractéristique de la peur emplissait l'air. Je restai immobile pendant plus d'une demi-heure, car les mâles se mettaient à crier dès que j'esquissais un mouvement. Finalement, je fis semblant de manger de l'herbe. Ils me laissèrent faire puis, d'un pas raide, remontèrent la colline.

Je me mis alors debout et essayai de découvrir l'origine des cris qui venaient d'éclater plus de cent mètres au-dessous de moi. J'aperçus un groupe de bergers tutsi qui avaient été attirés par les hurlements des gorilles et avaient dévalé les pentes où ils faisaient paître leurs troupeaux. Je sus plus tard que les hommes étaient persuadés que les gorilles m'avaient mise en pièces. Quand ils me virent saine et sauve, ils en conclurent que j'étais sous la protection d'un *sumu* spécial qui me mettait à l'abri de la colère des gorilles qui, pour leur part, les terrifiait.

Je continuai à suivre le groupe 8 et découvris qu'il était en contact avec le groupe 9 au moment où je l'avais rencontré. D'après les traces, je pus voir que le groupe 9 avait pris part à la charge mais s'était arrêté avant de m'atteindre. Je compris tout en découvrant un mâle solitaire à dos argenté, juste au-dessus de l'endroit où je me trouvais. En entendant le bruit d'herbes foulées, les gorilles avaient cru à l'arrivée du mâle solitaire dont la présence ne pouvait être tolérée ni par un groupe ni par l'autre.

Tout en sachant que les charges des gorilles sont purement défensives, on réagit instinctivement par la fuite, impulsion qui invite les gorilles à la poursuite. Convaincue de la gentillesse innée des gorilles, j'ai toujours pensé que leurs charges ressortaient de l'intimidation et n'ai jamais hésité à rester sur place. Devant la violence de leurs cris et la rapidité de leur approche, je m'accrochais fermement aux plantes qui m'entouraient. Si je n'avais pas eu ce support, j'aurais certainement tourné les talons et me serais enfuie à toutes jambes.

En règle générale, les gorilles ne chargent pas les gens qu'ils connaissent et, quand il s'agit d'inconnus, ne leur donnent souvent qu'une petite tape au passage. A condition toutefois que l'homme ne coure pas.

Un de mes meilleurs étudiants commit un jour la même erreur que moi. Il grimpait à travers la végétation très dense dans une zone fréquentée par les braconniers et se frayait un chemin à grand bruit avec son panga, ignorant qu'un groupe de gorilles se trouvait à proximité. Le mâle dominant à dos argenté, qui ne l'avait pas identifié, chargea brusquement. Le jeune homme prit la fuite. Le gorille plongea sur lui, le plaqua au sol, déchira son sac à dos et s'apprêtait à planter les dents dans son bras quand il reconnut un observateur familier. Il se recula immédiatement avec, me dit le jeune homme, « une mimique faciale ressemblant à des excuses ».

La même mésaventure arriva, en plus grave, à un autre étudiant qui s'était toujours moqué de ma méthode d'approche. Son comportement avec les animaux était brusque et agressif. Tout se passa bien pendant un an, mais un jour, alors que, suivi par des touristes, il s'approchait de deux groupes qui venaient d'entrer en contact, un mâle à dos argenté chargea et roula avec lui dix mètres en contrebas. Il lui cassa trois côtes et le mordit profondément à la nuque. La morsure aurait été fatale si la veine jugulaire avait été sectionnée. Le malheureux se vanta de sa chance, sans comprendre qu'il avait enfreint une des règles du protocole des gorilles.

A une autre occasion, un jeune touriste essaya de prendre un enfant du groupe 5 dans ses bras, malgré les cris d'alarme poussés par les gorilles. La mère et le mâle à dos argenté chargèrent avant qu'il ait pu toucher le bébé. Le jeune garçon prit la fuite. Instantanément, les parents gorilles furent sur son dos, le mordant et mettant en pièces ses vêtements. Plusieurs mois après, je le rencontrai à Ruhengeri. Il portait encore de profondes cicatrices sur les bras et les jambes.

Il ne faudrait pas être injuste avec les gorilles en racontant ce genre d'anecdotes. Si les hommes n'essayaient pas d'empiéter sur leur domaine, les gorilles ne chargeraient vraisemblablement que pour défendre leur groupe familial contre les autres gorilles. Le fait d'avoir habitué les gorilles au comportement humain me préoccupe. C'est pour cette raison que je n'ai jamais voulu qu'ils s'habituent aux Africains de mon équipe. Pour les gorilles, les Africains ont toujours été des chasseurs et il leur serait difficile de différencier au premier regard un ami d'un ennemi. Une centaine d'hommes seulement, armés d'arcs, de flèches, de lances ou de fusils, peut mettre en danger la vie des animaux sauvages dans ces parcs nationaux, la dernière forteresse des gorilles de montagne. La seule contre-attaque réside dans ce que j'appelle une préservation active.

***

Il faut motiver les Africains, individuellement, pour qu'ils soient fiers de leur parc national et se sentent responsables de la protection de leur héritage. Il faut ensuite leur procurer le matériel nécessaire : des bottes pour la marche, des vêtements décents, des imperméables, une nourriture abondante et des salaires corrects. J'ai pu ainsi mettre sur pied à Karisoke des équipes antibraconnage qui détruisaient les pièges, confisquaient les armes et relâchaient les animaux qui avaient été pris au piège.

La préservation active, quand il s'agit d'une réserve à vocation internationale comme celle des Birunga, nécessite de la part des gouvernements zaïrois et ruandais le renforcement des mesures légales existantes.

Pour un pays pauvre comme le Ruanda, les modèles classiques de préservation présentent plus d'avantages et il est normal que les autorités cherchent à donner au Parc National des

Volcans une réputation internationale et à tirer profit de son existence en développant le tourisme. Des routes ont été construites pour faciliter l'accès du Parc. Le nombre de visiteurs s'est considérablement accru. En 1980, les revenus du Parc avaient doublé par rapport à 1979.

Ces préoccupations sont en contradiction avec les besoins immédiats des 242 gorilles de montagne qui existent dans la réserve. Il ne suffit pas de développer le tourisme et d'apprendre à la population locale à respecter les gorilles. Si on continue dans cette voie, il n'y aura bientôt plus de gorilles pour attirer les visiteurs.

A l'intérieur du Parc, loin des yeux du public, quelques personnes continuent à se consacrer à la préservation active pour protéger le Parc et ses animaux sauvages.

Paulin Nkubili, un homme remarquable, n'a pas hésité à risquer sa situation pour défendre ses opinions. Chef des Brigades ruandaises, il a infligé de fortes amendes aux braconniers et aux acheteurs de têtes et de mains de gorilles. Certains Tutsi, membres du clan Rutshema, qui pendant des générations menaient paître leurs troupeaux dans le Parc, ont organisé des patrouilles antibraconnage. C'est entre les mains de personnes comme Paulin Nkubili, les membres loyaux de l'équipe du Karisoke Research Centre et les hommes des patrouilles antibraconnage, que repose l'avenir des Birunga.

CHAPITRE 4

Trois générations de gorilles

Par une ironie du sort, ce furent les braconniers qui me présentèrent au premier groupe de gorilles que je rencontrai sur le mont Visoke : le groupe 4. Deux Batwa qui chassaient l'antilope avec arcs et flèches vinrent au camp pour m'avertir qu'ils avaient entendu des cris de gorilles sur les pentes.

Je les suivis, tout à la joie de rencontrer des gorilles dès le lendemain de mon arrivée au camp. Dans la soirée, occupée à taper à la machine mes notes de la journée, j'entendis des vocalisations et des battements de poitrine de gorilles. Je situais approximativement les sons à un kilomètre et demi environ de l'endroit où j'avais rencontré le premier groupe dans la journée. Les gorilles parcourant moins d'un kilomètre par jour, j'en déduisis qu'il s'agissait d'un autre groupe, le groupe 5.

Le lendemain, je grimpai dans la direction d'où m'étaient parvenues les vocalisations et découvris une piste qui me conduisit à une rangée d'arbres épais, juste au-dessus du camp. En m'apercevant, les gorilles se cachèrent instantanément, à l'exception d'un seul qui se frappa vigoureusement la poitrine et se balança de branche en branche avant de disparaître à grand bruit dans le feuillage. Je l'appelai immédiatement Icare. Les autres membres du groupe, une quinzaine comme je m'en rendis compte par la suite, abandonnant leur repas, s'étaient retirés à six mètres environ et m'observaient timidement à travers les arbres épais. L'intrépide Icare escaladait les arbres les uns après les autres pour me montrer ses talents d'acrobate ou pour regarder avec curiosité le premier être humain qu'il ait jamais vu manger une branche de céleri sauvage.

Au bout d'une demi-heure de contact, je m'aperçus que le groupe comptait deux mâles à dos argenté qui s'étaient mis en position défensive pour protéger les femelles et les jeunes. Les deux mâles étaient faciles à localiser par leurs vocalisations. Le plus vieux, que j'appelai Beethoven, émettait des cris d'alarme rauques. Les vocalisations du plus jeune étaient d'une tonalité plus aiguë et je le nommai Bartok. Par la suite, j'identifiai un mâle à dos noir et lui donnai le nom de Brahms.

Quatre femelles portaient des enfants d'âge différent aux yeux protubérants. L'une d'elles était assise sous un arbre, un bébé dans son giron. Les bouffonneries d'Icare semblaient l'inquiéter. C'était certainement la mère du jeune acrobate. Ils avaient une forte ressemblance et le jeune éprouvait de temps en temps le besoin de revenir près de sa mère pour se rassurer. Je nommai la femelle Effie et le bébé qu'elle serrait contre son sein, Piper. Au bout d'une heure, les gorilles commencèrent à s'éloigner pour aller se nourrir. J'avais pour règle de ne jamais suivre les gorilles quand ils avaient décidé de partir.

Le groupe 5 s'habituait peu à peu à ma présence. J'avais avec lui des contacts réguliers. Au cours de la première année, je réussis à approcher les gorilles à une distance de six mètres. Beethoven manifestait une grande tolérance à l'égard des deux autres mâles, Bartok et Brahms, qui lui servaient apparemment de chiens de garde pour les femelles et les jeunes. Effie, la femelle favorite, avec son bébé Piper, âgé d'environ deux ans, et Icare qui avait entre cinq et six ans, se tenaient toujours près de Beethoven. Le vieux chef ne se fâchait pas quand les enfants le bousculaient en jouant autour de lui. Dans la hiérarchie des femelles, Marchessa venait tout de suite après Effie qu'elle semblait craindre et respecter. Sa fille, Pantsy, âgée d'un an et demi environ, jouait fréquemment avec Piper et Icare. Pantsy avait de l'asthme, son nez coulait mais je n'ai jamais vu Marchessa essayer de nettoyer son visage. Je ne ressentis pas le besoin de baptiser quatre femelles adultes du groupe, peut-être parce qu'elles avaient tendance à rester cachées dans la forêt. Liza et Idano, deux autres femelles, furent les dernières à recevoir un nom quand elles perdirent leur timidité et que je pus les identifier nettement.

Icare favorisa mes contacts avec le groupe. Il montrait une

curiosité et une intrépidité remarquables, bondissant dangereusement d'arbre en arbre. Un jour qu'il s'essayait à un nouvel exercice, la branche de l'arbre à laquelle il s'était agrippé se rompit et il tomba sur le sol. L'air s'emplit immédiatement des cris indignés de Beethoven et de Bartok. Les deux mâles, dans une mimique d'intimidation, chargèrent, suivis de la troupe des femelles, comme s'ils me rendaient responsable de la chute d'Icare. Ils stoppèrent à trois mètres de moi environ quand ils s'aperçurent qu'Icare était sain et sauf et avait recommencé ses gambades, sans se préoccuper du trouble qu'il avait occasionné. Le petit polisson continuait innocemment ses jeux mais les deux mâles à dos argenté restaient tendus. L'odeur âcre, caractéristique de la peur, emplissait l'atmosphère.

Sur une pente, les gorilles se sentent toujours plus en sécurité quand ils dominent d'autres gorilles ou des hommes. Je n'aimais pas grimper en direction d'un groupe qui se trouvait immédiatement au-dessus de moi, mais, parfois, la configuration du terrain m'y obligeait. Je n'oublierai jamais ce jour où, chargée de mon Nagra, je rampais vers le groupe 5. Arrivée à six mètres au-dessous des gorilles, je vocalisai doucement pour signaler ma présence. Je plaçai le micro sur un arbre et installai le magnétophone sur le sol. De nombreux enfants et des juvéniles escaladèrent les arbres environnants pour regarder avec curiosité mon matériel. Après m'avoir reconnue, ils commencèrent à jouer à grand bruit sur les branches de jeunes *Vernonia*. Comme je m'y attendais, les mâles conduisant les femelles et poussant des cris perçants simulèrent une charge sur une distance de trois mètres. J'essayais de régler le volume du magnétophone car les sons étaient trop stridents pour être enregistrés correctement mais, au moindre de mes mouvements, les gorilles menaçaient de se ruer sur moi. « Je ne m'en sortirai jamais vivante ! » murmurai-je en renonçant à m'occuper du magnétophone. Lorsque le groupe se retira et fut hors de vue, j'arrêtai le magnétophone. Dans la soirée, en écoutant l'enregistrement, j'éclatai de rire en entendant cette phrase, intercalée entre les cris des gorilles. Je ne me souvenais même pas l'avoir prononcée.

En analysant, des mois plus tard, ces vocalisations au spectrographe, je pus nettement différencier les cris des uns et des autres et me convaincre que les gorilles se reconnaissaient sur de grandes distances grâce à ces signaux sonores.

En 1969, seconde année de mes recherches à Karisoke, nous n'étions pas encore arrivés à débarrasser la région du col des troupeaux. Le groupe 5 s'accrochait tenacement aux pentes sud-est du mont Visoke, creusées de ravins profonds aux bords escarpés où l'on trouvait souvent les gorilles paressant au soleil. Je restais alors cachée pour pouvoir mieux observer les comportements naturels à l'intérieur du groupe.

Par une journée particulièrement ensoleillée, j'entendis des vocalisations typiques de contentement provenant d'une des cuvettes pourvue d'une herbe abondante où le groupe 5 avait l'habitude de se tenir. Je rampai doucement jusqu'au bord du ravin et, sans être vue, observai la famille avec mes jumelles. Beethoven, le patriarche, était couché au milieu de ses femelles, monticule argenté deux fois plus gros que chacune d'elles. Il devait peser environ 135 kilos et être âgé d'une quarantaine d'années. Son dos était presque blanc tandis que les poils de ses épaules, de sa nuque et de ses cuisses grisonnaient. Je remarquai, outre sa taille massive et ses poils argentés, d'autres caractéristiques morphologiques sexuelles, comme la crête sagittale prononcée et les grandes canines que l'on ne trouve jamais chez les femelles.

Lentement, Beethoven se laissa rouler sur le dos, soupira de plaisir et s'absorba dans la contemplation de son dernier-né, Puck, âgé de six mois, qui jouait sur le ventre de sa mère, Effie. Beethoven souleva Puck par la peau du cou et le balança doucement au-dessus de lui. L'enfant paraissait minuscule dans cette main énorme. Enfin, Beethoven reposa le bébé sur le ventre de sa mère.

J'ai souvent vu ce spectacle d'un vénérable gorille à dos argenté jouant avec son rejeton. La gentillesse extraordinaire du mâle adulte envers ses enfants apporte un démenti au mythe de King Kong.

Beethoven, en tant que mâle dominant, avait des droits de reproduction absolus sur les quatre femelles, Effie, Marchessa, Liza et Idano, dont il avait hérité après la mort du précédent chef ou qu'il avait acquises au cours de plusieurs années de contacts avec d'autres groupes. Beethoven était tolérant avec les deux autres mâles, Bartok et Brahms, avec qui il semblait d'ailleurs avoir des liens de parenté autant que l'on pouvait en juger par leur ressemblance frappante. Cependant, après avoir atteint la maturité sexuelle, ces deux mâles ne purent rester dans le groupe 5 puisqu'il n'y avait pas de possibilité de reproduction, aucune femelle n'étant accessible. Ils quittèrent donc le groupe 5 et, après avoir vécu dans un rayon de 300 mètres pendant neuf mois, devinrent des solitaires à dos argenté et se déplacèrent à une plus grande distance à la recherche d'un domaine vital. Ils avaient de fréquents contacts avec d'autres groupes pour y chercher des femelles.

En 1971, Bartok et Brahms établirent leurs domaines vitaux distincts dans des zones limitrophes de celle du groupe 5, le premier sur les pentes est du mont Visoke, au-dessus du Tunnel des Éléphants, le deuxième sur les collines et le col situés entre les monts Visoke et Karisimbi.

En quatre ans, les Ruandais étaient devenus très habiles pour suivre à la piste les gorilles. Les hommes vinrent me prévenir un matin qu'ils avaient trouvé les traces d'un mâle solitaire au sud du campement, dans un lieu appelé *Mlima Moja*, « la Première Colline ». Nous étions en train d'examiner le nid où le gorille avait passé la nuit quand des cris terrifiants éclatèrent à 120 mètres environ au-dessous de nous. Nous nous précipitâmes. Brahms s'enfuyait en courant d'un côté tandis qu'un homme, un braconnier, s'enfuyait de l'autre, tenant à bras tendus son arc et ses flèches au-dessus de sa tête. Là où le gorille et l'homme s'étaient rencontrés, on pouvait voir les traces distinctes des deux pistes qui se séparaient. Celle du gorille était marquée par des feuilles couvertes de sang et des traînées de diarrhée, celle du braconnier par les empreintes de ses pieds nus. Instinctivement, ils avaient essayé de se défendre, le gorille en chargeant, l'homme en tirant avec son arc.

Nous suivîmes l'animal blessé à la trace pendant trois heures. Il semblait décidé à s'éloigner le plus loin possible du lieu où il avait été blessé. Par moments, il se reposait et nous trouvions sur le sol, après son départ, des feuilles rougies de sang. Des grognements, le bruit des coups qu'il se donnait sur la poitrine nous parvenaient, témoignant de sa souffrance et de sa colère.

Il atteignit les premières pentes du mont Karisimbi où nous le laissâmes, pour éviter d'accroître sa peur sans nécessité. Le lendemain, les hommes trouvèrent son nid taché d'un peu de sang. Ses traces montraient qu'il s'était éloigné plus haut dans la montagne.

Il fallut encore un an pour que Brahms fasse l'acquisition de deux femelles appartenant à des groupes vivant sur le mont Karisimbi. Il eut deux enfants et commença à fonder son propre groupe.

Brahms et Bartok avaient quitté le groupe 5, leur groupe natal, vraisemblablement en juin 1971. Six mois plus tôt, Beethoven avait acquis une femelle qui n'avait jamais procréé au cours d'un contact avec le groupe 4. En règle générale, ces femelles reviennent aux mâles à dos argenté solitaires ou à de petits groupes car, pour les femelles, l'ordre hiérarchique correspond à celui dans lequel elles ont été acquises par le mâle dominant. Je fus surprise de trouver Bravado dans le groupe 5 qui avait déjà quatre femelles dominantes : Effie, Marchessa, Liza et Idano.

Pendant dix mois, Bravado ne réussit pas à s'intégrer dans le groupe familial. En octobre 1971, au cours de deux journées de contacts entre les groupes 4 et 5, elle retrouva les membres de sa famille. La rencontre eut lieu juste derrière le camp, sur les deux bords d'un ravin large d'une centaine de mètres qui marquait les limites des domaines vitaux des groupes 4 et 5, et où ces derniers avaient l'habitude d'effectuer leurs contacts. D'une crête à l'autre, on avait une bonne visibilité et les deux mâles dominants à dos argenté se livraient à des parades impressionnantes.

Beethoven avait plus d'expérience qu'Oncle Bert, le mâle à dos argenté du groupe 4. Il montrait à son égard une certaine condescendance. Oncle Bert se pavanait sans arrêt, se frappait la poitrine, brisait des branches. Cette agitation s'accompagnait de vocalisations prolongées caractéristiques émises par les gorilles à dos argenté au cours des rencontres inter-groupes et ressemblant à des hululements.

Pendant le premier jour de la rencontre, Beethoven répondit rarement aux vocalisations d'Oncle Bert. Les femelles du groupe 5 montraient de leur côté peu d'intérêt pour les parades de l'autre mâle.

Bravado, au contraire, traversa le ravin suivie de deux jeunes du groupe 5, Icare et Piper, qui commencèrent à faire des cabrioles et à jouer avec les jeunes du groupe 4. Bravado, malgré une absence de dix mois, fut immédiatement reconnue par les membres de son groupe qui l'entourèrent et la serrèrent dans leurs bras joyeusement.

Vers la fin de la journée, Oncle Bert suivi de son groupe en ordre dispersé, de Bravado, d'Icare et de Piper, décida de traverser le ravin. Beethoven, devant cette entreprise malavisée et téméraire, lui lança des regards furibonds et s'avança à sa rencontre d'une démarche orgueilleuse, laissant son propre groupe derrière lui. Quand les deux mâles dominants furent à une distance d'un mètre environ l'un de l'autre, ils s'arrêtèrent face à face, détournant le regard. Les gorilles des deux groupes s'immobilisèrent, tendus.

Oncle Bert, incapable de supporter la tension, se mit soudain à trépigner, à se battre la poitrine et à écraser la végétation devant lui. Beethoven, qui avait fait preuve jusque-là d'une rare patience, ne put résister à cette provocation. Il chargea avec un rugissement d'indignation. Oncle Bert et son groupe firent immédiatement retraite en poussant des cris hystériques. Beethoven, sans bouger, les regardait avec mépris. A cinq mètres de là, Oncle Bert, enhardi par la distance qui le séparait de Beethoven, recommença ses provocations gestuelles. Dédaigneusement, le vieux mâle fit demi-tour et rejoignit son groupe qui l'attendait sur la crête. A deux reprises, il s'arrêta, feignant de manger des branches de céleri afin de garder un œil sur Oncle Bert. Son jeune fils, Piper, l'avait suivi, mais Icare et Bravado étaient restés en bas de la pente et jetaient des regards nostalgiques en direction du groupe 4.

Oncle Bert, maladroitement, fit une tentative pour ramener Bravado au sein du groupe. Beethoven chargea furieusement, provoquant une nouvelle retraite de son adversaire. Il lui fit face longuement puis poussa Bravado et Icare en haut de la pente, jusqu'à ce qu'ils soient hors de vue. Les membres du groupe 5 échangèrent alors des vocalisations exprimant la satisfaction puis s'éloignèrent pour aller chercher de la nourriture. Après quelques instants de repos, le groupe 4 fit de même.

Contrairement à mon attente, je n'entendis pas les gorilles pendant la nuit et je crus que les deux groupes avaient rejoint leurs domaines vitaux respectifs. Pourtant, le lendemain matin, quand je retournai sur les lieux, je trouvai Oncle Bert qui « s'échauffait » en se frappant vigoureusement la poitrine et en poussant des hululements plaintifs.

A ma grande stupéfaction, je vis également que Bravado ramenait Icare, Piper et la fille de Marchessa, Pantsy, au milieu du groupe 4. Les juvéniles les accueillirent avec une joie exubérante. Une nouvelle séance de jeux commença.

Pendant deux heures, Oncle Bert continua ses démonstrations sans provoquer de réaction de la part de Beethoven. Finalement, le patriarche se mit lentement en marche en direction du groupe 4, suivi de ses femelles et de ses enfants. Oncle Bert cessa ses vocalisations. Il se mit à gesticuler comme un pantin désarticulé. Les deux mâles à dos argenté exhalaient une odeur si forte que je pouvais la sentir à plus de 5 mètres de distance. Beethoven escaladait lentement la pente. Les deux mâles furent enfin face à face. Ils se dressaient de toute leur hauteur, accrue encore par l'érection des poils de la tête.

Au bout de quelques instants, ils se tournèrent le dos avec raideur. Beethoven descendit la pente et Oncle Bert remonta vers son groupe que Bravado avait rejoint. Soudain, Beethoven fit demi-tour et se précipita au milieu du groupe 4 mais fut forcé de faire retraite devant les gestes et les cris menaçants. Cependant, il n'avait pas abandonné son objectif. Il revint à la charge, s'approcha de Bravado qui s'agenouilla devant lui avec soumission. Il attrapa la jeune femelle par les poils de la nuque et la ramena au milieu des membres de son propre groupe qui se pressaient derrière lui. En descendant la pente, il rencontra les trois autres jeunes qui avaient suivi Bravado et, par des grognements, leur intima l'ordre de le suivre. Ils s'exécutèrent, la lèvre pendante, avec des mimiques effrayées. Quand ils se furent éloignés d'environ cinq mètres du groupe 4, Oncle Bert rompit le silence en se frappant la poitrine et en émettant des hululements. Beethoven stoppa immédiatement, jeta par-dessus son épaule un regard menaçant à l'autre mâle, puis continua son chemin. Quand la troupe arriva au fond du ravin, les quatre plus jeunes, pour relâcher la tension, commencèrent à jouer. Beethoven, dans une ultime tactique, se cacha dans la végétation dense.

Quelques minutes plus tard, Oncle Bert commit l'imprudence d'amorcer une descente. Trois jeunes le suivirent en imitant comiquement ses mimiques d'intimidation. Beethoven, toujours dissimulé derrière les feuilles, semblait réfléchir à l'éventualité d'une confrontation. Il y renonça et se retira à la tête de son groupe, mettant ainsi fin aux deux journées de contacts. Le lendemain, les deux groupes avaient rejoint leurs domaines vitaux.

Ce fut un des premiers contacts que j'eus le loisir d'observer de bout en bout. Il constitue un exemple frappant des extrêmes auxquels peuvent parvenir deux mâles à dos argenté pour éviter l'affrontement physique par la ritualisation des combats.

Après des années d'observation, je pus évaluer à 62 % la proportion de blessures reçues par les gorilles au cours des contacts entre unités sociales distinctes.

La capacité de récupération des gorilles est surprenante. J'ai découvert deux crânes de mâles à dos argenté qui portaient chacun, enserrées dans leur *torus sus-orbitaire* (bourrelet surmontant les orbites et la racine du nez) des morceaux de canines brisées provenant d'un autre animal. Le tissu osseux avait repoussé autour des corps étrangers, ce qui indiquait que les mâles avaient été blessés dans leur jeunesse. On peut ainsi apprécier la force physique dont sont dotés les gorilles et comment l'évolution leur a permis d'adopter des conduites sociales pacifiques à l'intérieur de leurs structures familiales.

***

En août 1972, onze mois après les deux journées de contacts, Bravado donna naissance à son premier enfant mâle, que j'appelai Curry. C'était le sixième bébé né dans le groupe 5 en cinq ans. Comme tous les autres enfants, il avait été engendré par Beethoven, le seul mâle reproducteur du groupe. J'espérais que cette naissance améliorerait le statut de la mère. Cependant, Bravado craignait toujours autant les quatre femelles dominantes : Effie, Marchessa, Liza et Idano. Elle restait en général à la lisière du groupe, privant ainsi Curry de contacts sociaux. Ce n'est que lorsque son enfant eut neuf mois qu'elle lui permit de jouer avec les autres jeunes. Je pensai alors que l'ostracisme dont souffrait Bravado avait prit fin.

Mais l'irréparable se produisit. En avril 1973, Curry avait alors dix mois, un des hommes du camp trouva le bébé mort sur une piste, après un combat entre le groupe 5 et un mâle à dos argenté. Le corps portait la trace de dix morsures. L'une avait fracturé le fémur, une autre avait perforé l'intestin, provoquant une péritonite et la mort instantanée. En procédant aux mesures et aux photographies, je relevai dans les paumes des mains de Curry les marques profondes de ses ongles. Ce fut ma première expérience d'un infanticide chez les gorilles.

Après la mort de Curry, le comportement de Bravado changea du tout au tout. Elle se mit à jouer avec les juvéniles et perdit l'air préoccupé qu'elle affichait quand elle avait des responsabilités maternelles. Je parvenais difficilement à comprendre sa conduite car j'avais été moi-même très affectée par la mort brutale de Curry et, par un phénomène de projection, je m'attendais à ce que Bravado témoigne d'une certaine tristesse. Je me rendis compte par la suite que les primipares qui perdaient leur enfant réagissaient toutes de cette façon. Cette conduite est sans doute un moyen de resserrer les liens avec le groupe familial après le traumatisme de la mort d'un enfant. On peut aussi l'expliquer par le soulagement de la mère qui retrouve sa liberté de mouvement après les longs mois où elle a dû s'occuper d'un bébé.

Deux mois après la mort de Curry, Bravado et Piper, la fille d'Effie âgée alors de huit ans, émigrèrent dans un petit groupe voisin dont le domaine vital était situé en dehors de mon terrain de recherches sur les pentes du mont Karisimbi. Leur départ eut lieu après un combat entre ce groupe qui ne comptait qu'un mâle à dos argenté et un mâle à dos noir et le groupe 5. Je ne rencontrai plus jamais ces deux femelles et j'en eus du regret car je les avais vues grandir et les observations ultérieures que j'aurais pu faire de leur comportement furent une perte pour ma documentation.

Le départ des deux femelles réduisit le groupe 5 à dix individus. Quatre bébés viables étaient nés entre 1967 et juillet 1973. La timide Idano, la femelle la plus âgée, mourut peu de temps après Curry, privant ainsi le groupe d'une autre femelle adulte. Elle s'était affaiblie considérablement et Beethoven, dans les derniers temps qui précédèrent sa mort, avait réduit le rythme des déplacements afin qu'elle puisse suivre le groupe. L'autopsie pratiquée à l'université de Butare révéla une entérite chronique, une péritonite et une pleurésie ainsi que les signes d'un avortement récent provoqué, sans doute, par les efforts qu'elle avait faits pour suivre le groupe dans sa fuite, le jour de la mort de Curry. Le diagnostic conclut à une hépatite infectieuse qui avait causé la mort.

Trois femelles dominantes restaient dans le groupe : Effie, Marchessa et Liza. La première était la mère la plus attentionnée et l'un des animaux au caractère le plus affable que j'aie jamais rencontré. Sa patience, son humeur égale, son instinct maternel et son intimité avec Beethoven, lui permirent d'élever à la perfection les enfants qu'elle avait eus de lui. Elle répartissait de façon harmonieuse la discipline et l'affection, donnant ainsi aux enfants l'amour et un sentiment de sécurité qui en firent plus tard des adultes pleins d'assurance. Des relations privilégiées existaient entre Effie et ses trois rejetons : Tuck (quatorze mois), Puck (deux ans et sept mois) et Icare âgé d'environ 11 ans en 1973. Tous quatre formaient à l'intérieur du groupe une petite unité familiale aux liens étroits.

Le second clan matrilinéaire du groupe 5 était dirigé par Marchessa qui avait environ trente-cinq ans lorsque je la vis pour la première fois, en 1967. Plus âgée qu'Effie, elle n'avait pourtant qu'une fille, Pantsy, âgée alors d'environ dix-sept mois. En janvier 1971 — Pantsy avait quatre ans et demi —, Marchessa donna naissance à un enfant mâle, long et maigre, que j'appelai Ziz. Comme Marchessa et ses rejetons, il était syndactyle, c'est-à-dire que certains de ses doigts des mains et des pieds étaient soudés. J'ai observé des cas semblables dans d'autres groupes. Comme le strabisme, les doigts soudés ne semblaient pas handicaper les animaux.

Marchessa était une vraie mère poule, mais elle n'était pas aussi bonne éducatrice qu'Effie. Ziz ne la quittait pas d'une semelle et poussait des cris de terreur quand il la perdait de vue. A l'âge de trois ans il tétait encore sa mère et protestait en pleurnichant si elle essayait de l'en empêcher.

Liza, la troisième femelle du groupe en 1973, était aussi la dernière dans la hiérarchie. Nikki, sa fille aînée, avait près de sept ans quand elle quitta le groupe 5, à peu près à la même époque où Bravado et Piper avaient émigré. Son départ eut lieu après une rencontre du groupe avec un mâle solitaire et une marche de plus de cinq kilomètres entreprise par le groupe. Liza resta avec son deuxième enfant, Quince, une adorable femelle de trois ans. Celle-ci, contrairement à sa mère, était bien acceptée par les autres gorilles dans les séances de toilettage et de jeux. Quince, très maternelle, était autorisée malgré son jeune âge à s'occuper des enfants d'Effie et de Marchessa, notamment du petit Ziz qui n'avait pourtant que sept mois de moins qu'elle.

Le sevrage traumatise plus fortement les enfants quand il intervient entre le milieu et la fin de la deuxième année, moment où la mère retrouve un cycle de l'œstrus régulier ou est de nouveau enceinte.

L'habitude de Marchessa d'allaiter longtemps ses petits a

sans doute déterminé l'espacement des naissances : cinquante-deux mois contre quarante-huit chez Effie, si l'on ne tient compte que des enfants viables.

Marchessa, Pantsy et Ziz se reposaient souvent ensemble dans la journée, comme c'est le cas dans tous les clans matrilinéaires. Mais, contrairement au clan d'Effie, ou même à celui de Liza, qui étaient toujours à proximité de Beethoven, Marchessa et ses petits se tenaient à l'écart, à l'extrême limite du groupe.

Pantsy passa moins de temps avec sa mère quand, vers la fin de sa septième année, elle commença à avoir ses périodes menstruelles. Chez les femelles, la menstruation débute entre six ans et cinq mois et huit ans et onze mois, la moyenne se situant autour de sept ans et demi.

Chaque mois, pendant deux à cinq jours, Pantsy exerçait une forte attraction sur les jeunes mâles, Icare particulièrement. Pantsy le provoquait souvent. Icare, qui n'avait que onze ans, était sexuellement immature. Quand Beethoven était à proximité, il séparait les deux jeunes en poussant des grognements et copulait lui-même avec Pantsy. Icare, qui répondait toujours avec beaucoup d'empressement aux sollicitations de la jeune femelle, feignait discrètement de les ignorer quand son père était dans les parages. La présence d'une femelle en période d'œstrus (moment de la ponte ovulaire où la fécondation est possible) déclenche chez les autres membres du groupe un besoin intense d'activité sexuelle. Les gorilles le satisfont par des moyens détournés, avec des animaux du même sexe ou d'âge différent. Les relations homosexuelles sont deux fois plus fréquentes chez les mâles que chez les femelles. Ce sont généralement les adultes qui sollicitent les jeunes immatures. Je n'ai jamais observé le contraire. D'autre part, les mâles ne copulent jamais avec leur propre mère.

Lorsque Pantsy commença sa vie sexuelle active, son instinct maternel trouva un exutoire avec la naissance de Pablo, le fils de Liza, né en août 1972. Il n'y avait pas eu de naissance dans le groupe depuis deux ans. Pantsy, comme toutes les jeunes femelles qui n'ont pas encore eu d'enfant, était fascinée par Pablo et guettait les occasions de le « kidnapper ». Elle manquait de pratique mais Pablo ne refusait jamais de se laisser transporter sur son dos ou même dans ses bras. Liza observait avec calme ces activités puis intervenait placidement pour reprendre son bébé.

Après la naissance de Pablo, le statut de Liza dans le groupe s'améliora. Elle passait plus de temps auprès de Beethoven. Sa fille Quince, qui avait quarante-quatre mois à la naissance de Pablo, s'occupait plus que n'importe quel autre membre du groupe de la toilette de Beethoven. Sa position sociale s'en trouva améliorée et ses liens familiaux avec ses demi-frères et demi-sœurs se renforcèrent.

Six mois après la naissance de Pablo, Beethoven féconda sa fille, Pantsy. Le comportement de la jeune femelle âgée de huit ans et neuf mois changea du tout au tout. Elle cessa d'avoir une activité sociale avec les autres membres du groupe et ne quitta plus sa mère, Marchessa. Cette dernière fut également fécondée par Beethoven trois mois après sa fille. Son enfant, né en décembre 1975, ne survécut pas plus d'un jour. Malgré des recherches minutieuses, je ne retrouvai jamais le corps.

Le premier enfant de Pantsy, petit-fils de Marchessa, naquit en octobre 1975. Le bébé semblait en bonne santé. Il geignait cependant plus que la moyenne des autres nouveau-nés. L'inexpérience de Pantsy se traduisait par la façon dont elle tenait et transportait le bébé. Elle semblait découragée et excédée par ses nouvelles responsabilités. Le bébé, Banjo, avait trois mois quand Marchessa perdit le sien. Marchessa se rapprocha alors de Pantsy qui bénéficia de la protection de sa mère contre le clan d'Effie. Les querelles éclataient de plus en plus fréquemment avec la femelle dominante qui était enceinte de Beethoven et qui tolérait mal que Marchessa et Pantsy essaient de s'attirer les faveurs du chef de famille.

Les frictions augmentèrent en avril 1976, après un violent contact physique entre le groupe 5 et un groupe marginal inconnu. Le lieu où avait eu lieu la rencontre était taché de sang, de traces de diarrhée et parsemé de touffes de poils et d'arbrisseaux brisés. Je suivis la piste du groupe 5 et découvris avec horreur que Beethoven avait été blessé au coude. La tête de l'humérus droit faisait saillie, les tendons et le fascia (formation aponévrotique qui recouvre les muscles) étaient apparents. Icare, qui avait à cette époque environ quatorze ans, portait huit blessures profondes sur les bras et la tête. Il avait vraisemblablement prêté main-forte à son père, au cours du combat.

Beethoven, âgé d'environ cinquante-sept ans, se faisait maintenant seconder par Icare au cours des contacts avec les autres groupes ou avec les mâles à dos argenté solitaires. Pour Icare, parvenu à la maturité sexuelle, les rencontres avec d'autres unités sociales offraient la possibilité d'acquérir de jeunes femelles. Beethoven, au contraire, avait constitué son harem depuis longtemps. Il n'était guère intéressé par les rencontres avec les autres groupes. Le père et le fils formaient équipe, Icare apportant son soutien physique au patriarche qui lui faisait bénéficier en retour de son expérience. Par suite de leurs liens de parenté, la dominance de Beethoven ne s'exerçait que de façon limitée.

Beethoven et Icare, pendant plusieurs semaines, prirent de longues périodes de repos, restant des journées entières tête contre tête et échangeant des « vocalisations-rots », comme s'ils se témoignaient leur commisération mutuelle. Les blessures du fils guérirent plus vite que celles du père et Icare parut bientôt excédé par l'immobilité qu'exigeait l'état de Beethoven. Il s'éloignait souvent à plus de trente mètres avec d'autres animaux du groupe, pour aller chercher sa nourriture. Beethoven restait assis, tout seul, la tête penchée sur le côté, tendant l'oreille pour entendre les vocalisations des autres. Préoccupé par ses devoirs de chef et d'arbitre, il se levait généralement au bout d'un quart d'heure et, lourdement, suivait la piste du groupe. Si Icare avait eu des velléités de prendre le pouvoir, il aurait certainement mis à profit les six mois de convalescence de son père.

Pendant cette période, Icare, enivré par son nouveau prestige, se précipitait souvent comme un fou au milieu du groupe des femelles. Quand Beethoven se reposait dans son nid, Pantsy était la cible favorite du jeune mâle. Aidée de Marchessa, elle protégeait son enfant, Banjo, contre les charges d'Icare, d'Effie et de ses deux filles, Puck et Tuck. En se maintenant à une distance de quelque trente mètres des autres gorilles, Pantsy et Marchessa réduisaient les tensions entretenues dans le groupe par la conduite agressive d'Icare. Marchessa était le seul membre du groupe à ne pas avoir de liens de sang avec ce dernier. Pantsy, demi-sœur d'Icare, représentait sans doute pour lui un substitut. Il ne pouvait, en effet, s'attaquer directement à Marchessa, compagne de longue date de Beethoven.

Au bout de six mois, Pantsy était devenue une mère parfaite. Elle portait généralement Banjo accroché à sa poitrine, dans la position ventrale, pour le protéger des fréquentes interventions d'Icare. Les femelles ne portent généralement pas leurs petits en position ventrale au-delà de quatre mois. Elles les encouragent ensuite à grimper sur leur dos. Harcelée comme elle l'était par Icare, on comprend que Pantsy ait essayé de dissimuler son enfant. Je ne fus donc pas inquiète outre mesure un matin en ne distinguant pas nettement Banjo sous le ventre de sa mère. Trois jours plus tard cependant, je me convainquis de la disparition de Banjo. Pantsy avait recommencé ses jeux insouciants, comme l'avait fait Bravado après la mort de Curry.

Avec les Africains de l'équipe, je menai pendant plusieurs jours des recherches intensives. Retrouver Banjo équivalait à chercher une aiguille dans une botte de foin. Aucune trace de rencontre avec un autre groupe n'était visible. Quelques arbrisseaux cassés et des traînées de diarrhée indiquaient seulement que des bagarres avaient eu lieu à l'intérieur du groupe.

J'étais bien décidée à éclaircir ce mystère. C'était la deuxième fois, avec la disparition du bébé de Bravado, le lendemain de sa naissance, que le cas se produisait. Je ramassai tous les excréments laissés par les gorilles dans leurs nids nocturnes, au cours de la semaine précédente. Je frissonnais en pensant à la possibilité de cannibalisme que l'on a déjà observé chez les chimpanzés vivant en liberté. Je travaillais déjà avec les gorilles depuis neuf ans et je pouvais immédiatement identifier l'occupant d'un nid par l'emplacement choisi par rapport aux autres, sa structure et les excréments qu'il contenait.

Après avoir empaqueté, étiqueté et daté chaque échantillon, nous transportâmes les excréments par pleins sacs à dos jusqu'au camp et entreprîmes une besogne fastidieuse et malodorante : le lavage des crottes et leur examen minutieux à la recherche d'un indice. Après une semaine de travail, nous trouvâmes dans les excréments d'un nid occupé par Effie et sa fille Tuck (huit ans) des fragments minuscules de dents et d'os qui ne représentaient qu'une petite partie d'un squelette d'enfant. Des poils d'enfant se trouvaient aussi dans les excréments.

Nous recueillîmes ensuite tous les excréments laissés par les gorilles le long des pistes qu'ils avaient empruntées pendant les sept jours suivant la disparition de Banjo. Il était impossible d'identifier à qui appartenaient ces excréments, mais, nous y trouvâmes 133 fragments d'os qui ne représentaient pas plus au total que la valeur d'une main d'un squelette d'enfant. Le mystère restait entier. Le reste du corps ayant disparu, il n'était pas possible de conclure au cannibalisme. Je n'écartai cependant pas l'hypothèse.

Au cours de mes nombreuses années de recherches, j'ai souvent procédé à l'examen des excréments. Un étudiant passa près de seize mois à examiner au microscope plus d'une centaine de crottes et n'y trouva pas trace d'os ou de dents.

⁂

Le chagrin que m'avait causé la disparition de Banjo s'atténua avec la naissance, trois jours plus tard, de la fille d'Effie, une délicieuse enfant, que j'appelai Poppy. Effie était la seule femelle du groupe à s'occuper de quatre petits en même temps. Poppy avait de grands yeux marron clair, frangés de longs cils et un léger strabisme, comme tous les rejetons d'Effie. Dès leur plus jeune âge, les bébés d'Effie faisaient déjà preuve de personnalité. Ils étaient curieux de tout ce qu'ils voyaient y compris les jumelles, des Thermos et autres objets hétéroclites que j'amenais sur le terrain. Cet intérêt favorisait mon travail mais je ne voulais pas leur fournir des jouets, pour ne pas altérer leur comportement naturel. Néanmoins, j'étais souvent submergée par le nombre d'enfants essayant d'attraper mon matériel que je ne parvenais pas toujours à protéger.

Dans un coin du domaine vital du groupe 5, poussait un fruit de la taille d'un ananas, très apprécié des éléphants, le *mtanga-tanga.* Ces animaux en faisaient des festins après lesquels ils semblaient comme saouls. Les gorilles ne mangent pas le *mtanga-tanga.* Les enfants d'Effie, cependant, se détournaient souvent de leur chemin pour grimper dans les arbres et faire tomber les fruits qu'ils utilisaient pour les jeux. Puck, serrant la tige entre ses dents, tambourinait avec le fruit contre sa poitrine, produisant des bruits profonds et sourds que je n'ai jamais pu imiter malgré tous mes efforts. Le *mtanga-tanga* servait aussi de ballon de football.

La convalescence de Beethoven obligeait le groupe à de longues périodes de repos diurne. Le vieux mâle dormait plusieurs heures par jour. Il ronflait bruyamment, la bouche ouverte. Des contractions secouaient son corps trapu comme s'il rêvait et ses muscles faciaux tressaillaient quand un son étranger, celui d'une voix humaine par exemple, se faisait entendre au loin. Vers le troisième mois de sa convalescence certains jeunes commencèrent à supporter difficilement cette routine léthargique.

Puck, par exemple, manifestait son ennui en pianotant avec son index de haut en bas sur son bras ou en bâillant et en cherchant du regard quelque chose à faire. Si une mouche passait à proximité, il s'asseyait, l'attrapait et l'examinait en louchant. Comme sa mère, Effie, et ses deux jeunes sœurs, Tuck et Poppy, il était en effet affligé de strabisme divergent. Tenant la mouche entre le pouce et l'index, il se mettait à la disséquer, regardant minutieusement chaque fragment avant de le jeter. Il effectuait l'opération avec un air de ravissement profond. Sa lèvre inférieure pendait à la manière de celle d'un chimpanzé. Quand il ne restait plus rien de la mouche, il plissait les lèvres avec dépit et cherchait un nouveau centre d'intérêt.

Le contenu de mon sac à dos l'attirait et surtout les appareils-photo, les objectifs et les jumelles. Il regardait à travers les jumelles par le mauvais côté qui s'adaptait mieux que l'autre à la distance qui séparait ses yeux. Je suis convaincue qu'il regardait réellement et n'imitait pas simplement le comportement humain. Il réagissait en effet à ce qu'il observait au loin ou au spectacle de ses doigts devant les jumelles. Il regardait ensuite ses doigts à l'œil nu, comme pour vérifier qu'ils étaient toujours attachés à sa main. Sa perplexité devant la distorsion des objets était fascinante et hautement comique.

Puck inventa le « jeu de l'amiral Nelson » avec mon objectif de 300 mm, en le faisant pivoter comme s'il observait la terre à partir d'un bateau. Il inventa aussi le « jeu de Mme Curie », en pointant l'objectif sur le sol pour examiner l'herbe.

Certaines pièces de mon matériel avaient une grande valeur mais Puck les maniait avec soin et les protégeait des autres membres du groupe. Je cessai vite de m'alarmer quand il disparaissait dans la forêt avec un objectif ou des jumelles, mais je me sentais ensuite stupide quand j'étais obligée de ramper pour aller récupérer mon matériel.

Pendant une des ces longues périodes de repos diurne, imposées par la convalescence de Beethoven, j'eus l'occasion de prendre des photos en gros plan des animaux.

Malgré son insistance, j'avais refusé de donner à Puck le Nikon qui pendait autour de mon cou et qu'il essayait de tirer à lui. Au bout de dix minutes, il abandonna la partie et s'éloigna de quelques pas pour construire son nid. Avec des mouvements exagérés, il se mit à aplatir le feuillage comme s'il s'agissait d'un travail de galérien. Avec un « plouf » bruyant, il s'installa dans le nid mais s'agita encore pendant plus d'une heure, avec un air renfrogné. Le reste du groupe se reposait tranquillement. Pour calmer Puck, j'enfreignis une de mes règles : ne pas donner aux gorilles des objets. Je lui tendis un exemplaire du magazine *National Geographic.* Je fus stupéfaite de l'habileté avec laquelle il tournait les pages. Il montra un vif intérêt pour les photographies de visages en couleur.

Au bout d'une heure et demie, il laissa tomber le magazine. Les autres membres du groupe s'étaient levés pour aller se nourrir. Avant de les suivre, Puck courut vers moi et me donna des tapes de ses deux mains, comme s'il avait médité ce châtiment pendant la sieste. Beethoven, qui était déjà hors de vue, grogna en entendant le bruit fait par les tapes de Puck sur mon imperméable. A cet avertissement, le jeune mâle s'arrêta un instant puis reprit de plus belle son manège. Beethoven s'approcha de nous en grognant plus vigoureusement. En m'apercevant couchée sur le ventre, il fronça les sourcils, pinça les lèvres et regarda Puck d'un air irrité jusqu'à ce que celui-ci, humble et soumis, se détourne et commence à escalader la colline, arborant cependant une moue offensée.

Quelques minutes plus tard, je m'assis et vis à mon grand étonnement Puck occupé à se masturber. Les yeux fermés, la tête penchée en avant, un demi-sourire aux lèvres, il sembla éprouver au bout de deux minutes un intense plaisir. Il procéda ensuite à sa toilette avant de suivre le reste du groupe. Je me mis à chercher les objets dérobés et rangeai mon sac à dos. Soudain, Puck revint en courant. Il s'arrêta net à côté de moi, trépignant comme s'il voulait me donner une dernière bourrade, puis réfléchit et, d'un air décidé, rejoignit le reste du groupe.

J'ai gardé un vif souvenir de cet incident. C'est la seule fois où j'ai pu observer un gorille en train de se masturber. Puck semblait y avoir trouvé du plaisir mais la masturbation semblait aussi représenter pour lui une compensation après la réprimande que Beethoven lui avait infligée. D'autre part, le fait que Puck avait pu retenir son ressentiment à mon égard pendant une heure et demie me parut remarquable. Je me demandais combien de temps des gorilles qui vivent au sein d'une structure familiale sont capables de se dominer après une dispute.

***

La fille de Liza, la douce Quince, âgée de six ans, avait été très peinée par la maladie de Beethoven. Pendant les six mois de la convalescence, elle avait cessé de s'occuper de la toilette de son père, activité qu'elle pratiquait autrefois assidûment. Elle restait assise à côté de lui, le regardant d'un air anxieux, comme pour le réconforter.

Quince témoignait aussi beaucoup d'affection à son petit frère, Pablo. D'un caractère malicieux, le jeune gorille demandait une vigilance de tous les instants. Liza et Quince se partageaient la tâche et devaient souvent récupérer Pablo qui s'accrochait à moi ou aux autres observateurs.

A la fin d'une journée ensoleillée où j'avais eu un excellent contact avec le groupe 5, Pablo refusa obstinément de suivre les autres gorilles qui se levaient pour aller chercher de la nourriture. Comme un chat, il se blottit dans mon giron, insensible aux grognements autoritaires de sa mère. Elle essaya de le tirer par une main mais Pablo, grognant à son tour, s'agrippa de l'autre main à ma veste. J'imitai alors à mon tour les vocalisations de Liza, tout en desserrant doucement les doigts crispés de Pablo et en le poussant dans les bras de sa mère. Elle le hissa enfin sur son dos. Tandis qu'ils s'éloignaient, Pablo se retourna vers moi avec une moue accusatrice.

Pablo était particulièrement intéressé par mes gants, le contenu de mon sac à dos et mon carnet de notes. Un après-midi, alors que je rangeais mon équipement après trois heures d'observations fructueuses, il s'empara de mes notes de la journée que j'avais laissées à terre et, avant que j'aie pu le rattraper, se réfugia aux côtés de Beethoven. Systématiquement il se mit à déchirer les pages du carnet et à les mastiquer l'une après l'autre sous l'œil sceptique de son père et de Liza.

Pablo, qui n'avait aucun sens de la discipline, entraînait souvent les autres jeunes à chahuter autour de Beethoven. Le mécontentement du patriarche, éveillé de son profond sommeil par le martèlement des petites mains sur ses jambes et son dos, se tournait alors contre Tuck, plus âgée que Pablo de vingt-sept mois. Pablo prenait un petit air innocent tandis que Beethoven mordillait en manière d'avertissement les bras et les jambes de Tuck.

Celle-ci réagissait comme un petit d'homme injustement puni. Le visage crispé, elle poussait de petits cris plaintifs que Beethoven stoppait d'une grande claque sur la bouche. Tuck allait alors se faire consoler par Effie avec une séance prolongée de toilette, un peu à la manière des hommes qui, dans une situation embarrassante, se grattent la tête.

Au milieu de l'année 1976, Beethoven était complètement guéri. Il devint soudain espiègle comme un chiot qu'on aurait trop longtemps tenu en laisse. Il adopta vis-à-vis de moi une nouvelle conduite d'approche. Il feignait le désintéressement, jusqu'à ce qu'il soit tout près, puis se mettait à tambouriner contre sa poitrine, à me frapper la tête avec du feuillage, à piétiner lourdement le sol autour de moi ou à se rouler par terre en agitant les jambes, une expression malicieuse sur le visage. Peu digne d'un patriarche, ce comportement était pour lui un moyen de se défouler après une longue période d'apathie. J'avais souvent eu peur que Beethoven ne survive pas à sa blessure. La plaie purulente attirait les insectes. Sa localisation ne permettait pas à Beethoven de la lécher et c'est certainement une des raisons pour lesquelles il mit si longtemps à guérir. Néanmoins, ce fut un autre exemple de la capacité formidable de récupération des gorilles.

Le vieux chef était à nouveau entouré des femelles et des jeunes, laissant Icare, alors âgé de quatorze ans et demi, jouer le rôle de chien de berger. Un jour que je m'approchais en rampant, ayant laissé un de mes aides à une vingtaine de mètres en arrière, j'aperçus Icare qui m'observait calmement, étendu sur une grosse branche d'*Hagenia.* Il ressemblait à un panda géant avec son dos argenté et ses deux petites jambes qui se balançaient d'avant en arrière, comme s'il faisait de l'escarpolette. Quand j'arrivai au pied de l'arbre, il se laissa glisser le long du tronc comme un petit pompier rondouillard, me regarda sereinement et commença à construire son nid. Coincée entre Icare et le reste du groupe, je n'avais guère le choix et restai là à l'observer pendant son sommeil, heureuse de la confiance qu'il me témoignait. Je pus examiner tout à loisir les cicatrices et les balafres qui zébraient son corps, témoignage de ses combats avec les mâles des autres groupes.

Soudain, un faible craquement de branches, provoqué par un faux mouvement de l'homme que j'avais laissé derrière moi, se fit entendre. Icare s'éveilla instantanément et, comme un chat qui se précipite sur une souris, bondit dans la direction du bruit. Nemeye, mon aide, était heureusement aussi agile que le jeune mâle et put s'échapper en rampant avant qu'Icare ne soit sur lui.

A en juger par la fréquence de ses copulations avec Pantsy, Icare avait atteint la maturité sexuelle. Beethoven ne s'occupait plus de Pantsy et n'intervenait pas quand ses deux rejetons copulaient. Il s'intéressait à Marchessa qui était de nouveau en période d'œstrus.

La mère et la fille avaient été fécondées à quelques jours d'intervalle, Pantsy par son demi-frère Icare et Marchessa par Beethoven. A partir de ce moment-là, Marchessa se tint de préférence à l'écart tandis que Pantsy rôdait autour du clan d'Effie. Elle montrait une grande discrétion dans ses manœuvres d'approche, évitant tout contact physique avec sa nouvelle belle-mère et les filles de celle-ci, Puck, Tuck et Poppy. J'eus l'occasion d'observer une fois de bout en bout une des tentatives d'approche de Pantsy vers Icare qui se reposait dans le voisinage de sa mère et de ses sœurs. Pantsy vint se coucher à ses côtés et lui donna avec le dos de la main un petit coup sur la tête et le dos. Icare se redressa avec une expression d'intérêt et tapota gentiment le bras de Pantsy. Puis, il s'assit, la regarda dans les yeux en fronçant les sourcils d'un air interrogateur, un sourire indéfinissable aux lèvres. Enfin, en frémissant, il attira Pantsy par la croupe et l'enlaça étroitement. Ils poussaient tous deux de légers soupirs et émettaient des vocalisations de contentement sans se préoccuper de ma présence, de celle d'Effie et de ses filles.

Au fur et à mesure du développement de la grossesse de Marchessa et de Pantsy, le groupe ralentit le rythme de ses déplacements pour s'adapter aux besoins accrus de nourriture des deux femelles. Dans les trois mois qui précédèrent son accouchement, je trouvai toujours Marchessa à l'arrière du groupe. Quand les autres gorilles étaient hors de vue, ma présence l'effrayait et elle poussait des cris d'alarme en se dressant sur ses pieds et en se frappant la poitrine. A chaque coup qu'elle se portait au-dessus de son ventre énorme, je m'attendais à voir surgir des quintuplés. Quand elle se reposait, elle me faisait irrésistiblement penser à un gros ballon capable de s'envoler à tout instant dans les airs.

Par une pluie battante, un jour de décembre 1976, je trouvai Pantsy à l'arrière du groupe. Je vis avec effroi qu'elle portait une horrible blessure sur le côté droit de la face. Du pus épais s'écoulait de ses narines et de son œil droit, gonflé et fermé. Aucune rencontre n'ayant eu lieu avec un groupe étranger ou un mâle solitaire, j'en conclus que Pantsy avait été encore une fois victime d'une agression d'Effie et de ses deux filles aînées. Pendant deux mois et demi, elle s'isola à la périphérie du groupe, les épaules voûtées, les bras ramassés autour de son corps et le menton enfoncé dans la poitrine.

Fin février 1977, la santé de Pantsy et la grossesse de Marchessa furent mes principaux sujets de préoccupation. Marchessa était si grosse que je pensais qu'elle allait avoir des jumeaux. Le 27 février, elle donna naissance à un enfant mâle plutôt fragile que j'appelai Shinda, mot africain qui signifie triompher. Trois nuits plus tard, Pantsy accoucha d'une femelle au pelage fauve que je prénommai Muraha, du nom d'un nouveau volcan qui venait d'entrer en éruption au Zaïre. Marchessa était grand-mère pour la seconde fois.

Le contraste entre Oncle Shinda et sa nièce Muraha était frappant. Quand je vis Shinda pour la première fois, accroché au ventre de Marchessa, la peau de son corps était rose et parsemée de rares poils noirs et brillants. Le seul trait commun des deux enfants était leur embryon de groin protubérant. A un mois, contrairement à Oncle Shinda, Muraha était capable de fixer ce qui l'entourait et de suivre du regard les mouvements.

Marchessa et Pantsy constituaient une équipe solide, capable de se défendre contre les assauts de Beethoven et d'Icare. Pour la première fois, je ne m'inquiétais plus à leur sujet quand des bagarres éclataient dans le groupe. J'eus aussi le plaisir de voir que Pantsy, après la naissance de Muraha, était de nouveau en bonne santé.

Les deux naissances éloignèrent Liza de Beethoven. Pablo étant âgé de près de trois ans, Liza était certainement de nouveau réglée. Cependant, Beethoven l'ignorait et les autres membres du groupe supportaient mal son enfant turbulent. Pour Pablo, Muraha et Shinda représentaient deux nouveaux jouets. Les grognements des femelles provoquaient alors l'intervention de Beethoven et d'Icare.

Les gorilles ne tentaient plus d'empêcher Pablo de jouer avec moi ou avec d'autres observateurs. Au contraire, j'avais l'impression qu'ils auraient été soulagés si je l'avais fourré dans mon sac à dos et emmené au campement.

Pablo allait et venait comme un jeune chien fou, agrippant tout ce qui lui tombait sous la main. Ses dents, encore petites, étaient aussi coupantes qu'un rasoir et pénétraient à travers mes jeans et mes sous-vêtements. J'essayais de m'endurcir contre ses morsures et de ne pas grimacer de douleur, réflexe qui alarmait les gorilles assis autour de moi. Finalement, je découvris que si je le pinçais à la dérobée, Pablo desserrait immédiatement les dents et me lâchait. Il se reculait d'un air offensé tout en se frottant la peau et en me regardant d'un air accusateur.

Pablo avait toujours été captivé par les ébats sexuels des autres animaux. Il essayait d'examiner les pénis de Beethoven, d'Icare ou de Ziz qui le repoussaient. Ses jeux avec Poppy, plus jeune de vingt mois, se terminaient souvent par une copulation en position ventro-dorsale. Il se couchait ensuite sur le dos avec un petit sourire perplexe et tortillait son pénis en érection. S'il n'y avait pas d'autres jeunes pour jouer avec Poppy, celle-ci s'asseyait pour regarder le manège de Pablo avec intérêt ou, à l'occasion, suçait son pénis.

Effie, de même que Liza, passa moins de temps auprès de Beethoven après la parturition de Marchessa et de Pantsy. Elle se tenait à l'écart pour éviter les querelles. Un étudiant observait un jour Effie qui mangeait tranquillement à quelque cinq mètres du groupe, tandis que sa fille Poppy se balançait derrière elle dans les branches d'un *Senecio.* L'observateur vit soudain Effie se retourner et jeter un regard alarmé à Poppy. L'enfant avait glissé et restait suspendue par le cou à la fourche d'une branche. Elle agitait faiblement les jambes et les bras mais ne faisait que s'étrangler davantage. Effie se précipita vers elle et, avec effort, essaya de la sortir de cette position. Elle avait l'expression horrifiée d'un être humain qui voit son enfant en danger de mort et jetait à l'observateur de brefs coups d'œil accusateurs, ou peut-être essayait-elle de demander du secours. L'observateur eut la sagesse de ne pas bouger, choix difficile en pareille circonstance. Il eut raison car le moindre geste irréfléchi aurait déclenché une agitation hystérique dans le groupe et mis Poppy en plus grand danger encore.

Effie parvint enfin à dégager l'enfant. Poppy reprit sa respiration et commença à gémir en s'accrochant à la poitrine de sa mère. Effie la ramena ensuite au centre du groupe, la portant en position ventrale. Aucun animal ne s'était rendu compte du drame.

Cette observation donne un exemple de ce que peut être l'instinct maternel d'une femelle. Il est significatif qu'Effie, qui tournait le dos à son enfant, a eu conscience du danger avant l'observateur qui leur faisait pourtant face à toutes deux.

Après les naissances de Shinda et de Muraha, le groupe 5 se déplaça vers le sud-ouest, en dehors de son domaine vital habituel. Sur le chemin, les gorilles rencontrèrent un petit groupe marginal composé de deux mâles à dos argenté et d'un mâle à dos noir. Beethoven, Icare, Puck et Effie furent blessés au cours d'une interaction physique. Effie était la plus sérieusement atteinte. Elle portait une entaille profonde au bras, et d'autres plaies à la base de la nuque, sur la tête et les épaules, qui la rendaient incapable de faire sa toilette.

Au bout d'une semaine, les blessures s'étaient infectées mais Tuck, la fille aînée d'Effie, âgée de cinq ans, hâta leur guérison. Elle se chargea de la toilette de sa mère avec un soin jaloux, repoussant les autres animaux, imposant même sa présence à Effie qui, sans doute à cause de la douleur ressentie, avait envie de rester seule. Tuck lécha et sonda avec obstination les plaies pendant six semaines, jusqu'à ce qu'elles soient complètement refermées.

Pendant cette brève période, Tuck adopta une mimique gestuelle qu'elle ne pratiquait qu'en présence d'Effie et que je ne parvins pas à déchiffrer. Quand elle s'approchait de sa mère pour une séance de toilettage, elle faisait rapidement pivoter sa tête de gauche à droite pendant près d'une minute jusqu'à m'en donner le tournis, dans les efforts que je faisais pour suivre des yeux ses mouvements. Elle commençait ensuite à soigner Effie qui paraissait aussi troublée que moi par l'étrange comportement de sa fille. Quand les plaies furent guéries, je ne vis jamais plus Tuck renouveler ce manège.

Pour éviter peut-être un autre engagement physique avec le petit groupe marginal, les gorilles se déplacèrent jusqu'à une zone qu'ils n'avaient encore, à ma connaissance, jamais explorée. Beethoven, qui semblait mal s'orienter, conduisit sa troupe jusqu'à un alpage situé à près de 4 000 mètres, contigu au mont Karisimbi, et où poussaient des rangées d'*Hypericum* rabougris. Entre les arbres s'étendaient des prairies et des marécages. Les braconniers fréquentaient cet endroit. Le plateau était situé à plusieurs heures de marche du campement et ils pouvaient poser leurs pièges avant que nous n'ayons eu le temps de les détruire. J'estimai qu'il suffirait de quelques jours pour que l'un des gorilles du groupe 5 soit pris dans un collet et, après beaucoup d'hésitations, demandai à mes aides et à un étudiant de regrouper les gorilles jusqu'à leur domaine vital limitrophe du mont Visoke.

Le regroupement se passa bien. Beethoven, alerté par de supposés braconniers invisibles, conduisit sa famille en direction de la montagne et Icare — qui avait maintenant l'expérience des interactions avec les hommes aussi bien qu'avec les gorilles — resta à l'arrière-garde pour protéger le groupe. En l'espace de dix ans (je l'avais vu en effet pour la première fois en 1967), Icare était devenu père et, fait plus important encore, lieutenant de Beethoven. Son assurance me faisait parfois peur. Contrairement à Brahms, qui avait quitté le groupe neuf ans plus tôt, et, devenu un mâle solitaire, avait eu à souffrir des braconniers, Icare semblait se croire invulnérable. L'étudiant qui supervisa le regroupement me raconta par la suite qu'Icare semblait avoir très envie de rencontrer ses poursuivants invisibles. Il s'était caché dans les fourrés pour les attendre et « la forêt explosait littéralement sous ses cris ».

Après le regroupement, le groupe 5 se reposa sur les pentes et accepta de bonne grâce de se laisser observer. J'étais soulagée que les gorilles soient de nouveau « à la maison », mais, un autre danger planait. La saison des bambous approchait. En juin et en décembre, les pousses de bambous constituent 90 % de l'alimentation du groupe. On ne les trouve que sur un cinquième de la superficie du domaine vital des gorilles, tout près des cultures qui ont été gagnées sur les limites originelles du Parc.

Il n'existait pas de zone-tampon entre les champs de Pyrethrum, et le Parc et il ne fallait que quelques instants aux paysans pour venir poser leurs pièges à antilopes au milieu des bambous. Nous avions l'habitude de détruire régulièrement les pièges mais, cette fois-là, les gorilles arrivèrent sur les lieux avant nous.

Je me rassurais en me disant que Beethoven avait l'habitude

des pièges. Il avait une fois libéré Puck qui s'était fait prendre à un collet.

En m'approchant du groupe 5 avec mon aide Rwelekana, j'entendis des éclats de voix provenant d'un endroit appelé la « Falaise de Jambo ». Craignant que les gorilles ne soient en danger, nous nous précipitâmes. A mon grand soulagement, j'aperçus tout le groupe perché sur la falaise et regardant avec curiosité les paysans occupés à sarcler un champ de pyrethrum. Quand ils étaient en bordure du Parc, les gorilles n'étaient pas effrayés. Ils avaient pris l'habitude d'y rencontrer les hommes. Au contraire, dans les profondeurs de la forêt, le moindre bruit fait par un homme les terrifiait. Les paysans, sachant que les champs de pyrethrum n'attiraient pas les gorilles, n'essayaient pas de les chasser.

Le retour saisonnier du groupe 5 était toujours un événement pour les gens du village. Ils se rassemblaient en criant « *Ngagi ! Ngagi !* » (Gorilles ! Gorilles !) Ce jour-là, les gorilles du groupe 5, après avoir regardé quelques instants les paysans, ramassèrent leur nourriture et l'emportèrent avec eux. Les paysans retournèrent à leur travail. Quand j'arrivai moi-même au sommet de la falaise, sur la trace des gorilles, de nouveaux cris éclatèrent en contrebas. « *Nyiramachabelli ! Nyiramachabelli !* » (La vieille femme qui vit sans homme dans la montagne.) Mon nouveau nom était musical mais, je dois l'avouer, sa signification ne me plaisait guère.

Pendant plusieurs semaines, précédant les déplacements quotidiens des gorilles, nous nous employâmes à détruire méticuleusement les pièges. Quand toute la zone fut nettoyée, nous reprîmes nos observations à plein temps.

En fin d'après-midi, un jour de juillet 1977, le groupe s'installa pour la sieste dans une petite clairière, ronde comme une tasse à thé et entourée d'une épaisse ceinture de bambous. Les gorilles semblaient gênés par le manque d'espace. Au bout d'une demi-heure, Ziz, qui avait alors six ans et demi, s'enfonça dans les bambous, suivi par sa mère Marchessa, sa sœur Pantsy et les enfants que les deux femelles portaient sur leur dos. Le reste du groupe s'ébranla à son tour. Beethoven fermait la marche. Les animaux disparurent sous la futaie obscure. Soudain, des cris assourdissants éclatèrent, suivis des grognements sourds que poussait Beethoven. Cette explosion de hurlements de terreur hystérique ne pouvait s'expliquer que par une rencontre avec des braconniers, puisque les gorilles ne prenaient pas la fuite. Il s'agissait certainement d'un piège.

Je m'approchai en rampant et découvris Beethoven se frayant un passage au milieu d'une masse de dos noirs d'où émergeait un bambou courbé. Je me trouvais sur la seule piste que pouvaient emprunter les gorilles pour revenir en arrière et, pour leur laisser le passage, je sortis lentement du tunnel de bambous. Quelques instants plus tard, Beethoven, suivi de Ziz et du reste de la troupe, émergea au soleil. Ils passèrent devant moi, m'ignorant complètement et se réconfortant mutuellement par des « vocalisations-rots ». Puis, ils se dirigèrent vers les pentes, leur refuge habituel dans les moments de stress. J'essayai de les suivre pour voir qui avait été blessé mais je ne pus les rattraper.

Le lendemain matin, je retournai dans les bambous avec Rwelekana. Dans un cercle de cinq mètres de diamètre environ, le sol était saccagé et parsemé de branchages brisés. La terre labourée était couverte de traces de diarrhée et de touffes de poils. Nous relevâmes des empreintes de pieds humains appartenant à un seul individu. Tout était clair. Le petit trou où le braconnier avait planté le piquet de bambou avait été hâtivement comblé. Le bambou lui-même et le nœud coulant avaient été enlevés. L'homme avait aussi essayé de camoufler les traces des gorilles.

Rampant sur les mains et les genoux, nous suivîmes la piste de l'homme qui nous conduisit à un autre piège, posé près de l'aire de repos où le groupe s'était arrêté la veille. Les gorilles avaient vu le bambou courbé et le fil de fer, ce qui expliquait leur panique et leur fuite. Rwelekana et moi-même trouvâmes encore huit autres pièges, près des limites du camp. Après les avoir confisqués et arraché les piquets de bambou, nous essayâmes de localiser le braconnier. Les traces de pas menaient jusqu'aux champs de pyrethrum où elles se perdaient dans un réseau serré d'autres empreintes. Comme il était impossible de suivre la piste du braconnier jusqu'à sa case, nous remontâmes la colline à la recherche du groupe 5.

La victime du piège était Ziz. Il portait une blessure profonde autour du poignet droit, comme un bracelet, des égratignures roses sur la paume et les pelotes tactiles de la main droite et de longues entailles allant du biceps au poignet. En me remémorant les détails de l'incident, je compris que Beethoven avait planté ses dents dans le bras de son fils pour le tirer en arrière pendant qu'il desserrait le piège.

Ziz n'aurait jamais pu en effet se détacher tout seul. Le collet était supendu à une hauteur que ses dents ne pouvait atteindre. Avec ses doigts boudinés, Beethoven avait certainement eu beaucoup de mal à desserrer le fil de fer, autant que j'aurais pu en avoir en essayant d'enlever un collet de mon poignet avec des gants. De plus, les gorilles ont une répugnance instinctive à toucher les objets qu'ils ne connaissent pas. Beethoven avait certainement maintenu Ziz d'une main, fait glisser ses dents le long de son bras (ce qui expliquait les entailles) puis agrippé le piège, toujours avec les dents, pour le desserrer. D'où les égratignures sur la paume de la main de Ziz.

Pendant une semaine Ziz ne se servit pas de son bras droit. L'été passa sans autre incident. Les braconniers s'étaient sans doute rendu compte que nous observions quotidiennement les gorilles. La présence de mes brigades antibraconnage leur fit certainement juger qu'ils avaient plus à perdre qu'à gagner en posant des pièges.

⁂

Muraha et Shinda avaient maintenant près de six mois. Le contraste entre les deux enfants s'était encore accru. Shinda s'accrochait toujours au ventre de sa mère bien que Marchessa ait essayé, dès son troisième mois, de le hisser sur son dos. Pantsy, au contraire, n'essaya pas de porter Muraha sur son dos avant l'âge de quatre mois.

Dès le premier jour de sa naissance, Muraha avait été une petite boule duveteuse, pleine de joie et de vitalité. Contrairement à Marchessa, Pantsy prenait plaisir à s'occuper de son enfant. Pendant les périodes de repos diurne, elle faisait souvent balancer le bébé au-dessus de sa tête, jusqu'à ce que toutes deux poussent de petits rires étouffés. Ce jeu avait un but fonctionnel. Il stimulait les fonctions intestinales et l'évacuation des fèces liquides d'une couleur jaune, caractéristique chez les bébés allaités. Marchessa ne se livrait pas à cette activité avec Shinda, ce qui explique sans doute les traînées rougeâtres et jaunes qui souillaient les poils de son ventre jusqu'à ce que le bébé eût quatre mois. Pantsy laissait aussi Muraha jouer longuement sur son corps. Le bébé se laissait glisser le long du ventre de sa mère et, parvenu à ses pieds, jouait avec eux. Elle souriait alors de plaisir, en montrant ses petites dents.

Dès l'âge de trois mois, Muraha rongeait les tiges des feuilles. Ses efforts pour s'en emparer ressemblaient à ceux d'un homme ivre qui voit double et n'arrive pas à saisir son verre. Son oncle Shinda, au même âge, se contentait de regarder d'un air hébété les feuillages qui l'entouraient et, avec de grands efforts, picorait les restes de feuilles sur le ventre de sa mère.

A quatre mois, Muraha s'éloignait en chancelant de sa mère jusqu'à une distance de trois mètres alors que, jusqu'à l'âge de six mois, la majorité des bébés-gorilles ne font pas plus de deux mètres, et encore avec l'aide de leur mère. Les bras de Muraha supportaient parfaitement le poids de son corps mais ses jambes s'effondraient parfois comme celles d'une poupée de son. L'apprentissage de la locomotion se fait toujours de cette façon chez les gorilles.

Les bébés, dès le jour de leur naissance, utilisent surtout leurs mains et leurs bras pour s'agripper à la surface ventrale du corps de la mère quand celle-ci ne peut les porter en cas de déplacements rapides ou de danger. Leurs jambes plus courtes et leurs moignons de pieds sont moins efficaces.

Je garde un souvenir impérissable de Muraha quand elle avait quatre mois. Le groupe 5 faisait tranquillement la sieste sur les pentes de la montagne. J'étais assise à deux mètres environ de Pantsy, couchée dans les bras d'Icare. Muraha, blottie entre son père et sa mère, me jeta un regard qui n'était pas exempt de calcul puis, s'approcha de moi en vacillant. Pantsy et Icare se mirent sur leur séant, regardant d'un air interrogateur leur fille qui rampait dans ma direction, ses petites jambes s'étalant derrière elle. Son sourire s'élargit quand elle atteignit mes jambes, montagne en blue-jeans pour ses quelque trente centimètres de hauteur.

Muraha toucha délicatement mes jeans avec les doigts de la main droite qu'elle renifla ensuite. Icare et Pantsy regardaient avec intérêt les investigations de leur fille. Je retenais ma respiration. Muraha s'apprêtait à entreprendre l'escalade de mes jambes quand Pantsy se mit nonchalamment debout en bâillant et me lança un regard d'excuse. Elle s'approcha de moi, feignit de renifler le derrière de Muraha, le lécha puis ramassa le bébé pour le ramener sans précipitation jusqu'au nid. Je trouvai ce comportement plein de diplomatie.

Pantsy et Icare continuaient leur sieste mais Muraha, reprise par le goût de l'aventure, se remit à ramper vers mes jambes. Pantsy, confuse, vint récupérer son bébé en évitant de croiser mon regard. Elle fit de nouveau semblant de renifler la croupe de Muraha puis mit le bébé sous son bras et s'enfonça lentement sous les arbres. Je suis encore émerveillée de cette preuve de confiance. Pantsy, en effet, me permettait de rester quelques secondes près de son enfant alors qu'elle surveillait étroitement les jeunes qui s'approchaient de Muraha.

La petite Poppy, qui n'avait que quatorze mois, avait grande envie de materner les deux bébés, comme Quince et Pablo l'avaient fait pour elle, un an plus tôt. Malgré son jeune âge, elle se livrait à des tentatives d'approche, en simulant à la perfection un profond détachement. Elle progressait à petits pas, s'arrêtait pour bâiller ou faire sa toilette, s'avançait de nouveau puis guettait une occasion propice pour se saisir d'un bébé. Shinda, généralement caché sous sa mère, attirait moins les jeunes que Muraha, soit parce qu'il était un mâle, soit à cause des réactions imprévisibles de Marchessa.

Quince, dont l'instinct maternel était le plus développé que j'aie pu observer chez une jeune femelle, était amèrement déçue quand Marchessa et Pantsy refusaient de lui donner les bébés. Quince avait sept ans. Comme celle de son frère Pablo, âgé de trois ans, sa face ressemblait plutôt à celle d'un chimpanzé. Quand les mères refusaient de leur donner les bébés, Pablo et Quince s'éloignaient, la lèvre inférieure pendante, à la manière des chimpanzés.

Les premiers mois de 1977 furent traumatisants pour Pablo. Il fut sevré et la rigueur des autres membres du groupe s'accrut à son égard. L'heureux temps de sa troisième année était révolu. S'il avait été un petit d'homme, j'imagine qu'il aurait ramassé ses jouets préférés — mes notes et mes rouleaux de pellicule — et serait parti à la recherche d'une nouvelle famille qui saurait mieux l'aimer.

Pour Pablo, les deux ou trois jours du mois où sa mère était en période d'œstrus étaient les moments les plus heureux. Liza se mêlait aux autres membres du groupe, provoquant coquettement les mâles. Quand elle reprit un cycle d'œstrus régulier, pendant la troisième année de Pablo, ses deux seins n'avaient pas le même volume. Le sein gauche, que Pablo tétait le plus souvent, était volumineux et tendu, le droit pendait, vide et flasque. Au moment de l'œstrus, Liza permettait à Pablo de téter car elle était distraite par les sollicitations des mâles. Beethoven cependant continuait à l'ignorer.

Tuck s'écartait fréquemment de son chemin pour calmer Pablo ou lui faire sa toilette pendant qu'il mangeait mais Effie semblait à bout de patience car il persistait à bousculer Poppy. Un jour qu'elle le repoussait avec des grognements pour l'empêcher de tirer sur une jambe de Poppy, Pablo, avec effronterie, mordit légèrement Effie au bras. Un autre adulte aurait réagi sans sévérité, mais Effie se contenta de serrer Poppy dans ses bras. Pablo, téméraire, se rapprocha et s'assit à bonne distance en faisant une moue à Effie. Quelques minutes plus tard, Poppy, de son plein gré, vint jouer avec Pablo mais commença à pleurnicher quand le jeu devint trop violent. Effie grogna. Pablo fit quelques pas en arrière. Après avoir été consolée par sa mère, Poppy le rejoignit et le processus se répéta. Effie attrapa alors Poppy, mordilla Pablo et rejoignit son nid en serrant l'enfant sous son bras. Ulcéré par l'injustice de la vie, Pablo s'assit et se frappa la tête pendant près d'une minute, sa face contorsionnée par une grimace, les yeux fermés. Enfin il se leva, jeta un coup d'œil irrité à Effie et à moi-même et partit en geignant à la recherche de sa mère.

Poppy était la « petite chérie » du groupe 5. Elle était si mignonne, si captivante, qu'on ne pouvait la soupçonner de méchanceté. Contrairement à Pablo, elle ne s'intéressait pas aux objets inconnus comme les appareils-photo ou les rouleaux de pellicule, mais se contentait de son environnement naturel. Les nids d'oiseau abandonnés la fascinaient. Elle les tapait contre le sol ou contre son propre corps jusqu'à ce qu'il n'en reste plus rien. Elle aimait aussi retirer laborieusement les brins l'un après l'autre.

De temps en temps, Poppy venait s'asseoir parmi les observateurs, comme si elle avait envie qu'ils la serrent dans leurs bras. Quand elle nous honorait de cette faveur, Beethoven, Effie et les autres gorilles grognaient et nous regardaient fixement. Beethoven quittait son nid et, poussant délicatement Poppy avec sa tête massive, la ramenait vers le groupe. Puck, Tuck, Quince ou Pablo venaient également chercher Poppy quand elle était assise parmi nous. Cette surveillance exercée par l'ensemble du groupe contrastait avec le peu d'intérêt que suscitait le remuant Pablo.

La troisième fille d'Effie, Tuck, avait dû renoncer aux attentions de sa mère après la naissance de Poppy, mais elle manifestait rarement de la jalousie. A une seule occasion, j'observai chez elle une expression morose. Puck était absorbée à faire la toilette d'Effie qui, à son tour, faisait celle de Poppy. Tuck eut un regard que je traduisis par « Pauvre de moi, la petite sœur délaissée ! » Son heureux caractère la préservait de la morosité. Quand elle avait besoin du contact physique de sa mère, elle sautillait contre le corps de celle-ci. Quand Poppy jouait avec d'autres enfants, elle allait droit dans les bras d'Effie et la regardait intensément, la face plissée. « Elle est à moi, enfin ! » semblait-elle penser.

Grâce à son sérieux, Effie élevait parfaitement ses enfants et gardait la première place auprès de Beethoven, parmi les trois femelles dominantes.

Un jour de pluie, Effie et Pantsy construisaient avec soin de larges nids en forme de baignoire, pour y faire la sieste, avec les branches feuillues d'un *Hypericum*, afin de se protéger le mieux possible. Le nid de Beethoven avait été bâclé et le patriarche s'y était installé avec résignation. La pluie redoublait. Au bout d'une demi-heure, Beethoven, estimant qu'Effie et Pantsy étaient mieux protégées que lui, se leva brusquement et vint se placer devant Effie qu'il regarda d'un air accusateur. Effie se retourna dans son nid et fit mine de ne pas le voir. Beethoven se dirigea alors vers le nid de Pantsy, à quelque cinq mètres de là et recommença son manège d'intimidation.

Je pensais que Pantsy allait se pousser avec soumission à l'autre bout du nid. Elle fit comprendre au contraire clairement à Beethoven par ses grognements qu'elle ne se laissait pas intimider. Le patriarche, avec toute la dignité dont il était capable, retourna d'un pas pesant près du nid d'Effie. La regardant d'un air quelque peu chagrin, il posa doucement la main sur son épaule et la poussa du coude. Effie resserra ses bras autour de Poppy. Tuck, qui était aussi dans le nid, se blottit contre sa mère.

Beethoven, trempé jusqu'aux os, s'introduisit avec peine dans le nid en se serrant contre le dos d'Effie. Son corps massif débordait de toutes parts, et il ne semblait guère à l'aise. Néanmoins, il accepta le compromis.

Marchessa et Effie ayant des enfants de moins de deux ans, Liza restait donc la seule femelle du harem avec laquelle Beethoven pouvait copuler. Il s'y refusait pourtant depuis près d'un an. Liza, dans son exaspération, provoquait de fréquentes querelles en se ruant à travers le groupe. Seul, Puck acceptait passivement ses avances. Quince approchait de sa huitième année, c'est-à-dire du moment où elle serait considérée comme adulte. Les périodes d'œstrus de Liza et de sa fille coïncidaient pratiquement. Ziz et Icare négligeaient Liza mais copulaient par contre avec Quince quand elle n'était pas occupée à materner Shinda et Muraha.

En décembre 1977, neuf mois après le sevrage de Pablo, Liza recommença à s'occuper de lui et à l'allaiter. Elle eut une montée de lait abondante. Elle présentait le comportement typique des femelles proches de la parturition ou qui ont eu des enfants qui n'ont pas vécu. Peu de temps auparavant, j'avais remarqué qu'elle se tenait de préférence à l'écart pour se nourrir, comme le font les femelles grosses. Je pensais qu'elle avait fait un avortement dont nous n'avions pu relever les traces dans son nid. Enfin, elle recommença à se mêler au groupe et à s'occuper de Pablo. Cette période dura six mois, puis l'inattendu se produisit.

Après une interaction avec le groupe 6, dont le domaine vital se trouvait sur les pentes est du mont Visoke, Liza disparut. J'avais peine à croire que Liza soit passée dans un autre groupe en laissant ses deux enfants, Quince (huit ans) et Pablo (près de quatre ans). Pourtant, je la découvris, complètement intégrée, dans le groupe 6, comme si elle y avait toujours vécu.

Liza était la seconde femelle adulte ayant eu des enfants avec le chef à dos argenté qui quittait le groupe 5. Les deux femelles avaient perdu du temps, en ce qui concerne la procréation, au sein de leur groupe. Malgré leur retour à un cycle régulier de l'œstrus et malgré leurs sollicitations, leurs mâles avaient refusé la copulation. De plus, deux de leurs enfants avaient été allaités jusqu'à l'âge de vingt-six mois. On peut donc penser que la lactation avait inhibé la conception. En effet, quatorze mois après leur passage dans le nouveau groupe, les deux femelles mirent bas. L'émigration vers un autre groupe fut donc avantageuse pour les femelles. De plus, leur rang social fut amélioré. Toutes deux furent les premières femelles acquises par leur mâle respectif. Le plus haut rang parmi les femelles dominantes appartient à celle qui a été acquise la première.

Pablo montra peu de signes de dépression après le départ de sa mère. Pendant la journée, il passait de longs moments en compagnie de Beethoven et dormait avec lui, la nuit, dans le même nid. Quince, sa sœur, lui faisait sa toilette ou le tenait dans ses bras, servant de substitut maternel.

Quince était devenue une femelle adulte dans le courant du mois où Liza avait émigré. Elle continua à manifester la même douceur et la même gentillesse à l'égard de son père, son frère, ses demi-frères et sœurs que lorsqu'elle était enfant. Il me semblait que Quince était destinée à devenir une mère et que tout désignait Icare pour être le procréateur.

A ma grande consternation, Quince manifesta des signes d'abattement après le départ de sa mère. Son entrain et sa vitalité disparurent. Un matin, trois mois après le départ de Liza, nous trouvâmes du sang dans le nid où Quince avait passé la nuit. Malgré son jeune âge, on ne pouvait écarter l'hypothèse d'un avortement. Plus les jours passaient, plus la condition physique de Quince se détériorait. Elle continuait cependant à témoigner les mêmes attentions maternelles aux membres de sa famille.

Deux semaines plus tard, il fut évident que Quince devait faire appel à toute son énergie pour suivre le groupe. Elle rampait sur les genoux, les poignets ou les épaules en tremblant et semblait souffrir.

Beethoven fut le seul à manifester de l'inquiétude. Il ralentit le rythme des déplacements et défendit Quince contre les agressions incessantes des autres membres du groupe. Plus Quince s'affaiblissait, plus les autres grognaient et la bousculaient. Elle recevait des coups de pied. Les trois filles d'Effie s'acharnaient particulièrement sur elle. Quince se défendait faiblement par des grognements, des coups de pied ou en mordant ceux qu'elle avait chéri pendant toute sa vie.

Ce comportement peut paraître illogique et cruel pour l'esprit humain. Il a néanmoins une explication possible. A mesure que les forces de Quince déclinaient, la violence des attaques augmentait. Quince était incapable de réagir comme l'aurait fait un animal en bonne santé et de fournir les réponses conventionnelles de soumission et de défense qu'attendaient les autres animaux. Selon moi, la notion de

« cruauté » ne peut s'appliquer à de telles conduites. Pendant les derniers moments de la maladie de Quince, le groupe 5 était placé dans une situation qui ne lui permettait pas de développer une conduite normale.

Quince mourut en octobre 1978, après une maladie de vingt-cinq jours. Je trouvai son corps amaigri encore chaud, gisant sous un arbre, au milieu du site de sommeil du groupe. Les autres animaux faisaient cercle à cinq mètres de là environ. L'autopsie pratiquée à l'hôpital de Ruhengeri révéla que Quince était morte de malaria. J'enterrai le corps de la jeune femelle à une dizaine de mètres de ma cabane, sur sa terre natale.

Après la mort de sa sœur Quince, comme après le départ de sa mère Liza, Pablo resta le même petit clown insouciant et facétieux qu'il avait toujours été. La nuit, il dormait avec Beethoven. Dans la journée, il batifolait en compagnie de sa favorite du moment, Poppy. Effie se montrait tolérante avec lui. Elle lui permettait de se blottir près d'elle quand il pleuvait ou qu'il faisait froid. Aidée de Tuck, elle procédait régulièrement à sa toilette.

Les enfants d'Effie étant d'un naturel curieux, Pablo imita leur comportement. Il découvrit un jour avec Tuck un bébé-antilope, seul dans un nid. Il entreprit aussitôt de tirer les pattes et les poils de l'animal, lui donnant des bourrades, soulevant sa tête pour le renifler. Le petit animal poussait des gémissements. Tuck, aussi intéressée que Pablo, observait attentivement la scène, reniflait l'animal et caressait son corps tremblant. Elle essayait d'empêcher Pablo de rudoyer le bébé-antilope en poussant des grognements et en écartant les mains de son compagnon. Leur curiosité s'exerça ainsi pendant près d'une heure. Finalement, ils retirèrent tout le feuillage qui couvrait l'animal et le laissèrent à l'air libre. J'espérai que sa mère le retrouverait avant le passage des braconniers.

J'avais parfois l'occasion d'observer de jeunes gorilles pourchassant une antilope, plus par jeu qu'avec l'intention réelle de la capturer. Tout ce qui bougeait, des antilopes aux grenouilles, servait de prétexte à une brève chasse. Bizarrement, les chenilles et les caméléons ne les intéressaient pas. Ils les frappaient ou les poussaient de côté avec précaution.

Quatre mois avant la mort de Quince, en juin 1978, Puck, pour des raisons que je n'arrivais pas à comprendre, s'éloigna de plus en plus de sa mère Effie et de ses sœurs, Tuck et Poppy. On le trouvait de préférence à l'arrière du groupe.

Je trouvai un jour le jeune mâle musardant à une vingtaine de mètres derrière le groupe, dans un endroit planté de jeunes *Vernonia* où les animaux n'étaient pas venus depuis plus d'un an. Le sol, recouvert d'une végétation rare, offrait peu d'éléments pour la nourriture des gorilles. Soudain, Puck s'arrêta et regarda fixement le sommet d'un *Hagenia* mort. Jusqu'à une hauteur de dix mètres environ, le tronc de l'arbre était recouvert d'un fouillis de plantes grimpantes. A mi-hauteur, on remarquait encore un semblant de vie, mais les branches supérieures étaient complètement desséchées.

Puck observa attentivement pendant quelques minutes puis, s'emparant des plantes grimpantes, s'éleva jusqu'à quatre mètres environ. Il s'arrêta un instant, sembla réfléchir, puis continua son ascension vers les branches mortes. Arrivé au sommet, il enleva des deux mains un fragment d'écorce, libérant un essaim d'abeilles. Il se laissa vivement glisser le long du tronc puis galopa en direction du groupe. Je m'éloignai en courant dans l'autre sens. Au-dessus de moi, un nuage d'abeilles bourdonnait furieusement.

Je rattrapai le groupe après avoir fait un grand détour et retrouvai Puck, mangeant calmement, comme si rien ne s'était passé. L'observation de ce jour-là fut particulièrement intéressante sur le plan de la mémorisation. Le groupe ne s'était pas rendu à cet endroit depuis près de quatorze mois, mais Puck s'était parfaitement souvenu de la conduite à adopter en présence d'une ruche d'abeilles. Il était pour moi une source d'étonnement inépuisable.

Le 14 novembre 1978, Puck mit bas. En apprenant la nouvelle de la bouche d'un étudiant qui n'en croyait pas ses yeux, je m'écriai : « It can't be * ! » D'où le nom du bébé : Cantsbee.

Le jeune « mâle » devint une mère accomplie. Avec la naissance du bébé de Puck, Effie était grand-mère pour la deuxième fois. Puck donna à son enfant la même éducation sécurisante que celle qu'elle avait reçue de sa mère. A cette époque, les membres du clan restaient à proximité les uns des autres, se protégeant mutuellement : Effie, engrossée par Beethoven, Puck (onze ans) et son enfant mâle Cantsbee, Tuck (six ans et demi) et Poppy (trente-deux mois).

* Ce n'est pas possible ! (N.D.T.)

Trois mois passèrent paisiblement, puis Effie avorta. Le fœtus avait de deux à trois mois. L'incident se produisit après le tournage d'un film par une équipe française. Les gorilles avaient été harcelés par les cinéastes pendant quinze jours. Après cet avortement, Effie, qui mettait bas tous les quarante-trois mois en moyenne, ne donna pas naissance à un nouveau bébé avant juin 1980. J'appelai le sixième enfant d'Effie et de Beethoven, Maggie.

Le clan de Marchessa semblait aussi évoluer de façon satisfaisante sous la direction avisée du vieux Beethoven et de son fils Icare. En décembre 1980, Pantsy (quatorze ans et dix mois), fille de Marchessa et de Beethoven, donna naissance à un enfant : Jozie, conçu, comme sa sœur Muraha, par Icare. Beethoven et Marchessa eurent ainsi deux petits-enfants. Le clan matrilinéaire de Marchessa comprenait encore ses deux autres enfants conçus par Beethoven : Ziz, neuf ans et demi et Shinda, quatorze mois. Au bout de treize ans, le clan de Marchessa restait toujours subordonné à celui de la lignée maternelle dominante d'Effie, bien que Pantsy ait créé des liens consanguins en procréant avec Icare, le fils d'Effie. Marchessa était ainsi le seul membre du groupe n'ayant pas de liens de sang avec Icare.

Le 5 août 1980, un étudiant, qui observait le groupe 5 en train de manger sur les pentes du mont Visoke, entendit les vocalisations d'alarme émises par Icare qui se trouvait à une trentaine de mètres en contrebas. Tout le groupe se mit en mouvement, suivi de l'étudiant. Marchessa gisait sous un *Vernonia*, morte ou en état de coma, et Icare courait dans tous les sens, se frappant la poitrine et piétinant la végétation. Les autres gorilles se rassemblèrent pour observer silencieusement le manège d'Icare. Chacun, à l'exception d'Effie, s'approcha du corps de Marchessa pour l'examiner rapidement. Après une heure environ de démonstrations, Icare traîna le corps inanimé loin de l'arbre et commença à le frapper des deux mains. Pendant plus de trois heures, le groupe regarda passivement, à l'exception de Beethoven qui intervenait chaque fois qu'Icare traînait le corps sur le sol. Marchessa, comme Quince auparavant, était incapable de réagir. Les assauts d'Icare devenaient frénétiques. Il bondissait en l'air puis retombait de tout son poids sur la forme immobile.

Le lendemain matin, tout le groupe était encore rassemblé autour de Marchessa. Icare l'avait apparemment traînée encore sur plusieurs mètres. L'examen des sites de sommeil nocturne montra que le petit Shinda avait dormi avec son père Beethoven. Icare continuait à s'acharner sur Marchessa. Il s'arrêtait de temps en temps pour reprendre son souffle. Shinda essayait alors de s'introduire sous le bras immobile de sa mère pour la téter. D'autres jeunes se livraient à des investigations en introduisant leurs doigts et leur langue dans la bouche et l'anus de Marchessa. Poppy, la fille de Marchessa, âgée de cinquante-deux mois, monta sur sa mère et se serra fortement contre elle, puis elle lui donna des coups violents. Quand Icare interrompait son rituel d'attaque, Muraha s'approchait et faisait la toilette de Marchessa. Toutes ces conduites révélaient le besoin d'arracher une réponse à la forme qui gisait sans vie à leurs pieds et qui avait été pendant si longtemps un élément vital du groupe.

L'autopsie du corps de Marchessa montra l'existence de nombreux kystes de la rate, cause possible de la mort. Elle n'était par ailleurs ni en période d'œstrus, ni fécondée.

Il serait hasardeux de faire de l'anthropomorphisme à propos des circonstances qui ont entouré la mort de Marchessa. Sa mort marquait probablement la fin de la période de reproduction pour Beethoven dont la dernière femelle, Effie, avait alors un enfant de deux mois et demi et qui ne pouvait pas être à nouveau fécondée avant deux ans et demi ou trois ans. L'absence de liens de sang peut expliquer le comportement agressif d'Icare envers Marchessa, mais il ne s'agit que d'une hypothèse. Parmi les autres groupes de gorilles que j'ai étudiés, la mort naturelle d'un individu n'a jamais provoqué ce type de réaction de la part d'un mâle à dos argenté ou d'un proche parent.

⁂

En retraçant l'histoire du groupe 5, j'ai été souvent submergée par une masse de souvenirs humoristiques, bizarres, tristes ou tendres. Pendant ces treize années, trente et un individus issus du même fonds commun génétique ont assuré la stabilité de leur unité familiale. Sur les quinze membres que comptait le groupe quand je le rencontrai pour la première fois, il n'en reste plus que quatre : Beethoven, Effie, Icare et Pantsy.

J'ai eu la chance de pouvoir observer la croissance de gorilles comme Icare, Pantsy et Puck, pendant la période d'apprentissage de l'enfance jusqu'à l'âge adulte où, à travers de multiples expériences parfois traumatisantes, ils sont devenus à leur tour des parents.

Ce groupe représente un modèle de comportement pour la société humaine. C'est l'héritage que nous laisse Beethoven.

CHAPITRE 5

Coco et Pucker, les orphelins sauvages Destination : la prison

Le Karisoke Research Centre existait depuis environ quatorze mois. La fin de l'année 1968 approchait et, avec elle, la saison des vacances. Les braconniers étaient toujours très actifs, à cette époque de l'année. Les prix de la viande illégalement abattue et vendue au marché ainsi que ceux des trophées augmentaient et les braconniers faisaient des affaires d'or. Les seules patrouilles antibraconnage existant dans le Parc des Volcans étaient celles que j'avais moi-même organisées. Les gardes forestiers s'en chargeaient à condition que je leur paye un salaire et que je leur fournisse de la nourriture et des uniformes. J'avais accepté leur requête avec l'espoir qu'ils seraient plus motivés pour leur travail et sortiraient de leur apathie.

Peu de temps avant Noël, le conservateur ruandais du Parc me rendit inopinément visite. Il était accompagné de plusieurs gardes forestiers et je me réjouis en pensant que l'administration était enfin décidée à se charger des braconniers. Ce fut donc un véritable choc quand le conservateur me demanda de l'aider à capturer un bébé-gorille faisant partie de l'un des groupes que j'observais. J'étais abasourdie. Le conservateur qui, de son propre aveu, n'avait jamais mis les pieds dans le Parc des Volcans avant mon arrivée en 1967, me raconta qu'une délégation officielle allemande voulait acquérir un gorille pour le zoo de la ville de Cologne. Les Allemands avaient promis en échange de donner une Land-Rover et une somme d'argent, non précisée, pour les besoins du Parc. Le conservateur me fit cette requête surprenante sur le même ton anodin qu'il aurait eu pour parler de la pluie et du beau temps.

Je me lançai dans de longues explications. Les Ruandais, dis-je, ne devaient même pas examiner ce genre de propositions. J'insistai sur la force des liens de parenté chez les gorilles et sur le fait que si l'on essayait de capturer un seul animal, tous les membres de la famille risquaient d'être tués avant même que les braconniers ne puissent s'en emparer. La perspective d'un massacre n'impressionna pas le moins du monde le jeune fonctionnaire, mais la possibilité de répercussions internationales sembla le faire réfléchir. Dans ma naïveté, je crus que le problème était réglé. J'oubliais simplement que pour la plupart des fonctionnaires, les gorilles ne sont que des objets que l'on peut troquer contre des avantages politiques ou financiers.

Dans les trois pays, les responsables de la préservation des animaux sauvages n'ont aucune formation et ne connaissent rien à la complexité des problèmes que pose la sauvegarde des gorilles.

Comme il fallait s'y attendre, un nombre alarmant d'antilopes, de buffles et d'éléphants furent assassinés pendant les vacances. A ma connaissance, il n'y eut aucune victime parmi les gorilles. Vers le mois de février 1969, les recherches de nos groupes d'étude se poursuivaient paisiblement. Nous avions réussi à réduire considérablement les empiétements des hommes et des troupeaux. C'est alors que, le 4 mars, un de mes amis arriva de Ruhengeri, la petite ville voisine, pour m'informer qu'un jeune gorille avait été capturé six semaines plus tôt par les braconniers et était enfermé dans une cage.

Je descendis immédiatement à Ruhengeri. L'administration du Parc était installée dans une vieille caserne. Derrière les locaux délabrés se trouvait une petite cour carrée, entourée de hangars. L'un d'eux servait de garage à une Land-Rover. De nombreuses personnes, des enfants surtout, se pressaient en riant autour d'une caisse en forme de cercueil, coincée entre la voiture et une pile de bois. Repoussant les enfants, je fis glisser le couvercle de la caisse pour essayer de voir l'animal qui s'était reculé tout au fond. Une petite forme noire se précipita vers moi, hurlant de peur et de rage. Je rabattis vivement le couvercle et fis transporter la caisse dans le bureau du conservateur où régnait un calme relatif. Malgré les protestations de ce dernier, je laissai sortir le bébé-gorille, une femelle, de sa prison. La petite boule de poils se précipita à l'extérieur et, avant que le conservateur ait pu faire un mouvement, le mordit à la jambe. Elle courut ensuite vers les fenêtres derrière lesquelles une foule bruyante se pressait. Elle frappa les vitres avec une telle force que je craignis un instant qu'elle ne les brise. Tout en allant et venant d'une fenêtre à l'autre, l'animal effrayé répandait des traînées de diarrhée. Son état de déshydratation était tel qu'elle s'arrêtait pour lécher ses excréments. Avec un cendrier rempli d'eau, je réussis à l'attirer et à la faire rentrer dans la caisse.

Il fallait de toute urgence ramener l'animal au camp et je n'avais pas une minute à perdre en discussions. Je questionnai brièvement le conservateur. Il reconnut, sans la moindre gêne, qu'il avait demandé au chef des braconniers, Munyarukiko, d'organiser la capture du bébé-gorille. Il y avait sûrement eu de l'argent versé dans cette affaire mais cela ne m'intéressait pas. Les braconniers étaient montés sur les pentes du mont Karisimbi et avaient choisi un groupe, au hasard. Par la suite, je constatai que dix membres du groupe avaient été tués au cours de la capture.

La petite femelle avait été suspendue par les pieds et les mains à un bambou et transportée jusqu'à un village voisin. Elle resta deux semaines dans une cage fabriquée par les gardes forestiers. Elle n'avait pas assez de place pour se mettre debout ou pour se retourner. On la nourrissait de maïs, de bananes et de pain. Elle fut ensuite amenée à Ruhengeri où on la plaça dans une caisse. Ses ravisseurs, inquiets de sa détérioration physique et ne sachant que faire, ajoutèrent de la soupe à son menu.

C'est un miracle que la petite orpheline ait pu survivre dans de telles conditions de détention. Sans perdre davantage de temps, j'informai le conservateur de mon désir de ramener le bébé au camp. Il ne manifesta aucun remords et sembla, au contraire, soulagé de me voir assumer la responsabilité de la mort prochaine de l'animal.

Avant de replacer le bébé-gorille dans ses conditions de vie naturelle, il fallait d'abord lui donner, de toute urgence, des liquides, des vitamines et du glucose. Je devais aller jusqu'à Kisoro, en Ouganda, pour trouver des médicaments, ce qui retardait d'un jour le retour au camp.

Je transportai la caisse contenant le bébé dans ma Land-Rover et me rendis chez un couple européen qui habitait en bordure de la réserve. Là, je transférai l'animal effrayé et hurlant dans un parc d'enfant sur lequel je clouai une planche. Quand il fut calmé, je lui donnai des morceaux de *Galium* (plante grimpante) et de céleri qu'il mangea immédiatement avant de tomber, épuisé, dans un profond sommeil. J'installai mon lit près du petit parc afin de pouvoir rassurer le bébé-gorille s'il se réveillait.

Pendant cette longue nuit, je réfléchis et pris la ferme décision de remettre la petite femelle en liberté, si elle survivait. Elle paraissait âgée de trois ans et demi ou quatre ans. Elle était donc capable de vivre sous la protection d'autres gorilles plus âgés. Je lui donnai le nom de Coco, en souvenir d'une vieille femelle du groupe 8, qui était morte récemment de mort naturelle.

Le lendemain matin, les quarante-cinq minutes de route sur une piste rocailleuse de lave refroidie furent une torture pour Coco. A chaque cahot, elle hurlait de douleur et de peur. Au pied de la montagne, j'engageai huit porteurs. Après les premières pentes, loin du bruit des *shambas* et au-delà du tunnel de lave refroidie, Coco commença à s'intéresser aux arbres qui nous entouraient. Elle poussait de temps en temps de petits gémissements comme les bébés-gorilles séparés de leur mère. Avait-elle gardé le souvenir de la vie libre qu'elle menait avant sa capture ? Je la réconfortai en émettant des vocalisations rassurantes et en faisant halte de temps en temps pour déposer quelques feuilles dans son parc. L'ascension dura cinq heures sur la piste des éléphants couverte de boue.

Mon équipe avait aménagé la deuxième pièce de ma cabane pour recevoir la captive. J'avais fait parvenir une note par un porteur, demandant qu'on installe un grillage contre la fenêtre et une porte grillagée entre les deux pièces. J'avais également demandé qu'on recouvre le plancher de la chambre de Coco de feuillage qui servirait de nourriture et de matériel pour construire un nid et qu'on dresse de jeunes *Vernonia* de façon à ce qu'elle puisse y grimper.

« *Chumba tayari !* » (La chambre est prête !) Les hommes en voyant la file de porteurs émerger de la forêt, nous accueillirent joyeusement avec cette exclamation. Je fus impressionnée par les transformations qu'ils avaient apportées à ma cabane. La deuxième pièce ressemblait à une reproduction miniature de l'environnement naturel d'un gorille.

Deux récipients remplis d'eau et lestés de grosses pierres,

pour éviter que l'animal déshydraté ne puisse le soulever et ne boive trop en une seule fois, avaient été placés dans la pièce. Les porteurs, à grands renforts d'exclamations et d'ordres donnés en kinyarwanda, introduisirent le parc d'enfant dans la cabane et le posèrent au milieu des feuillages.

Je restai enfin seule, au calme, avec le bébé-gorille. J'enlevai doucement le couvercle du parc, sans trop savoir ce qui allait se passer. L'enfant serait-elle timide, agressive ou, au contraire, apathique ? Coco sortit directement du parc et commença, tout étourdie, à marcher au milieu des feuilles et des tiges, les tapotant comme pour s'assurer de leur réalité. Par suite de sa faiblesse physique, elle ne fit qu'une légère tentative pour se pavaner devant moi et m'indiquer ainsi qu'elle était maîtresse de la situation. Enfin, elle se mit debout, me fixa intensément pendant une minute puis vint en rampant se blottir contre moi. Je résistai à l'envie de la serrer dans mes bras. C'était la première fois qu'elle faisait confiance à un être humain et j'avais peur de tout compromettre.

Coco s'assit sur mes genoux où elle resta quelques minutes puis se dirigea vers un banc, placé sous la fenêtre. On voyait nettement les pentes du mont Visoke. Elle grimpa avec difficulté sur le banc et regarda au-dehors. Soudain, elle se mit à sangloter et à verser de vraies larmes. Je n'avais jamais vu pleurer un gorille. Quand la nuit tomba, Coco se blottit dans le nid de feuilles que j'avais fait pour elle et s'endormit en geignant doucement.

Je sortis pendant une heure en espérant que Coco dormirait encore à mon retour. Mais, en ouvrant la porte, je trouvai un chaos total. Tout le ravitaillement que mes hommes avaient soigneusement enfermé dans les placards gisait sur le sol. Coco était assise au milieu des boîtes de conserves et des paquets déchirés, jouant avec le sucre, le riz, les spaghetti, la farine et la confiture. Mon mécontentement devant cette pagaille céda vite le pas à la satisfaction de voir qu'elle avait eu assez de curiosité et d'énergie pour créer tout ce désordre.

Pendant les deux jours suivants, Coco mangea des quantités croissantes de feuilles, de *Galium*, de chardons et d'orties. Elle se laissa persuader, non sans peine, de boire le lait auquel j'avais incorporé les médicaments que son état nécessitait. Elle continuait à pleurer, surtout quand elle regardait par la fenêtre. Un jour, j'entendis les vocalisations émises par le groupe 5, sur les pentes situées derrière le camp. Coco parut vivement intéressée. J'augmentai le volume de la radio pour couvrir les vocalisations, mais, pendant toute la journée, Coco continua à regarder fixement les pentes de la montagne, en gémissant.

Le troisième jour, elle sembla se désintéresser de son nouvel environnement et alla soudain plus mal. J'ai observé ce type de transition chez tous les gorilles capturés. Ils manifestent le courage et la volonté nécessaires pour survivre mais, finalement, le traumatisme de la capture ajouté aux mauvais traitements sont plus qu'ils n'en peuvent supporter. Les secours arrivent généralement trop tard. Coco cessa de s'alimenter, ses fèces devinrent liquides et teintées de sang. Agitée d'un tremblement continuel, elle se dissimulait sous les feuilles. J'essayais par tous les moyens de la sortir de cette apathie semi-comateuse. Je lui fis entendre des enregistrements de vocalisations de gorille. En vain. Je recommençai à lui administrer des antibiotiques, mais ils ne firent aucun effet. Sa santé déclinait avec une rapidité alarmante.

La sixième nuit de son arrivée au camp, je transportai Coco dans mon lit. J'étais convaincue qu'elle n'en avait plus pour longtemps à vivre. Tout ce que je pouvais faire pour elle était de lui donner un peu de chaleur et de sécurité. A cinq heures du matin, au lieu de trouver entre mes bras un petit cadavre, je m'aperçus que Coco était encore vivante. Le lit était humide de diarrhée. Elle semblait en meilleure forme. J'espérais que la crise était passée. Je lui donnai ses médicaments puis la conduisis au-dehors, dans un enclos grillagé communiquant avec sa chambre.

Nous étions occupés à nettoyer et à désinfecter la pièce avant d'y remettre du feuillage frais quand les voix de porteurs qui approchaient du camp se firent entendre. Je me précipitai au dehors et vis six hommes qui portaient une sorte d'énorme baril de bière suspendu à des bambous. Le chef des porteurs me remit une lettre d'un ami de Ruhengeri qui était venu voir Coco, au moment où elle était très malade. « Ils ont capturé un autre gorille. Ils veulent que vous en preniez soin mais, comme ils ne savaient par quel moyen vous l'envoyer, je m'en suis occupé. Espère que tout va bien avec le premier. Doute que celui-ci survive. »

Je payai le porteur et fis transporter le baril dans la chambre de Coco, pendant que celle-ci restait dans l'enclos ensoleillé.

J'avais bien compris, huit jours plus tôt, que le conservateur avait hâte de se débarrasser de Coco car il pensait qu'elle ne survivrait pas. Il avait sans doute fait capturer le second gorille pour l'envoyer également au zoo de Cologne. Plus tard, j'appris que cet animal avait effectivement été capturé sur le mont Karisimbi et qu'il appartenait à un groupe différent de celui de Coco. Les huit membres de sa famille étaient tous morts en essayant de le défendre.

J'ouvris le baril. Le nouveau venu refusa obstinément de sortir. J'amenai Coco dans la pièce, pour servir de stimulant, mais il ne réagit pas à sa présence. Je les laissai alors seuls et les observai de ma chambre, à travers la porte grillagée. Coco manifestait une grande curiosité et jetait des coups d'œil furtifs à l'intérieur du baril chaque fois que son occupant faisait un mouvement. De temps en temps, ils s'approchaient l'un de l'autre puis se reculaient vivement dès que leurs mains s'effleuraient.

Le petit captif ne faisait pas mine de sortir. J'entrai dans la chambre, renversai le baril sur le côté et fis doucement glisser l'animal sur le sol recouvert de feuillage. Horrifiée, je m'aperçus que la petite femelle, qui semblait avoir entre quatre ans et demi et cinq ans, était encore plus amaigrie que Coco. Elle portait des blessures à la tête, vraisemblablement faites par un panga et de profondes coupures aux endroits où le fil de fer du piège avait serré ses poignets et ses chevilles. La petite captive alla se cacher sous une table. Coco commença à se pavaner de long en large devant elle, comme le font les gorilles en manière d'introduction avant un contact avec un autre animal. J'étais heureuse de voir que Coco reprenait goût à la vie, mais j'avais peu d'espoir pour Pucker, nom que j'avais donné à la deuxième petite femelle qui semblait triste et abattue.

Je lui apportai du céleri frais, des chardons, du *Galium* et un plateau de mûres ramassées par les hommes du camp. La vue des nourritures familières éveilla une étincelle d'intérêt dans le regard de Pucker. Comme l'avait fait Coco dans la même situation, elle se mit à pousser de petits cris plaintifs. Peut-être se souvenait-elle du passé. Coco gémit à son tour et pinça les lèvres puis s'avança et choisit quelques mûres.

Je quittai la chambre pour retourner les observer à travers le grillage. Lentement, Pucker s'approcha, prit une mûre en hésitant. Une petite querelle, accompagnée de grognements, éclata entre les deux femelles qui faisaient leur première expérience de partage. Enfin, chacune ramassa autant de mûres que ses mains pouvaient en contenir. Elles allèrent se placer dans des coins opposés et, tout en mangeant, continuèrent à grogner à l'adresse l'une de l'autre. Je me dis alors que le secret de leur survie résidait peut-être dans la compétition.

Cette première journée fut occupée à faire connaissance. Leur comportement était un mélange d'agressivité légère et du besoin pathétique qu'elles avaient l'une de l'autre. Le soir, cependant, elles se blottirent dans le même nid de feuilles et s'endormirent, étroitement embrassées.

Il me fallut trois jours pour persuader Pucker d'accepter le même breuvage que j'avais administré à Coco. J'insistai car elle était tombée dans le même état de léthargie qu'avait connu sa compagne, après son arrivée au camp. Il y avait aussi d'autres similitudes entre les deux captives : elles mangeaient avec plaisir les feuilles et les tiges ramassées pour elles dans la forêt ainsi que les bananes, fruit que l'on ne trouve pas à l'état sauvage dans les Birunga. Il semblait donc qu'elles avaient été détenues assez longtemps par les braconniers puisqu'elles avaient acquis le goût d'un fruit qu'elles ne connaissaient pas auparavant.

Pendant toute la maladie de Pucker, Coco devint de plus en plus dépendante de moi pour se faire porter ou pour jouer. Si je ne satisfaisais pas immédiatement sa demande d'affection, ses gémissements se transformaient vite en cris d'angoisse et de colère. Pucker, de son nid posé sur une étagère élevée, émettait de faibles vocalisations-rots, comme pour réconforter sa compagne. La présence de Coco et le fait qu'elle m'acceptait complètement donnèrent à Pucker les stimuli nécessaires pour sortir de son abattement. Elle recommença peu à peu à s'intéresser à la nourriture et à se montrer assez débrouillarde pour garder sa part des aliments préférés quand Coco essayait de la lui prendre.

Ce furent des jours difficiles. Le départ du nouveau cuisinier n'arrangea rien. Quand je lui demandai de préparer des plats spéciaux et de stériliser des bouteilles, il me répondit d'un air hautain en swahili : « Je suis un cuisinier pour Européens, pas pour animaux. » D'autres hommes étaient aussi sur le point de me quitter car j'avais constamment besoin de nourriture fraîche qu'ils devaient aller chercher dans la forêt, et il fallait nettoyer tous les jours les excréments de la chambre des deux femelles. Mutarutkwa, qui emmenait encore illégalement paître ses troupeaux dans le Parc, me fut à cette époque d'un grand secours.

Je rencontrai un jour Mutarutkwa dans la forêt alors qu'avec Nemeye, un de mes jeunes aides, je faisais la corvée quotidienne du ramassage des mûres. Nous passions beaucoup de temps à chercher les baies les plus grosses et les plus juteuses. Le berger mututsi, après avoir observé pendant quelques instants nos tentatives infructueuses, bondit dans les fourrés comme une gazelle. Une demi-heure plus tard, il réapparut aussi silencieusement qu'il était parti. Avec un sourire timide, il nous tendit deux grandes feuilles de *Lobelia* pleines de mûres magnifiques. Pendant ce temps, nous n'avions réussi à récolter qu'une pauvre petite douzaine de baies. J'acceptai le cadeau de Mutarutkwa avec gratitude. Par la suite, il apporta souvent de la nourriture pour les deux petites captives, nous épargnant de longues heures de cueillette dans la forêt.

Fort heureusement, Coco prit goût au lait additionné de médicaments que je lui donnais deux fois par jour. Après avoir bu sa ration, elle se précipitait sur celle de Pucker qui, perplexe, la regardait boire avec délectation une mixture qu'elle-même trouvait désagréable. Une fois encore, l'esprit de compétition régla le problème.

Plus Coco insistait pour s'approprier la ration convoitée, grognant et donnant des bourrades à Pucker, plus cette dernière défendait âprement son bien. Elle finit par boire le mélange d'un seul trait, avec force grimaces, avant que Coco ait pu mettre la main dessus.

J'étais reconnaissante à Coco de son assistance involontaire. En effet, au bout de huit jours, Pucker ne se laissait toujours pas toucher et ne s'approchait même pas de moi. Dans des conditions identiques, son comportement était totalement différent de celui de Coco. D'un an plus âgée, elle semblait plus introvertie et davantage traumatisée par les événements qui avaient entouré sa capture. Malgré tous mes efforts pour la rassurer et la convaincre qu'elle ne courait plus de danger, elle était toujours sur le qui-vive, surtout quand elle entendait des bruits à proximité de la chambre ou de l'enclos.

La « protection » de Coco servit de prétexte aux premières tentatives d'approche que Pucker fit avec moi. Coco prenait un plaisir croissant à un jeu mouvementé consistant à réduire en pièces les nattes qui recouvraient les murs et le plafond. C'était le « jeu de la démolition de la maison ». Elle avait découvert que l'on pouvait retirer des brins et les mâcher. Elle détruisit entièrement le plafond et il fallut plusieurs semaines pour le réparer et redonner à cette partie de la cabane son aspect premier.

Quand j'essayais, en la taquinant, de détourner Coco de ses activités, Pucker tentait d'éloigner le bébé en courant çà et là, grognant, me frappant ou me mordant aux jambes. Il semblait évident que Pucker voulait participer au jeu ou être prise dans mes bras, alors qu'elle refusait pourtant chaque fois que j'essayais. Ce comportement jaloux et quelque peu « névrotique » me remplissait de compassion. C'était la conséquence de l'expérience terrifiante de sa capture et de son emprisonnement. Tout en me sentant coupable, je continuais à m'occuper exclusivement de Coco, non seulement parce qu'elle sollicitait mon attention mais aussi pour essayer indirectement de faire sortir Pucker de son isolement. Comme pour la nourriture, la compétition entre les deux petites femelles joua un grand rôle.

Un soir, Coco et moi étions en train de jouer, assises sur un banc. C'était environ quinze jours après l'arrivée de Pucker au camp. Celle-ci se coula à nos côtés. Elle attrapa un des bras de Coco et essaya de la faire descendre de mes genoux. Coco refusa de bouger. Pucker, se mordant nerveusement les lèvres, essaya d'enlever une de mes mains du corps de Coco. Je lui donnai alors une petite tape. Elle tressaillit, le corps tendu de crainte, et détourna la tête. Le fait qu'elle m'ait touchée constituait en tout cas l'ébauche d'un contact. Les deux jours suivants, elle progressa encore en me donnant de petits coups d'ongles sur les mains chaque fois que je prenais Coco dans mes bras. Quand elle passait à proximité, j'essayais de soigner les blessures de ses mains qui étaient gravement infectées. La plupart du temps, elle m'en empêchait et perdait toute confiance en moi pour le reste de la journée.

***

Le jour arriva enfin où la santé de Coco me permit de l'emmener faire une promenade autour du camp. Les blessures de Pucker n'étaient pas encore guéries et, de plus, je craignais qu'elle n'échappe à mon contrôle. Pour notre première escapade, je dus porter Coco sur mon dos car elle semblait terrorisée par les grands espaces qui l'entouraient. Je m'assis avec elle sur le tronc d'un gros *Hagenia* recouvert de *Galium* et d'autres feuillages comestibles, mais elle refusa de quitter mes genoux.

Cette première réinsertion dans l' « état sauvage » ne dura pas plus de trente minutes et je ne m'éloignai que d'une cinquantaine de mètres de la cabane. Pucker était sortie dans l'enclos grillagé pour nous regarder. Elle commença à pousser de petits cris plaintifs qui se transformèrent bientôt en sanglots profonds et en véritables hurlements. Je revins plus vite que prévu, bien que Coco semblât insensible au vacarme. Pucker continua ses cris stridents jusqu'à ce que nous soyons près de la cabane, mais, à sa manière typique, ignora notre retour et fit semblant d'être absorbée par sa nourriture. Son comportement, qui rappelait celui d'un petit d'homme, aurait pu paraître comique s'il n'avait été le signe d'une profonde frustration.

Pendant plusieurs jours, j'emmenai Coco en promenade. Les pleurs et les hurlements de Pucker nous poursuivaient. Coco s'habitua rapidement à l'environnement qui n'était pourtant pas familier à un gorille : des champs à découvert où s'ébattaient des poulets et ma jeune chienne, Cindy. Coco se délectait à pourchasser les poulets et à leur arracher les plumes de la queue quand elle pouvait les attraper. Elle adorait aussi chevaucher Cindy et la faire tourner en rond indéfiniment jusqu'à ce qu'elles s'effondrent toutes deux épuisées, en une boule de poils marron et noirs.

Un matin où je m'apprêtais à emmener les deux bébés-gorilles en promenade, les gardes forestiers arrivèrent au camp. Ils faisaient grand bruit et portaient des lances et des fusils. Les femelles, qui étaient dans l'enclos, se précipitèrent, terrifiées, dans leur chambre et grimpèrent sur la plus haute étagère où elles restèrent serrées l'une contre l'autre pendant toute la journée. Les gardes forestiers me demandèrent de leur remettre les animaux qui devaient être envoyés à Cologne. Il me fallut une heure pour les convaincre que les gorilles n'étaient pas encore guéris, ce qui était vrai pour Pucker. Les bébés-gorilles refusèrent de quitter leur chambre pendant deux jours.

Finalement, Coco et Pucker guérirent et purent gambader librement. Cindy leur servait volontiers de mascotte. Son éternelle bonne humeur et son caractère enjoué avaient gagné leur confiance. J'étais très étonnée. Les braconniers avaient certainement utilisé des chiens pour capturer les deux gorilles. La faculté d'accepter la présence de chiens ou d'êtres humains après une expérience aussi cruelle me paraissait remarquable. Si Coco et Pucker s'habituèrent si vite à Cindy, c'est peut-être parce que la chienne, qui n'avait pas vu d'autre chien depuis plus de deux ans, avait perdu l'habitude d'aboyer. Douce et muette, Cindy ne devait guère ressembler aux chiens des braconniers que les deux gorilles avaient vus dans la forêt.

Quand les deux petites femelles étaient prises par l'excitation du jeu, Cindy avait fort à faire pour suivre leur rythme. Elles la tétaient, la pinçaient, lui arrachaient les poils du museau, la reniflaient, la mordillaient, la poussaient, la frappaient, la poursuivaient, la chevauchaient. Je me demandais parfois si Cindy ne se prenait pas elle-même pour un gorille. Quand Coco et Pucker grimpaient à un arbre, elle entourait le tronc de ses quatre pattes et essayait de les imiter.

Les excursions en dehors de la cabane avec Cindy et les gorilles constituaient les meilleurs moments de la journée. Nous sortions chaque fois que le temps le permettait. De nombreuses petites collines parsemées de bosquets entouraient le camp. Avant d'arriver sous les arbres où elles pouvaient jouer plus à l'aise et trouver de la nourriture, nous devions traverser les champs. Les captives ne se sentaient jamais rassurées en terrain découvert. Je portais généralement Coco dans mes bras. Pucker s'accrochait à mon dos ou à l'une de mes jambes. A elles deux, elles pesaient près de cinquante kilos et se tortillaient sans arrêt. Je pliais sous leur poids.

J'encourageais Coco à marcher, mais, autant essayer de faire voler un éléphant. Si je la laissais derrière moi, elle commençait à pleurer, émettant des « bou-bou-bou » plaintifs qui devenaient vite des cris stridents et furieux. Je devais revenir sur mes pas pour la chercher. Pucker, plus indépendante mais aussi, comme je l'avais craint, beaucoup moins obéissante, jetait de longs regards d'envie en direction de la montagne. Elle semblait comprendre que les gorilles ne viennent jamais dans les champs à découvert et préfèrent les forêts épaisses. Elle était manifestement la proie d'un conflit intérieur. Il éclata le jour où les vocalisations du groupe 5 se firent entendre sur les hauteurs entourant le camp. Cette fois-là, je n'avais pas de transistor sous la main pour couvrir le bruit.

Sans hésiter, Pucker se précipita vers la montagne, Coco sur ses talons. Quand je les rattrapai, elles avaient déjà commencé à escalader la pente. Comme des touristes, elles avaient choisi le chemin le plus visible : une vieille piste à éléphants. Coco, qui était passée en tête, s'arrêta devant le premier trou rempli d'eau qu'elle rencontra. Elle allait faire demi-tour quand Pucker, s'apercevant que j'arrivais, lui donna une bourrade qui la fit tomber dans la boue, la tête la première. Il n'en fallut pas davantage pour convaincre Coco de se réfugier à mes côtés et Pucker n'eut pas d'autre choix que de nous suivre.

Pucker essayait toujours d'entraîner Coco dans la montagne, même si on n'entendait pas de vocalisations. J'avais heureusement un moyen de corruption efficace : les bananes dont Coco raffolait. J'en emportais toujours une provision.

Un jour que nous nous déplacions dans un endroit que nous n'avions pas encore exploré, Pucker courut brusquement jusqu'à un bouquet d'*Hagenia*. Coco s'échappa de mes bras et la suivit, ce qui n'était pas dans ses habitudes. Je sortis rapidement des bananes de mes poches. Les deux petites femelles s'étaient arrêtées sous un gros *Hagenia* et, comme des enfants fascinés par un arbre de Noël, scrutaient le sommet. Je me demandais ce qui pouvait les attirer. Mon étonnement s'accrut encore quand elles escaladèrent frénétiquement le tronc puis stoppèrent à 1,50 m de hauteur environ. Échangeant des grognements, elles se mirent alors à mordre avec avidité dans une excroissance ressemblant à un gros champignon solidifié. J'avais déjà vu ces parasites qui poussent sur le tronc des *Hagenia* mais que l'on trouve rarement en forêt. Les gorilles que j'avais observés ne semblaient pas s'y intéresser. Malgré tous leurs efforts, Coco et Pucker ne réussirent pas à décrocher le champignon du tronc de l'arbre et durent se résoudre à mordre dedans. Au bout d'une demi-heure, il n'en restait presque plus rien. Elles descendirent alors avec regret et, tout en s'éloignant de l'arbre, jetèrent de longs regards d'envie en arrière. Inutile de dire que, dès le lendemain, tout le monde fut mobilisé pour la cueillette des gros champignons.

Le *Loranthus luteo-aurantiacus,* parasite de la famille du gui, provoquait aussi des bagarres entre Coco et Pucker. Heureusement, les hommes connaissaient bien les endroits où l'on trouvait en abondance cette gourmandise.

Je savais déjà par mes précédentes observations que les gorilles mangeaient les larves et les vers qu'ils trouvaient dans les troncs d'arbres pourris. Je fus néanmoins surprise de voir Coco et Pucker négliger les mûres, qui étaient pour elles un vrai régal, pour des larves et des vers. Elles savaient toujours exactement où les dénicher, en détachant un fragment de bois. Quand elles avaient fini de le lécher, tout en ronronnant de plaisir, elles s'emparaient immédiatement d'un autre morceau de bois pour continuer leur festin de protéines. Elles coupaient d'abord le ver en deux, puis en mâchaient avec délectation chaque partie, sans toujours l'avaler. Par la suite, leur menu quotidien comporta toujours un hamburger de vers et de larves bouillies.

Après leurs ébats, Coco et Pucker retrouvaient la sécurité de leur chambre où elles avaient à leur disposition toute la gamme des aliments naturels renouvelés trois fois par jour. Je continuais aussi à leur administrer des médicaments.

Elles se levaient généralement vers sept heures du matin et me réveillaient en frappant à coups redoublés contre le grillage de la porte qui séparait nos deux chambres. Après de longues embrassades, en guise de bonjour matinal, je leur donnais d'abord leur médecine puis les faisais sortir dans l'enclos où elles mangeaient des bananes et des mûres. Pendant ce temps, la chambre était nettoyée. Une équipe allait chercher dans la forêt des feuillages pour les nids et de la nourriture. Les deux bébés retrouvaient leur petite forêt propre et nette, parfumée d'une légère odeur de désinfectant.

Quand le temps était froid ou couvert, elles passaient environ une heure à manger et à préparer leur nid. S'il faisait soleil, elles demandaient à sortir et dépensaient leur énergie en courses-poursuites et en culbutes.

Entre midi et demi et treize heures, je les ramenais à la cabane et recommençais la routine : médicaments-nourriture préférée-feuillage frais. Les activités de l'après-midi dépendaient également du temps, mais mes deux petits bandits préféraient souvent faire la sieste. A seize heures, le feuillage était de nouveau retiré. On amenait des branches de jeunes *Vernonia* avec lesquelles je confectionnais leurs nids pour la nuit. Par la suite, elles le construisirent elles-mêmes. A dix-sept heures, de nouveau, repas et médicaments. Je les laissais seules pendant qu'elles mangeaient. Le repas durait environ une heure. Pendant ce temps, je travaillais dans ma chambre et leurs vocalisations de contentement couvraient presque le bruit de ma machine à écrire. J'aimais l'ambiance paisible de ces fins de journée.

Quand elles étaient rassasiées, nous nous livrions avec Cindy à des parties de jeux animées. Nos poursuites, nos culbutes, nos corps à corps dans cette forêt miniature ébranlaient les murs de la cabane. Je garde un vif souvenir de ces moments de folle gaieté. Pucker, qui pendant la journée et en présence d'autres personnes était toujours un peu inhibée, devenait, quand nous nous retrouvions seules toutes les quatre, exubérante et pleine d'entrain.

Ces jeux me permirent de découvrir de nombreux aspects du comportement des gorilles que je n'avais pu encore observer chez les animaux en liberté. Coco et Pucker se faisaient des chatouilles qui provoquaient des gloussements de rire et qui prolongeaient indéfiniment le jeu. J'essayai d'abord de chatouiller Coco qui réagit positivement. Il en fut de même pour Pucker. Au bout de quelques semaines, je changeai les chatouilles en « guili-guili », à la manière des parents ou des grands-parents qui font rire les bébés en leur « gratouillant » le ventre.

Plus tard, quand je pus chatouiller des animaux en liberté et totalement habitués à ma présence, je provoquai les mêmes réactions de plaisir que j'avais obtenues de Coco et de Pucker. Je me livrai exceptionnellement à ce jeu car il faut toujours se souvenir que l'observateur ne doit pas intervenir dans les activités des animaux en liberté.

Quand je voyais que les deux petites femelles étaient épuisées par la séance de jeu, je commençais à casser les branches de *Vernonia* et à disposer les feuilles sur des couches de mousse posées sur les étagères les plus hautes. Quand j'avais terminé la construction des nids, Coco et Pucker comprenaient que c'était l'heure d'aller dormir. Au bout de sept semaines, elles furent capables de construire elles-mêmes leurs nids et de choisir avec soin les branches les plus feuillues. C'était exactement le type de comportement indépendant que je recherchais et qui devait leur permettre de s'adapter quand elles retourneraient à l'état sauvage. Souvent, dans le calme de la nuit, j'évoquais tristement notre prochaine séparation, mais la pensée qu'elles retrouveraient bientôt la liberté dans la forêt où elles étaient nées adoucissait ma peine.

Nous eûmes un jour une autre visite inattendue. C'était celle du conservateur que Coco avait mordu à la jambe. La réaction des deux petites femelles traduisit exactement mes sentiments. Coco alla se cacher et Pucker claqua bruyamment la porte de séparation.

Le conservateur avait fait un long chemin à pied pour me demander de lui remettre les bébés qui devaient être envoyés au zoo de Cologne. J'essayai de temporiser, arguant qu'elles n'étaient pas tout à fait guéries. Pendant que je plaidais leur cause, des gloussements de rire, des bruits de culbutes et de lutte éclatèrent dans la chambre voisine.

Coco et Pucker avaient choisi le mauvais moment pour jouer. Je les maudis intérieurement, tout en étant satisfaite qu'elles ne soient pas dérangées par la présence du conservateur. Plus j'insistais pour les garder, plus celui-ci s'acharnait. Il prétendit que le zoo de Cologne avait exercé de fortes pressions sur lui. Ce qu'il ne me dit pas, c'est qu'on lui avait envoyé un billet d'avion et qu'il devait être reçu officiellement à Cologne. Pour quelqu'un qui n'avait jamais quitté son pays, c'était une perspective alléchante.

Finalement, il me menaça froidement de faire capturer par Munyarukiko et ses braconniers deux autres gorilles si je ne lui remettais pas immédiatement Coco et Pucker. Cet argument me décida. Le jour même, j'envoyai un télégramme au zoo de Cologne, informant le directeur que j'enverrais les gorilles dès que leur santé serait rétablie.

Je fis rarement ce genre de compromission, mais c'était le seul moyen d'éviter un autre massacre de gorilles. A cette époque, il n'y avait pratiquement pas de lois régissant l'importation et l'exportation des espèces menacées. Après le départ du conservateur, je rejoignis les deux petites femelles. Elles m'accueillirent joyeusement. En les serrant dans mes bras, j'avais l'impression de les avoir trahies.

Coco et Pucker continuèrent à couler des jours heureux, mais ma joie de les voir grandir et se développer avait disparu. Je savais que le temps leur était compté, qu'elles devraient bientôt quitter la forêt et que leur avenir était sombre. Mon impuissance me déprimait. J'écrivis au directeur du zoo de

Cologne en le suppliant de me laisser remettre les deux femelles en liberté. Je reçus une réponse sèche et négative.

Les gardes forestiers revinrent quelques semaines après la visite du conservateur. Ils étaient agressifs, pointant leurs vieux fusils rouillés sur moi, sur les jeunes gorilles et les hommes de l'équipe. Coco et Pucker, qui s'étaient habituées au personnel du camp, étaient toujours timides et effrayées en présence d'Africains qu'elles ne connaissaient pas. Je fus très étonnée de les voir « attaquer » les gardes forestiers, en poussant des cris stridents et en donnant des coups violents contre le grillage. Je dis alors aux gardes forestiers qu'ils pouvaient entrer dans la chambre et s'emparer des gorilles mais que je ne ferais pas un geste pour les aider. Rien, y compris la perspective d'avoir à subir la fureur du conservateur, n'aurait pu convaincre les gardes forestiers d'affronter les gorilles. Quelques minutes après, ils quittèrent le camp. J'appris, par la suite, qu'ils avaient expliqué au conservateur que les animaux étaient malades et ne pouvaient pas voyager.

Le conservateur réapparut quelques jours plus tard, accompagné de gardes forestiers qui portaient une petite caisse en forme de cercueil, construite spécialement pour le voyage en avion, Kigali-Bruxelles-Cologne. La caisse ne comportait qu'une porte de trente centimètres. On n'avait pas pensé à l'aération. De plus, le conservateur eut l'effronterie de me demander de payer le container. Il partit, satisfait, après avoir empoché trente dollars. J'avais gagné quelques semaines sur la dramatique échéance en exigeant que la caisse soit entièrement refaite.

Un photographe de la revue *National Geographic*, Robert Campbell, qui était venu faire un reportage sur les gorilles et particulièrement sur Coco et Pucker, nous aida à améliorer le container. Après l'avoir agrandi et élargi la porte, nous fîmes des trous sur les côtés et le dessus pour obtenir une aération suffisante. Nous plaçâmes ensuite la caisse dans la chambre des deux petites femelles pour qu'elles s'y habituent. Chaque jour, j'y déposais leur boisson lactée et leur nourriture préférée. Bientôt, les deux bébés-gorilles inventèrent un nouveau jeu de poursuite. Coco, qui était la plus futée, découvrit qu'en changeant brusquement de direction, elle se retrouvait nez à nez avec Pucker. Elle inventa aussi un jeu de cache-cache. Au cours d'une poursuite, elle rentrait soudain dans la caisse tandis que Pucker continuait à tourner en rond. Elles adoraient leur nouveau jouet mais je ne cessais de penser à notre prochaine séparation et à tous les traumatismes qui les attendaient.

Quand le jour du départ arriva, Bob Campbell se proposa pour accompagner les bébés au petit aéroport de Kigali d'où elles devaient quitter l'Afrique pour toujours. Tout était prêt pour le voyage. J'avais rempli plusieurs pages d'instructions concernant les soins qu'on devait leur prodiguer de Ruhengeri à Cologne. Des boîtes contenant leur boisson lactée avaient été fixées sur les parois de la caisse. J'avais préparé également une provision de feuilles fraîches, les dernières qu'elles mangeraient, et deux gros champignons. Quand Coco et Pucker se précipitèrent pour les manger, la porte se referma derrière elles. Les porteurs arrivèrent immédiatement. C'était plus que je n'en pouvais supporter. Je sortis de la cabane et m'élançai à travers les champs où nous nous étions si souvent promenées. Je m'enfonçai en courant dans la forêt. Je ne m'arrêtai que lorsque mes forces m'abandonnèrent.

Dix ans plus tard, les mots me manquent encore pour décrire la douleur que me causa cette séparation.

Je reçus régulièrement des nouvelles de Coco et de Pucker. Le zoo de Cologne m'envoyait des bulletins de santé et des photos. Je pouvais constater qu'elles supportaient difficilement leur emprisonnement. C'est en écrivant ce livre que j'apprends qu'elles sont mortes, à un mois d'intervalle, en 1978.

CHAPITRE 6

Des animaux en visite à Karisoke

Mes premières années de travail à Karisoke ressemblèrent beaucoup aux six mois que j'avais passés à Kabara. Elles furent très satisfaisantes sur le plan de la recherche car je pouvais consacrer tout mon temps à l'observation des gorilles. J'avais peu de contacts avec le monde extérieur. Je passais mes journées sur le terrain, suivant les gorilles à la piste, les observant avec mes jumelles. Les gorilles n'étaient pas encore tout à fait habitués à ma présence. Le soir, assise sur mon lit de camp, devant une caisse me servant de bureau, je tapais à la machine mes notes de la journée. Mes vêtements humides séchaient sur des cordes. Je les approchais le plus près possible de la chaleur de la lampe à pétrole qui chuintait doucement.

Par les nuits froides et noires, cette lampe évoquait toujours pour moi un bon génie. C'était le seul petit point de lumière, avec les rares feux de camp des braconniers, sur toute l'étendue des Birunga. Quand je contemplais les montagnes sauvages et désertes, je me sentais l'être le plus heureux du monde.

Je ne souffrais jamais de la solitude. La nuit, j'entendais les éléphants et les buffles qui venaient boire à Camp Creek — la crique du camp — et le chœur des *Hyrax (Dendohyrax arboreus).* Ces bruits ne troublaient pas le calme des nuits. Ce fut une époque magique.

Mes trois aides ruandais habitaient dans une tente plantée à une vingtaine de mètres de la mienne. Les hommes s'occupèrent d'abord du ramassage du bois et de l'approvisionnement en eau. Par la suite, je leur appris à dépister les gorilles.

Quand Lucy et Dezi, la poule et le coq que j'avais amenés de Kabara, moururent de leur belle mort, mes aides m'offrirent un autre couple de poulets, Wilma et Walter, qui partagèrent ma tente pendant plusieurs mois. Walter n'était pas un coq banal. Tous les matins, comme l'aurait fait un chien, il me suivait à travers les prairies. Le soir, il se perchait sur le chariot de ma machine à écrire. Pas une de ses plumes ne bougeait tandis qu'il se laissait transporter de droite à gauche par le chariot.

Au bout d'un an et demi, la tente était pleine comme un œuf. Des amis européens qui vivaient à Ruhengeri et Gisenyi, deux petites villes proches de Karisoke, décidèrent de me construire une cabane d'une pièce avec une cheminée et des fenêtres. L'idée d'avoir une cabane ne me souriait guère. Elle impliquait la stabilité et je gardais toujours la nostalgie de Kabara. Malgré mon peu d'enthousiasme, la cabane fut construite en trois semaines. Nous nous partageâmes le travail. Des porteurs amenèrent des villages voisins de jeunes troncs d'eucalyptus bien droits pour faire la charpente. On fit venir de Ruhengeri des feuilles de tôle (mbati) pour les murs et des nattes tissées à la main servirent d'isolant pour les cloisons, le plancher et le plafond. On apporta de Camp Creek, un petit cours d'eau qui coulait à travers la prairie, des pierres, du gravier et du sable qui servirent de base à une cheminée fonctionnelle construite avec un baril de pétrole. Je passai des heures avec les hommes de mon équipe à nettoyer avec du sable et à polir des madriers pour faire des bureaux et des étagères. Des rideaux, confectionnés dans des tissus locaux aux couleurs vives, donnèrent la dernière touche à ma première vraie maison africaine.

Au cours des années suivantes, on construisit huit autres cabanes, plus élaborées les unes que les autres. Aucune, cependant, n'eut autant de valeur à mes yeux que la première.

La cabane me donnait un sentiment tout nouveau de sécurité. Je me dis alors que la compagnie d'un animal serait agréable. J'adoptai une petite chienne mâtinée de boxer de deux mois et demi. Je l'appelai Cindy * car elle aimait rester couchée le nez dans les cendres de la cheminée. Elle devint vite partie intégrante de la vie quotidienne du camp. Les hommes de l'équipe l'aimaient beaucoup. Elle ne manqua jamais d'affec-

* De *cinder* = cendre (N.d.T.).

tion quand je passais des journées entières loin du camp, au milieu des gorilles. Elle jouait pendant des heures avec Walter, le coq qui se prenait pour un chien, un couple de corbeaux malicieux, Charles et Yvonne, et même les éléphants et les buffles qui venaient à Camp Creek, à la tombée de la nuit. Dès qu'elle entendait le barrissement des éléphants, Cindy perdait la tête. Je la laissais sortir et elle se précipitait vers le troupeau le plus proche, quinze à vingt animaux en général, et commençait à batifoler entre leurs jambes. Je n'oublierai jamais le spectacle de la minuscule chienne, jappant et mordillant les pattes des éléphants mais évitant soigneusement d'être aplatie comme une crêpe.

Par une fin d'après-midi, en rentrant au camp, je trouvai Walter tout seul. Ni les membres de l'équipe, ni Cindy n'étaient là. Les hommes revinrent quelques heures plus tard, découragés, pour m'apprendre que Cindy avait été kidnappée. Ils ne savaient pas s'il s'agissait de bergers ou de braconniers. Les empreintes des pattes de Cindy nous menèrent jusqu'à celles des pieds nus d'une dizaine d'hommes, puis disparurent complètement. Il ne fallait pas être très malin pour comprendre que Cindy avait été transportée quelque part.

Bergers ou braconniers ? Dans l'incertitude, je décidai de voler quelques animaux parmi les troupeaux qui paissaient illégalement dans les prairies proches du camp et de m'en servir comme rançon. Il fut facile de regrouper jusqu'au camp plusieurs dizaines de bêtes. Nous construisîmes un corral limité par les troncs de vingt gros *Hagenia.* Pendant que les hommes coupaient des arbustes pour les planter entre les troncs, je mis à profit mes vieux talents de rééducatrice et confectionnai une sorte de gros filet avec tous les bouts de corde que je pus trouver. Vers minuit, le dispositif bizarre était achevé. Nous y fîmes entrer sept vaches et un bœuf, tout ce qui restait du troupeau que nous avions rassemblé. Des feux de camp furent allumés autour du corral. Une longue nuit de veille commença. Les rôles étaient inversés. Nous attendions d'éventuels voleurs de troupeaux qui étaient en fait les vrais propriétaires du bétail. Sous la voûte étoilée, toute la scène ressemblait à un western hollywoodien burlesque.

Les animaux se pressaient contre la barrière et joignaient leurs beuglements à ceux des buffles et aux barrissements des éléphants qui se rendaient à Camp Creek. Le calme habituel de la nuit était troublé par les éclats de voix des hommes de l'équipe que j'avais envoyés dans la forêt et qui criaient en kinyarwanda que je tuerais une vache par jour tant que Cindy ne serait pas retrouvée. Dans les moments de calme, je m'endormais par à-coups, rêvant que je chevauchais un buffle et que je prenais un éléphant au lasso ou que j'essayais de pousser des éléphants derrière les cordages du corral. Le jour allait se lever quand Mutarutkwa, à qui appartenaient les bêtes, sortit du couvert des arbres, en criant un message. Il savait où se trouvait Cindy. Pendant la nuit, il avait découvert les coupables : des braconniers dont le chef était Munyarukiko. Ils avaient emmené Cindy dans un *ikibooga*, plus haut, sur les pentes du mont Karisimbi.

Au matin, j'« armai » mes hommes et Mutarutkwa de pétards et de masques de Halloween pour l'« Opération sauvetage » de Cindy. Dans le style des Marines, les trois hommes prirent d'assaut l'*ikibooga* en lançant des pétards dans le feu de camp et, profitant de la confusion, enlevèrent Cindy pendant que les braconniers prenaient la fuite. Les sauveteurs me racontèrent que Cindy ne semblait pas mécontente de son sort. Ils l'avaient trouvée entourée des chiens de Munyarikiko, rongeant joyeusement des os de buffle. Après le retour de Cindy au camp, je remerciai Mutarutkwa et lui rendis son troupeau, heureuse de la tournure qu'avaient pris les événements.

Les braconniers de Munyarikiko volèrent de nouveau Cindy, neuf mois plus tard. Ils l'emmenèrent directement au village batwa situé en bordure du Parc, au pied du mont Karisimbi. Ils l'attachèrent avec leurs chiens de chasse. Rutshema, le patriarche, père de Mutarutkwa, me la ramena en faisant de sévères commentaires sur le vol et les braconniers batwa. Par la suite, cette famille tutsi me rendit encore de fiers services. Mutarutkwa, entre autres, devint le chef des patrouilles anti-braconnage des Birunga.

Un an après l'arrivée de Cindy, je fis l'acquisition d'un nouveau compagnon. Coco et Pucker étaient parties récemment pour le zoo de Cologne. A une station d'essence de Gisenyi, un homme au regard fuyant s'approcha de ma voiture. Il me demanda trente dollars pour le contenu d'un petit panier. Je fis d'abord mine de ne pas être intéressée puis jetai un coup d'œil à l'intérieur du panier. Un petit singe bleu de deux ans environ *(Ceropithecus mitis stuhlemanni)*, plus mort que vif, y était blotti. C'était une femelle. Je me saisis vivement du panier, mis la voiture en marche en menaçant le braconnier de poursuites s'il capturait encore des animaux dans le Parc. Tandis que l'homme prenait la fuite, je plongeai mon regard dans deux grands yeux bruns et timides. C'est ainsi que commença une histoire d'amour qui devait durer onze ans.

C'était tout ce qui me manquait : un singe dans un environnement qui n'était pas fait pour lui ! On trouve en effet des singes dorés *(Ceropithecus mitis kandti)* et des singes bleus dans les forêts de bambous des Birunga jusqu'à 2700 mètres d'altitude mais ils ne montent pas jusqu'à Karisoke, situé à 3000 mètres.

J'appelai la petite captive Kima, un mot africain qui signifie singe et le ramenai au camp, le lendemain. Sa présence transforma notre vie. Tous ceux qui ont visité le camp ou qui y ont travaillé s'en souviennent.

Kima apprit vite à dérober les fruits et les légumes que les porteurs amenaient du marché de Ruhengeri ainsi que les pousses de bambou, soigneusement choisies sur les pentes où vivaient ses semblables. Elle se découvrit rapidement un goût pour d'autres nourritures plus spécifiquement réservées aux hommes comme les haricots, la viande, les « chips » et le fromage. Ses hors-d'œuvre préférés étaient la colle, les pilules, les rouleaux de pellicule, la peinture et l'essence.

Je combattis ses instincts destructeurs en lui fabriquant des « bébés » avec de vieilles chaussettes. Plus tard, je fis venir pour elle des jouets en peluche des États-Unis. L'ours koala, qui lui ressemblait tellement avec son nez rose, était son favori. Privée des compagnons de son espèce, Kima passait ses journées à faire la toilette de ses « bébés » en peluche et à les transporter d'un bout à l'autre du camp. Je n'aime pas garder des animaux enfermés. Kima circulait en toute liberté dans la maison et la forêt, mais elle ne s'éloignait jamais très loin du camp. Ma cabane était toujours d'une netteté impeccable car tout ce qui traînait était immédiatement emmené par Kima au sommet des arbres ou réduit en pièces.

En fin d'après-midi, quand je rentrais au camp après une journée de travail sur le terrain, je trouvais Kima, Cindy, Walter et Wilma, formant un comité d'accueil insolite. Par les nuits froides, Kima dormait à l'intérieur de la cabane, dans une cage dont la porte à battant lui permettait d'entrer et de sortir comme elle le voulait. J'aimais taper à la machine dans cette ambiance intime, mes deux animaux favoris dormant à mes côtés, pendant que le feu pétillait dans la cheminée et que l'on entendait les cris des chouettes, des hyrax, des antilopes, des buffles et des éléphants.

Deux ans après l'arrivée de Kima, je dus passer sept mois à l'université de Cambridge. Kima perdit un œil pendant mon absence. Elle mourut neuf ans plus tard, en 1980. A cette époque, j'étais allée donner une série de cours à l'université de Cornell. Je ressentis cruellement cette perte.

En août 1980, revenant à Karisoke après une absence de cinq mois, je trouvai Cindy mourante. Elle avait alors douze ans et demi. Elle me reconnut instantanément et se traîna vers moi en clopinant et en agitant faiblement la queue. Nous allâmes toutes deux sur la petite colline où avait été enterrée Kima, et Cindy posa la tête sur la plaque de bois où avait été gravé le nom de sa compagne. C'est à ce moment-là que je décidai d'emmener Cindy avec moi aux États-Unis. Elle s'est maintenant habituée à la « civilisation » et a retrouvé la santé. Le bruit des voitures et des avions lui est devenu familier. Seuls la troublent les chats, animaux qu'elle n'a jamais vus auparavant, et les aboiements des chiens de garde du voisinage. Quand elle était en Afrique, elle n'entendait que très rarement les aboiements des chiens des braconniers. Elle n'avait jamais vraiment appris à aboyer. Jusqu'à ce jour, quand elle se retrouve avec d'autres chiens, elle n'aboie pas.

Au cours des années, le camp reçut d'autres visiteurs venus des forêts avoisinantes. En 1977, par une belle nuit claire, je regardais par la fenêtre de ma cabane et crus que ma vue me jouait des tours. Un rat géant *(Cricetomys gambianus)* mangeait tranquillement le maïs réservé aux poules. Rufus, comme je l'appelai, avait un corps de cinquante centimètres et une queue d'égale longueur. Je me demandais comment il avait pu arriver jusqu'au camp. On trouve ce genre de rat dans les villages situés au pied de la montagne, mais c'était un bien long chemin à parcourir pour venir chercher quelques grains de maïs. Quelques semaines plus tard, Rufus fut rejoint par Rebecca, Rhoda, Batrat et Robin. Chaque cabane eut bientôt sa famille de rats qui se reproduisaient à un rythme inquiétant. Je fus obligée d'éliminer la nourriture qui les avait attirés.

A la fin de l'année 1979, le camp était devenu un petit village de neuf cabanes à demi cachées par la végétation qui poussait à profusion sous le couvert des gros *Hagenia* et des *Hypericum*. On rencontrait un nombre croissant d'antilopes *(Cephalofus nigrifons* et *Tragelaphus scriptus)* et de buffles *(Syncerus caffer)*. Les antilopes et les buffles trouvaient dans le camp un refuge contre les braconniers. Je n'aurais jamais imaginé que ces ongulés timides puissent s'habituer à la présence des hommes, mais Karisoke représentait leur dernier refuge, car ils étaient plus menacés par les braconniers que les gorilles.

J'appelai la première antilope Primus, du nom de la bière locale légère et fort agréable au goût. A son arrivée, elle était âgée d'environ huit ans. Elle avait une petite queue blanche toujours en mouvement, de grands yeux marron brillants comme des pierres précieuses et un nez noir, humide et frémissant. Ses cornes bourgeonnantes étaient dissimulées par une touffe comique de poils noirs. Pendant plusieurs mois, Primus ne rechercha jamais la compagnie des autres antilopes. J'en déduisis qu'elle était sans doute orpheline. En grandissant, elle sembla avoir des problèmes d'identité et ne pas savoir si elle était une antilope, un poulet ou un chien. Elle suivait souvent les poulets qui lui servaient de signal d'alarme en gloussant pour l'avertir d'un danger.

Par les jours froids et brumeux, Primus restait souvent pelotonnée près du feu qui brûlait à la sortie centrale du camp. Je n'ai jamais vu ce comportement chez d'autres antilopes. Quand il faisait beau, elle participait aux jeux habituels des antilopes : coups de corne, parties de cache-cache dans les fourrés, poursuites qui les entraînaient souvent dans la montagne où elles retrouvaient d'autres compagnons. Elle courait après les poulets et Cindy. Kima, à son tour, lui donnait la chasse. J'avais appris à ma chienne qu'il ne fallait pas chasser les antilopes et elle restait perplexe quand Primus la poursuivait. Cindy, Primus et Kima faisaient souvent irruption au milieu des poulets qui picoraient paisiblement. Ces incidents soulevaient un tourbillon de plumes et de fourrures dans un concert de cris perçants.

Primus se mit aussi à poursuivre les hommes, prenant un malin plaisir à taquiner ceux qui étaient chargés de l'entretien du camp, quand ils portaient une pile d'assiettes ou de linge sur la tête. N'ayant jamais été elle-même pourchassée par des hommes, elle ne montrait pas de crainte excessive.

Elle amusait beaucoup les visiteurs occasionnels, surtout les Africains, et, parfois, les étonnait. J'avais emmené un jour un groupe d'importants personnages ruandais, notamment des militaires, sur la tombe d'un gorille tué par les braconniers. Le bruit de notre conversation attira Primus qui surgit soudain des profondeurs de la forêt. Les conversations cessèrent. Tous les hommes regardaient la gracieuse antilope qui broutait. Je me mis à rêver à la disparition du braconnage et au jour où les animaux pourraient enfin faire confiance aux êtres humains.

Une autre fois, un braconnier, homme plutôt bourru, qui était temporairement retenu au camp, fut escorté jusqu'à ma cabane. En passant par le chemin principal, il aperçut Primus, couchée sous un arbre. Son ébahissement en voyant une antilope qui ne manifestait aucune crainte fut comique. La scène avait de plus un caractère émouvant. L'homme semblait heureux que l'antilope, animal qu'il avait toujours considéré comme une proie, lui fasse confiance.

Certains spectacles étaient dignes d'un dessin animé de Walt Disney. En me réveillant un matin, je regardai comme d'habitude par la fenêtre. J'aperçus toutes les poules, conduites par Walter, s'avançant gauchement « sur la pointe des pieds » vers une jeune antilope. Les têtes des poules se balançaient de haut en bas, comme des yo-yo. L'antilope se pencha curieusement sur elles. Sa queue oscillait comme un métronome et son petit nez frémissait. Chaque poule vint alors toucher du bec le nez de l'animal, comme si les deux espèces satisfaisaient leur intérêt réciproque. A ce moment-là, Cindy arriva en trottinant innocemment. Devant l'étrangeté de la scène, elle se figea sur place, une patte en l'air. En l'apercevant, la jeune antilope bondit en poussant un cri, sa queue blanche haut levée.

Les buffles présentaient autant de diversité et de traits caractéristiques que les antilopes. Un mâle solitaire, qui semblait encore dans sa première jeunesse, était particulièrement remarquable avec son museau marbré de rose et ses tendances grégaires à l'égard des hommes. Je l'appelai Ferdinand. Il vint se présenter un soir, au crépuscule. J'étais occupée avec deux de mes aides à réparer la charpente de la cabane. Le bruit du marteau et de la scie troublait le calme de la soirée. J'eus soudain l'impression que le sol tremblait légèrement sous mes pieds. En me retournant, j'aperçus avec stupéfaction la forme massive qui s'avançait en trottant vers nous. L'un des hommes prit peur et se réfugia dans la cabane mais l'autre resta avec moi pour regarder Ferdinand. Le buffle s'était arrêté à quatre mètres de nous et nous observait avec une tranquille curiosité, sans hostilité ni peur. Nous reprîmes notre travail. Ferdinand nous observa pendant cinq minutes puis, se détournant, se mit tranquillement à brouter, sans jeter un seul regard en arrière. Par la suite, je rencontrai souvent Ferdinand aux alentours de Karisoke, généralement au petit matin. Il montrait toujours la même douceur avec les êtres humains. Comme les antilopes, ce buffle était pour moi un symbole de la confiance que me témoignait la forêt.

Un autre buffle, vieux mâle accompagné de sa femelle, avait également une forte personnalité. De la croupe au garrot, il était zébré de cicatrices, témoignages d'anciennes blessures faites par les chasseurs ou reçues dans ses combats avec d'autres buffles. La bosse sur le sommet de son crâne avait été certainement deux fois plus grosse autrefois mais elle s'était aplatie avec les années. Il ne restait de ses cornes que de petites pointes cassées, preuves de dizaines d'années de batailles.

Je l'appelai Mzee qui signifie « Le vieux » en swahili. C'était un spectacle impressionnant de voir le vieux Mzee à la vue déclinante suivi de sa femelle qui, jusqu'à ce qu'elle meure, lui servit de chien de garde.

A partir de sa seconde année de séjour au camp, dès que Mzee entendait le son de ma voix en début de soirée, il venait vers moi et se mettait à brouter tranquillement, comme s'il avait besoin de compagnie. Finalement, il me laissait gratter sa croupe ridée. Un de mes aides chargé de ramasser le bois, trouva un matin le corps du vieux buffle, gisant dans un trou herbeux près de Camp Creek. Les silhouettes massives des monts Karisimbi et Mikeno dominaient la scène. C'était l'endroit idéal pour le dernier sommeil de Mzee. La majesté du paysage s'accordait avec celle du patriarche. Il avait vécu sous la menace des braconniers et les avait défiés jusqu'à la mort.

Dix ans plus tôt, alors qu'il n'y avait pas encore de patrouilles antibraconnage à Karisoke, plusieurs jeunes buffles avaient trouvé une fin horrible entre les mains des braconniers. Le premier assassinat eut lieu pendant la période de vacances de fin d'année que je passais pour la seconde fois au camp. Je ne savais pas encore que des ravages se produisaient dans le Parc à cette époque de l'année. Je commis l'erreur de quitter le camp pour quelques jours, au moment de Noël 1968. A mon retour, je trouvai les membres de mon équipe enfermés à double tour dans ma cabane. Les restes de deux chiens gisaient près de Camp Creek. Les empreintes d'un buffle nous conduisirent à une petite colline où les braconniers avaient traîné la carcasse pour la dépecer. Mes aides me racontèrent que les chiens avaient fait sortir le buffle de la forêt, l'avaient pourchassé à travers la prairie jusqu'aux abords de ma cabane. Avant de perdre la bataille et de tomber sous les lances des braconniers, le buffle avait réduit les chiens en bouillie. Depuis lors, je ne laissai plus jamais le camp sans surveillance pendant les vacances de Noël.

Le second meurtre se déroula quelques mois plus tard. Les hommes vinrent me dire qu'ils avaient entendu les meuglements de douleur d'une « vache », en contrebas de Karisoke. Je pris un petit pistolet et suivis les hommes qui me conduisirent jusqu'à l'endroit où un jeune buffle gisait, coincé entre la fourche d'une branche d'un gros *Hagenia*. Les braconniers, attirés par les gémissements de l'animal agonisant, lui avaient coupé les pattes arrière avec leurs *panga*. Le buffle essayait désespérément de se dresser sur ses pattes avant, dans une mare de sang et d'excréments. Il ne fut pas facile de prendre la décision de tuer cet animal courageux, capable de lutter si vaillamment pour défendre sa vie jusqu'à la dernière minute. Je rentrai au camp le cœur serré. Une autre créature magnifique des Birunga avait disparu.

***

Au début de l'année 1978, je mis sur pied des patrouilles antibraconnage hebdomadaires qui pouvaient se déplacer sur plusieurs kilomètres, bivouaquer sous la tente ou même dormir sous les arbres. Travaillant sans relâche, ces hommes me ramenèrent de nombreux hôtes (antilopes, hyrax, etc.) dont je soignai les blessures causées par les pièges.

C'est aussi en 1978 que les autorités zaïroises me permirent d'amener au camp un jeune gorille, de quatre ans et demi à cinq ans, pour qu'il y reçoive des soins. Le jeune mâle avait été pris dans un piège à antilope quatre mois auparavant. Déshydraté et amaigri, son corps était déjà envahi par la gangrène

Un mâle à dos argenté bâillant de contentement dans son lit de repos diurne fait de feuilles de *Lobelia*. Les périodes de repos occupent environ 40% de la journée d'un gorille. Elles sont plus longues encore pendant les jours très ensoleillés, les fortes pluies et les orages de grêle. Les animaux cherchent alors refuge sous les arbres et dans les fourrés. *(Dian Fossey - National Geographic Society.)*

Les fruits, et particulièrement les mûres sauvages *(Rubus runssorensis)*, constituent environ 2% de l'alimentation des gorilles. Un jeune utilise ici ses incisives pour détacher avec précaution les feuilles d'une branche chargée de mûres et pourvue de nombreuses épines. *(Dian Fossey - National Geographic Society.)*

◀ Le céleri sauvage est très apprécié des gorilles. On le trouve en abondance et, comme d'autres plantes dont les animaux raffolent, il est gorgé d'eau. C'est pourquoi les gorilles en liberté ont rarement besoin de boire. *(National Geographic Society.)*

Tiger, deux ans, sur le dos de sa mère, Old Goat. Jusqu'à l'âge de deux ans et demi, les bébés sont généralement transportés ainsi par leur mère. Après cet âge, ils deviennent plus indépendants. Les mères, selon leur caractère et leur degré d'expérience, permettent plus ou moins à leurs enfants de devenir autonomes. *(Robert Campbell - National Geographic Society.)*

◀

Effie et ses descendants présentent dans le groupe 5 des caractéristiques particulières : le strabisme et les yeux vairons. Comme la syndactylie (les doigts soudés), le strabisme ne semble pas affecter les activités des gorilles. *(Robert Campbell - National Geographic Society.)*

▲ Le toilettage entre mère et enfant a deux aspects : un rôle social et une fonction pratique. Les jeunes enfants essaient souvent d'échapper à l'étreinte de leur mère. Celui-ci se laisse faire avec patience. *(Robert Campbell - National Geographic Society.)* ▶

Après son transfert dans le groupe 4, Macho resta pendant plus d'un an la femelle la moins importante dans la hiérarchie. Son fils Kweli, âgé de huit mois, partageait les craintes qu'éveillaient chez elle les autres gorilles. *(Dian Fossey - National Geographic Society.)*

▶

Augustus, pendu aux jeunes plants de *Vernonia,* se livre à de frénétiques acrobaties. Ses jeux solitaires ont pratiquement saccagé tous ces arbres sur le terrain vital du groupe 4. *(Robert Campbell - National Geographic Society.)*

Warren Garst, réalisateur d'une importante série télévisée, fut l'un des rares cinéastes à placer l'intérêt des gorilles avant ses préoccupations professionnelles. Les animaux l'adoptèrent très vite et s'intéressèrent à son appareil. Ils aimaient contempler leur image dans la lentille. *(Dian Fossey - National Geographic Society.)*

Une règle d'or à l'usage des visiteurs : *Ne pas toucher les gorilles.* Je la transgressai de temps à autre après que j'eus découvert la passion des gorilles pour les chatouilles. *(National Geographic Society.)*

Poppy, neuf mois et demi, cinquième enfant d'Effie du groupe 5. La petite femelle se frappe le poitrail avec allégresse tout en sautant sur le dos de sa mère. *(Dian Fossey - National Geographic Society.)*

Pour détourner l'attention de Puck de mon appareil-photo, je lui propose un exemplaire de *National Geographic*. Il montre un intérêt surprenant pour les pages en couleur de la revue. *(Dian Fossey - National Geographic Society.)*

▸

Bonne Année après son retour à la liberté parmi les siens.
(National Geographic Society.)

Cette photo représentant Digit âgé de onze ans illustra une célèbre affiche ruandaise qui proposait aux touristes du monde entier : *Venez le rencontrer au Ruanda... (Dian Fossey.)*

▶

Après avoir atteint la maturité sexuelle, Digit resta dans son groupe natal où il avait la possibilité de procréer. Cette photo prise en 1974, après la mort d'Old Goat, la femelle dominante du groupe 4, qui avait assumé avec Digit les fonctions de sentinelle, montre ce dernier comme hanté par ses souvenirs. *(National Geographic Society.)*

L'auteur fit cette photo de Digit début décembre 1977, sans se douter que ce serait la dernière. Le gorille, assis dans l'ombre à l'écart du groupe, est à son poste de sentinelle. Quatre mois plus tard naissait l'enfant de Digit et de Simba. *(Dian Fossey - National Geographic Society.)*

causée par la blessure purulente qu'il avait à une jambe. Il était mourant quand on me l'apporta mais j'appréciai néanmoins l'attitude du conservateur zaïrois qui avait essayé de faire son possible pour le sauver et ne l'avait pas, en tout cas, vendu à un zoo européen.

J'appliquai au pauvre animal le même traitement qu'avaient reçu Coco et Pucker, quelques années plus tôt. Il fut installé dans une cabane avec de la végétation fraîche et des mûres. Il réagit immédiatement à la vue des nourritures familières et essaya de marcher et de manger. Il était même capable d'émettre de faibles vocalisations de contentement en retrouvant les sons et les odeurs de la forêt environnante. Avant de mourir, il lutta vaillamment pendant six jours contre une forte pneumonie, la déshydratation, le choc et une septicémie. Il serait abusif de dire qu'il eut une mort paisible mais, au moins, pendant une brève période, il avait eu la chance de revenir sur sa terre natale. Il n'était pas mort sur le ciment froid d'une cage, abandonné de tous et sans amour. S'il avait survécu, je l'aurais appelé Hodari qui, en swahili, signifie « Courageux ». L'autopsie révéla que ses poumons n'étaient plus que deux masses solidifiées grises et blanches. Les médecins de Ruhengeri furent étonnés qu'il ait pu vivre si longtemps.

Le jeune gorille avait été capturé en bordure du Parc, sous les pentes du mont Mikeno. Je demandai aux patrouilles antibraconnage de concentrer leurs recherches dans cette zone afin d'essayer de localiser le groupe du gorille. Ils n'en trouvèrent pas trace.

Dans la région du col qui reliait le mont Karisimbi au mont Mikeno, les braconniers continuaient à poser des pièges. Les patrouilles ramenaient presque quotidiennement leur butin de collets ou une nouvelle victime.

Un jour, en fin d'après-midi, quelques mois après la mort du jeune gorille, les Africains amenèrent un autre animal. Je me précipitai à leur rencontre, craignant qu'il ne s'agisse d'un gorille. La nouvelle victime était une jeune chienne prise le matin même dans un piège à antilopes. Elle se débattait désespérément pour s'en échapper quand les hommes l'avaient trouvée. Le collet de fil de fer avait entaillé une de ses pattes jusqu'à l'os. Je soignai l'horrible blessure et remarquai qu'une autre de ses pattes portait des stries de plusieurs centimètres de large, traces d'anciennes blessures faites par des pièges.

Elle supporta patiemment pendant trois mois mes soins quotidiens. Je craignis d'avoir à amputer une de ses pattes arrière. J'avais déjà vu beaucoup de chiens de braconniers mais c'était le premier qui s'habituait si vite à la présence d'un Blanc.

Les sifflements de la lampe à pétrole, le bruit de la machine à écrire et celui de la radio ne l'étonnaient pas. Son calme me fit penser qu'elle avait certainement été volée à des Européens. Elle s'adapta vite à la vie du camp mais je ne la laissais pas sortir à cause de la présence des antilopes, particulièrement celle de Primus. Les chiens ont la chasse dans le sang et je ne pouvais rien faire pour l'empêcher de courir après l'antilope, Kima ou même les poulets. Kima se rendit bientôt compte que la nouvelle venue était attachée et prit un malin plaisir à bondir sur le toit de la cabane pour la taquiner.

Quand la chienne fut guérie, je me trouvai dans une situation embarrassante. Que faire du petit animal ? C'est alors qu'une équipe de la chaîne de télévision ABC arriva à Karisoke pour faire un film sur les gorilles. C'était au milieu de l'année 1979. J'étais heureuse de son arrivée. J'avais une légère fièvre et ces neuf nouveaux visages furent les bienvenus.

Earl Holliman, un acteur membre d'organisations pour la protection des animaux domestiques et, notamment, de « Actors and Others for Animals », faisait partie de l'équipe. Après avoir entendu l'histoire de la chienne, il l'appela immédiatement Poacher *. « Croyez-vous que Poacher aimerait vivre à Studio City, en Californie ? » me demanda-t-il un soir. Depuis lors, je crois aux miracles. Quelques semaines plus tard, Poacher volait à bord d'un avion à destination d'Hollywood. Là, elle subit un check-up médical complet chez un vétérinaire. Elle vit toujours avec Earl et elle est devenue une vedette de télévision qui gagne beaucoup d'argent. Ses cachets servent à défendre la cause des animaux. L'équipe de Karisoke est fière d'avoir influé sur le destin de Poacher-Cendrillon.

* Braconnier (N.d.T.).

CHAPITRE 7

La disparition naturelle de deux familles de gorilles : les groupes 8 et 9

Pendant les deux premiers mois d'enquête à Karisoke, je partageai les journées d'études entre les groupes 4 et 5. Le groupe 5 avait établi son domaine vital sur les pentes ouest et sud-ouest du mont Visoke et était dirigé par le mâle à dos argenté Whinny. Le groupe 5, conduit par Beethoven, occupait le versant sud-est. Sur un total de vingt-neuf animaux, j'en avais identifié la moitié et ne pouvais faire que des hypothèses au sujet des relations familiales existant entre les plus âgés. Je me basais sur les rapports étroits liant certains membres du groupe, qui contrastaient avec les réactions agressives et hostiles d'autres animaux. Les caractéristiques physiques : empreintes nasales, couleur des poils, doigts soudés ou strabisme m'aidaient aussi à déterminer les liens de parenté. La cohésion naturelle entre les géniteurs et leurs enfants me fournissait également une indication fiable. Les premiers jours furent consacrés exclusivement à établir la composition des groupes et à chercher les indices des connections génétiques entre les individus que j'avais identifiés.

Un autre groupe se présenta pendant cette période sur le terrain de recherches. Je l'appelai groupe 8, selon l'ordre chronologique de mes rencontres. Le groupe 6 était un groupe marginal. Le groupe 7 fut appelé ainsi par suite d'une erreur (j'avais cru identifier un groupe spécifique alors qu'il s'agissait de quelques gorilles du groupe 5). La première fois que j'observai le groupe 8 à la jumelle, sans révéler ma présence, il se déplaçait à environ cent cinquante mètres de moi, sur les pentes de la montagne. Malgré la distance, je pus distinguer deux mâles à dos argenté, un vieux et un jeune, un mâle adulte à dos noir et, à l'arrière de la colonne, une vieille femelle vacillante. Tout en se nourrissant, les gorilles se déplaçaient lentement à travers un champ d'orties. Je fus impressionnée par leur sollicitude envers la vieille femelle. Ils s'arrêtaient de temps en temps pour lui permettre de les suivre.

Le lendemain, je suivis à la trace le groupe 8 dans la zone du col à l'ouest du mont Visoke et me mis à les observer ouvertement à une distance de vingt mètres. Leur accueil fut le plus calme que j'aie reçu d'un groupe qui n'était pas encore habitué à ma présence. Le premier gorille qui m'aperçut fut le jeune mâle à dos argenté. Il se mit debout sur un rocher et me dévisagea en pinçant les lèvres avant de retourner se nourrir. Je l'appelai Pugnacious, Pug en abrégé. Le deuxième à remarquer ma présence, le jeune à dos noir, un magnifique animal, mordilla pendant quelques instants une feuille puis la recracha, conduite de substitution simulant l'alimentation et qui traduit une légère inquiétude. Après avoir donné de grands coups sur les branches, il disparut dans la végétation dense, se pavanant d'un air satisfait. Je lui donnai le nom de Samson. Vinrent ensuite les deux jeunes qui se renversèrent sur le dos et me regardèrent la tête en bas. Ils reçurent les noms de Greezer et Peanuts. Enfin, ce fut le tour de la vieille femelle qui me jeta un regard distrait et alla s'asseoir à côté de Peanuts, plaçant sa croupe rugueuse devant la face du jeune mâle pour qu'il lui fasse sa toilette. Je l'appelai Coco, à cause de son poil couleur marron clair. C'est en souvenir d'elle que la première petite captive de Karisoke fut baptisée ainsi, six mois plus tard.

Finalement, le vieux mâle à dos argenté apparut. Je n'ai jamais rencontré pendant toutes mes années de recherches un mâle aussi majestueux. Son pelage argenté recouvrait sa nuque, ses épaules, son dos et son ventre jusqu'aux cuisses. Il pouvait avoir cinquante ans, peut-être même davantage. Je l'appelai Rafiki qui signifie ami en swahili, car l'amitié implique un respect et une confiance réciproques.

Greezer et Pug ne ressemblaient ni aux autres mâles ni à Coco. Ils avaient un profil rappelant celui d'un porc. Je supposai qu'ils étaient frères et que leur mère était une femelle encore plus âgée que Coco, morte avant mon arrivée. Samson et Peanuts, d'autre part, ressemblaient fortement à Coco. Ils étaient, selon toute vraisemblance, ses enfants.

Coco et Rafiki partageaient souvent le même nid. Ils ressemblaient à un vieux couple qui n'a pas besoin de parler pour se témoigner sa tendresse et son respect. Dans le groupe, Coco donnait souvent le signal de toilettage mutuel. La toilette sociale est une activité importante chez les gorilles. Un animal enlève avec soin dans les poils d'un autre soit avec les lèvres, soit avec les mains, les parasites, les squames ou les débris de végétation. En quelques minutes, le groupe 8 offrait le spectacle d'une chaîne de gorilles s'épouillant mutuellement.

Dans ce groupe, les comportements réactionnels — provoqués par la présence d'un être humain — présentaient surtout des éléments de fanfaronnade, de défi et de curiosité plutôt que de peur. Le groupe, qui n'avait aucun jeune à protéger, sembla accepter tout de suite ma présence et me faire confiance, comme si mes apparitions quotidiennes rompaient la monotonie des journées. Samson était celui qui réagissait le plus vivement et le plus joyeusement. Peanuts imitait ses mimiques. Leurs démonstrations commençaient avec des tambourinages de poitrine et se terminaient par des ruades de la jambe droite. Ils ressemblaient à deux artistes présentant un duo. Quand ils avaient épuisé leur répertoire, ils restaient debout et me regardaient comme pour juger de l'effet de leur performance. Samson aimait faire du bruit en brisant des branches. Il grimpa une fois sur un petit arbre mort. Comme un bûcheron, il évalua la direction dans laquelle l'arbre devait tomber. Il bondit et se balança énergiquement. L'arbre vint s'écraser à côté de moi et Samson disparut en courant avec un air satisfait.

*
**

On m'a souvent demandé quelle avait été mon expérience la plus enrichissante avec les gorilles. C'est une question à laquelle il est difficile de répondre car chaque heure passée avec les gorilles procure des satisfactions. J'eus cependant une fois l'impression d'avoir franchi la barrière séparant l'Homme du Grand Singe.

J'étais depuis dix mois à Karisoke. Un des jeunes du groupe 8, Peanuts, était en train de manger à cinq mètres de moi environ. Il s'arrêta soudain et se tourna vers moi. Son expression était insondable. Fascinée, je lui rendis son regard

— un regard où se mêlaient l'interrogation et l'acceptation. Peanuts poussa enfin un profond soupir et recommença à manger. Je rentrai au camp et télégraphiai au Dr Leakey : « J'ai été enfin acceptée par un gorille *. »

Peanuts fut aussi le premier gorille qui, spontanément, me toucha. C'était deux ans plus tard, à la veille de mon départ pour l'Angleterre où je devais aller passer sept mois, pour préparer mon doctorat. Je me sentais inexplicablement poussée à faire de cette dernière journée à Karisoke, une journée spéciale.

Je partis avec Bob Campbell pour rencontrer, une dernière fois, le groupe 8 sur le versant ouest du mont Visoke. Les gorilles étaient occupés à manger dans un ravin peu profond. Nous nous installâmes sur la branche moussue d'un gros *Hagenia* surplombant le ravin. A ce moment-là, Peanuts quitta le groupe et s'approcha lentement de nous, en faisant de multiples détours. Il nous regardait d'un air interrogateur avec cette expression bien particulière que je traduisais par : « J'ai envie de m'amuser. » Je me laissai glisser à terre et fis semblant de mâchonner des feuilles pour lui faire comprendre que je ne lui voulais aucun mal.

Peanuts me scrutait de ses yeux brillants à travers le feuillage tout en commençant son rituel d'approche. Il vint ensuite s'asseoir à mes côtés pour observer attentivement ma façon de manger, comme si c'était à mon tour de lui faire une démonstration. Quand je sentis que le spectacle commençait à l'ennuyer, je me grattai la tête. Il fit de même. Il était tout à fait détendu. Je me couchai alors sur le dos, étendis doucement la main vers lui, paume en l'air, et la posai sur les herbes. Peanuts regarda attentivement cette main puis ses doigts effleurèrent les miens pendant un court instant. Frémissant de son audace, il donna libre cours à son excitation en se frappant rapidement la poitrine puis alla rejoindre le groupe. Ce contact fut l'un des plus mémorable de toute ma vie avec les gorilles. J'appelai cet endroit « *Fasi ya mkoni* », c'est-à-dire « Le lieu des mains ».

Le groupe 8 s'habituait plus rapidement à moi que les

* En 1972, neuf ans après la mort du Dr Leakey, j'appris qu'il avait gardé longtemps ce télégramme sur lui et qu'il l'avait même lu pendant une tournée de conférences aux États-Unis.

autres groupes par suite du caractère tolérant de Rafiki et de l'absence d'enfants à protéger. Les gorilles ne ressentaient pas la nécessité d'un comportement défensif. Leur « petit » était la vieille Coco à qui ils témoignaient une grande sollicitude. Coco semblait plus âgée que Rafiki. Elle avait la face couverte de rides, le sommet de la tête chauve, la croupe dégarnie, un museau grisonnant et les bras dépourvus de poils. Il lui restait peu de dents et elle mâchait difficilement. Elle restait souvent assise, le dos voûté, un bras replié sur la poitrine, se tapotant machinalement le crâne.

Coco, Rafiki, Samson et Peanuts se témoignaient des marques d'affection extraordinaires et touchantes. Étant donné le grand nombre d'années que la famille avait passé ensemble, il n'y avait rien de surprenant. Je les observais un jour, sans signaler ma présence, à une distance de quarante mètres environ. Ils étaient dispersés sur une pente à découvert. Rafiki était assez loin de Coco qui se trouvait en contrebas. Soudain, le vieux à dos argenté cessa de manger, tendit l'oreille et émit de brèves vocalisations interrogatives. Coco s'arrêta à son tour et se tourna dans la direction d'où provenait le bruit. Rafiki, qu'elle ne pouvait voir de l'endroit où elle se trouvait, revint sur ses pas, s'assit et regarda en bas de la colline. Les autres membres du groupe suivirent son exemple, semblant attendre que Coco les rejoigne. La vieille femelle remontait lentement la pente, s'arrêtant de temps en temps pour se repérer puis reprenait son ascension en direction des mâles. Dès qu'elle vit Rafiki, elle alla directement à lui. Ils échangèrent des vocalisations de bienvenue puis se tinrent étroitement embrassés. Enfin, posant chacun un bras sur le dos l'un de l'autre, ils se mirent à remonter la pente, comme des conspirateurs. Les trois jeunes mâles suivirent le couple tandis que Pugnacious, le jeune mâle à dos argenté, les observait avec attention à distance respectueuse. Au sommet de la colline, le vieux couple échappa à ma vue. Je ne manifestai pas ma présence qui aurait pu être ressentie comme une intrusion.

Je rencontrais chaque jour les groupes 4 et 8 dans un secteur de trois kilomètres carrés environ, sur le versant ouest du mont Visoke. Je pus ainsi déterminer leurs terrains de parcours respectifs. En décembre 1967, je fus donc très étonnée d'entendre des vocalisations provenant vraisemblablement d'un autre groupe, dans une zone fréquentée exclusivement par le groupe 8.

Quand je découvris ce groupe « fantôme », je l'appelai groupe 9. Le mâle dominant à dos argenté avait entre vingt-cinq ans et trente-cinq ans. Je l'appelai Géronimo. Il avait une étoile de poils flamboyants sur son énorme bourrelet transversal surmontant les orbites et la racine du nez, un pelage d'un noir profond et des pectoraux saillants comme des câbles d'acier. Un autre jeune mâle à dos noir, qui reçut le nom de Gabriel, semblait être son assistant. Il avait environ onze ans. C'était lui qui informait le groupe de ma présence par ses vocalisations et en se frappant la poitrine. Leur ressemblance physique semblait indiquer un géniteur commun. J'identifiai facilement une jeune femelle adulte handicapée. Sa main droite aux doigts enflés pendait, inerte. De toute évidence, elle avait été blessée par un piège. En deux semaines, elle parvint à se servir de la main droite pour porter la nourriture à sa bouche tandis qu'elle utilisait la gauche pour des actions plus délicates, comme l'épluchage des tiges. Elle grimpait aux arbres en entourant le tronc et les branches de son bras droit, sans se servir de sa main blessée. Deux mois plus tard, elle disparut. Je supposai qu'elle était morte. La femelle dominante du harem de Géronimo avait des seins longs et pendants. Je l'appelai Maidenform *. Les quatre femelles adultes du groupe 9 avaient chacune au moins un petit, signe évident des talents de reproducteur de Géronimo.

Avec le groupe 9, le nombre total de gorilles répartis dans les quatre principaux groupes d'étude se montait à quarante-huit. Au début de l'année 1968, le même rapport de 1 à 1,1 existait entre les mâles et les femelles, les adultes et les jeunes.

Coco, la vieille femelle du groupe 8, n'était plus fertile. Peanuts, âgé de six ans environ, avait sans doute été le dernier de ses enfants. Le groupe 8 ne possédait donc plus de femelles reproductrices et Rafiki, le mâle dominant, cherchait à engager des interactions avec le groupe 4 qui comprenait quatre femelles approchant ou ayant déjà atteint la maturité sexuelle.

Les rencontres entre unités sociales distinctes sont plus fréquentes quand les domaines vitaux de différents groupes se chevauchent ou lorsqu'il y a une disproportion entre le nombre de mâles et de femelles à l'intérieur d'un même groupe. Je n'eus pas à attendre longtemps pour assister à une rencontre entre le groupe 4 et le groupe 8.

* Nom d'une marque de soutien-gorge. (N.D.T.)

Des falaises séparées par de profonds ravins marquaient la limite du domaine vital du groupe 8, sur le versant sud-ouest du mont Visoke. C'est là qu'eut lieu le premier contact. Cinq mâles à dos argenté (trois appartenant au groupe 4 et Rafiki et Pug du groupe 8) se livrèrent d'abord sous mes yeux à une série d'acrobaties aériennes. Ils étaient si occupés par leurs démonstrations qu'ils ne semblèrent pas s'apercevoir de ma présence. Ils sautaient d'un arbre à l'autre, se frappaient bruyamment la poitrine, brisaient des branchages. Leurs corps, à la musculature puissante et au pelage blanc et gris, ressortaient sur le vert profond de la forêt.

Je rampai jusqu'à un gros *Hagenia* où je trouvai Coco, appuyée avec résignation contre le tronc, se tapotant le sommet du crâne, un bras replié contre la poitrine. Elle me jeta un regard paisible et poussa un profond soupir, comme si elle exprimait toute sa patience et sa tolérance devant ce brouhaha. De temps en temps, Peanuts venait en courant s'assurer que Coco était encore là. Il la serrait dans ses bras et retournait vite rejoindre les mâles du groupe 8.

Cette première interaction entre les deux groupes était placée sous le signe de l'excitation plutôt que de l'agression. Les deux mâles dominants à dos argenté — Rafiki du groupe 8 et Whinny du groupe 4 — se livraient à des démonstrations assez discrètes. Ils me firent l'impression d'avoir autant d'expérience l'un que l'autre et d'être capables d'éviter un combat ouvert. Leur respect mutuel s'était sans doute développé au cours de nombreuses autres interactions. En fin d'après-midi, les deux groupes se séparèrent, continuant à échanger pendant plusieurs heures des vocalisations à distance.

Rafiki cessa par la suite de chercher le contact avec les groupes 4 et 9. Coco s'était affaiblie et Rafiki ralentissait la marche pour lui permettre de suivre le groupe dans ses déplacements. Le 23 février 1968, je trouvai les quatre mâles qui folâtraient comme des enfants en vacances mais nulle trace de Coco ni de Rafiki. En revenant sur la piste empruntée par les gorilles, je découvris que le vieux couple avait passé la nuit dans deux nids construits côte à côte. Deux jours plus tard, Rafiki rejoignit le groupe. Je ne retrouvai jamais le corps de Coco.

Par la suite, les querelles se firent de plus en plus fréquentes entre les cinq mâles. Ils recommencèrent aussi à mener des interactions avec les groupes 4 et 9.

La première rencontre entre le groupe 8 et le groupe 9 eut lieu quelques jours après la disparition de la vieille femelle. Je l'observai du haut d'un *Hagenia* où j'étais montée avec un de mes aides. Des craquements de branches se firent d'abord entendre au-dessous de nous. Je vis avec surprise que Rafiki conduisait sa bande de célibataires directement sur le groupe 9, sans observer le rituel normal de vocalisations et de démonstrations. Le seul signe de l'excitation qui précède habituellement un contact était l'odeur puissante dégagée par les mâles à dos argenté, particulièrement par Rafiki. Samson et Peanuts se mêlèrent tout de suite aux trois jeunes mâles du groupe 9. Rafiki construisit tranquillement son nid dans le tronc de l'*Hagenia* sur lequel nous étions assis. Il m'avait toujours semblé que chez le gorille l'odorat était supérieur à celui de l'homme. L'observation présente allait à l'encontre de cette hypothèse.

Après une demi-heure de calme total, je cassai involontairement une branche. Le bruit éclata dans le silence comme un coup de feu. Rafiki bondit hors de son nid et scruta le feuillage au-dessus de sa tête. Le majestueux mâle à dos argenté se pavana autour de l'arbre puis s'arrêta et me regarda d'un air accusateur. Il se mordait nerveusement les lèvres, signe évident de trouble. J'essayai de me comporter le plus innocemment possible, inquiète des crampes que je commençais à ressentir dans les jambes. Je regardai le ciel, bâillai puis me grattai tandis que Rafiki poursuivait ses démonstrations.

Les membres du groupe 9 manifestèrent d'abord de la curiosité devant le comportement de Rafiki qui ne prenait pas la fuite devant un être humain. Ils émirent des vocalisations d'alarme, se frappèrent la poitrine puis s'éloignèrent. Rafiki les suivit immédiatement. Peut-être avait-il été heureux de servir d'intermédiaire entre un groupe de gorilles qui n'était pas habitué à la présence humaine et moi-même, habituée à celle des gorilles.

⁂

Les pentes nord-ouest du mont Visoke étaient couvertes de rangées de *Pygeum africanum*, arbre dont le fruit est très apprécié des gorilles. Ce genre d'endroit où l'on trouve une nourriture spécifique favorise la compétition et les interactions entre unités sociales différentes.

Rafiki, plus âgé et plus expérimenté que Géronimo, choisissait pour le groupe 8 les rangées d'arbres situées sur les pentes les plus hautes où les fruits sont plus abondants. C'était un spectacle étonnant d'observer ces masses de cent cinquante kilos grimpant jusqu'à près de vingt mètres au-dessus du sol, sur des arbres aux branches relativement fines. Ils récoltaient le maximum de fruits puis redescendaient et s'asseyaient près du tronc où ils se gorgeaient de leur butin.

Au cours d'un de ces repas prolongés, Peanuts et Greezer, qui s'ennuyaient, descendirent en cabriolant pour rejoindre les jeunes du groupe 9. Géronimo, qu'ils n'avaient pas remarqué, se mit à grogner et à charger pour leur faire remonter la pente. Les deux jeunes mâles, saisis de panique, se figèrent sur place et, debout, s'entourèrent mutuellement de leurs bras. Ils firent brusquement demi-tour et, avec des cris de frayeur, rejoignirent leur propre groupe. En les poursuivant, Géronimo se trouva face à face avec Rafiki qui descendait en courant prêter main-forte à Peanuts et Greezer. La sagesse l'emporta. Géronimo tourna les talons et rassembla son groupe pour l'emmener loin des célibataires.

La disparition de Coco, les contacts fréquents avec d'autres groupes, contribuèrent à accroître le malaise au sein du groupe 8. Pug et Greezer furent les premiers à quitter leur groupe natal pour aller s'établir ensemble, à proximité, sur le versant nord du mont Visoke. Rafiki resta seul avec Samson et Peanuts. Pendant près d'un an, des querelles ne cessèrent d'éclater entre Rafiki et Samson. Les conflits se produisaient le plus souvent quand les trois gorilles rencontraient d'autres groupes. Le vieux mâle parvenait facilement à dompter son fils aîné par ses mimiques d'intimidation. Le fils, bien que sexuellement mature, adoptait une position soumise. Il s'inclinait devant son père en prenant appui sur les avant-bras, la croupe relevée et détournant le regard. Pour ramener l'harmonie au sein du groupe, il suffisait que Rafiki garde pendant quelques instants sa pose guindée, les poils dressés sur le sommet de la tête, en regardant fixement Samson.

En juin 1971, trois ans et demi après la mort de Coco, Rafiki fit l'acquisition de deux femelles, Macho et Maisie, au cours d'un violent engagement physique avec le groupe 4. Pendant ce contact, Peanuts fut gravement blessé à l'œil droit par Oncle Bert, le jeune mâle à dos argenté qui avait pris la direction du groupe 4 après la mort de son père Whinny.

Rafiki retrouva une nouvelle vigueur avec l'acquisition des deux femelles. Il défendait farouchement son harem contre les attaques de Samson. Les frictions entre le père et le fils se multipliaient. Il était évident que Samson laissait passer des années où il aurait pu procréer, en restant au sein de son groupe natal. Il le quitta comme l'avaient fait Pugnacious et Greezer, un an auparavant. Comme tous les mâles vivant à la périphérie d'un groupe, il se déplaça de 100 à 200 mètres pour établir son propre domaine vital et acquérir des femelles au cours de contacts avec les autres groupes. Les déplacements périphériques et solitaires constituent des étapes nécessaires pour les mâles adultes qui n'ont pas la possibilité de procréer au sein de leur propre groupe. Après le départ de Samson, Rafiki resta donc seul avec Maisie et Macho et son fils Peanuts.

En septembre 1971, Samson fit soudain son apparition et enleva Maisie à Rafiki. Je pus les observer, quatorze mois plus tard, avec un nouveau-né. En juin 1973, Rafiki fit la preuve de sa propre virilité. Son unique femelle, Macho, donna naissance à une femelle, Thor.

Le groupe 8 garda sa composition singulière : Rafiki, sa jeune compagne Macho, son fils de onze ans, Peanuts et sa fille, Thor. Rafiki semblait se satisfaire de sa petite famille et ne cherchait plus le contact avec d'autres groupes. Je l'observai au cours de la dernière interaction qu'il mena avec le groupe 4, six mois après la naissance de Thor. Ses démonstrations manquaient de vigueur bien que son apparence physique fût encore impressionnante. Il évitait sans doute les contacts car il était conscient des limitations de l'âge.

*
**

Le groupe 9 ne s'étant pas manifesté pendant sept mois, j'entrepris en compagnie de mes aides, au mois de novembre 1971, de le localiser. Je rencontrai les gorilles au niveau du col entre les monts Visoke et Karisimbi, pratiquement au même endroit où je les avais vus pour la première fois, quatre ans plus tôt. Sur les treize animaux robustes du groupe, il n'en restait plus que cinq. Géronimo était décharné, sa poitrine s'était creusée, son pelage bleu nuit était terne et clairsemé. Sa main droite était déformée, conséquence possible d'une blessure faite par un piège. Il portait encore d'autres blessures sur le dos et les cuisses. Je ne l'aurais jamais reconnu sans la touffe de poils fauves qu'il avait au milieu du front et sans la présence de Maidenform, l'une de ses quatre femelles. Je réussis à me cacher pendant une heure, puis Géronimo se rendit compte de ma présence. Avec une mimique faciale inquiète, il se mit debout avec effort sur ses jambes arrière et commença à scruter les environs. Il exsudait l'odeur caractéristique de la peur. Ses deux femelles et leurs enfants alarmés se serraient autour de lui, prêts à fuir. Géronimo semblait m'avoir reconnue. Il se déplaça lentement avec son groupe pour aller se nourrir un peu plus loin.

Je ne le revis jamais. En revanche, j'observai à plusieurs reprises Maidenform et les autres femelles du groupe 9, sur les pentes nord-ouest du mont Visoke et sur le col situé à l'ouest. Je ne sus jamais avec précision si Géronimo avait été victime des braconniers ou s'il était mort de mort naturelle. Je penche pour la seconde hypothèse. Depuis plusieurs années, ses excréments devenaient liquides, souvent parsemés d'*Anoplocephala cestoda.* Sa mort marqua la fin du groupe 9 comme unité sociale distincte. En effet, aucun groupe familial ne peut survivre sans mâle à dos argenté faisant fonction de chef.

Le groupe 9 cessant de se déplacer sur les pentes nord-ouest, les groupes 4 et 8 purent élargir leurs domaines vitaux. Les interactions entre ces deux groupes se produisirent plus rarement. Rafiki se contentait de passer paisiblement la journée avec le petit groupe 8. Peanuts s'éloignait souvent comme s'il était à la recherche de contacts sociaux.

La petite Thor, âgée de onze mois, contrairement aux jeunes du groupe 5 et leurs nombreux parents, manquait d'environnement social. Son apprentissage se ressentit de l'absence de compagnons de jeux. Sur le plan moteur, elle avait trois mois de retard sur les enfants de son âge et pesait trois kilos de moins que la moyenne. Elle s'éloignait rarement à moins de trois mètres de sa mère, contrairement aux bébés de onze mois qui jouent souvent sans surveillance. Thor manquait peut-être aussi d'audace car elle était le premier enfant de Macho qui, elle-même, manquait d'expérience dans l'éducation des enfants.

Mon bien-aimé Rafiki, qui était mon ami depuis sept ans, ne put jamais voir grandir son dernier enfant. En avril 1974, le roi des montagnes mourut d'une pneumonie et d'une pleurésie, laissant Macho, Thor et Peanuts comme seuls survivants du groupe 8. Pendant les six jours qui précédèrent sa mort, Rafiki ne se déplaça presque pas et se nourrit très peu. Macho et Peanuts restaient à une distance de trente à soixante mètres.

J'appris la mort de Rafiki à Kigali, à mon retour d'Angleterre. Un étudiant britannique, qui s'apprêtait à rentrer à Londres, frappa un soir à la porte de ma chambre d'hôtel. Il tenait à la main un sac en plastique d'où coulait un liquide et qui répandait une odeur de putréfaction. Sans préambule, il déclara : « C'est la peau de Rafiki et je veux l'emporter avec moi. » Ces paroles macabres me suffoquèrent. C'était un sacrilège intolérable. Révoltée, je confisquai le trophée.

Je continuai à observer les déplacements de Macho, Thor et Peanuts. Quatre semaines après mon retour, l'inévitable se produisit : Oncle Bert conduisit son groupe sur le domaine vital de ce qui avait été celui du groupe 8. Peanuts ne pouvait se mesurer à Oncle Bert. Un violent engagement physique eut lieu. La petite Thor fut tuée. Oncle Bert mordit l'enfant au crâne et au museau, blessures typiques dans les cas d'infanticide et qui provoquent une mort presque instantanée. Macho porta le corps de Thor pendant toute une journée avant de le déposer à deux mètres de son site de sommeil nocturne. Onze jours après l'infanticide, Macho copulait avec Peanuts qui n'avait pas encore atteint la maturité sexuelle. Cinq mois plus tard, au cours d'un nouvel affrontement, Oncle Bert enleva Macho.

Pendant dix-neuf mois, Peanuts connut une période de tâtonnements en essayant, sans succès, d'acquérir des femelles auprès d'autres groupes.

En novembre 1975, je rencontrai Peanuts en compagnie d'un autre gorille que j'appelai Beetsme et dont je ne déterminai pas clairement le sexe et les origines. Je pensais que c'était peut-être un des rejetons de Géronimo. Il avait environ dix ans. Beetsme resta avec Peanuts pendant deux mois jusqu'à ce que Oncle Bert se l'approprie.

Pour éviter sans doute de rencontrer Oncle Bert, Peanuts émigra sur le versant nord du mont Visoke, en dehors de mon terrain d'étude. Une année s'écoula, puis, en mars 1977, je rencontrai de nouveau Peanuts en compagnie de cinq autres adultes dont trois ressemblaient aux femelles de Géronimo.

Sa vitalité s'était nettement affaiblie. Il n'avait jamais guéri de la blessure reçue pendant l'interaction de juin 1971. Le côté droit de sa face était toujours enflé et l'œil droit suppurait. Selon moi, il ne devait pas être capable de garder les deux femelles qu'il avait acquises. C'est ainsi que devait disparaître le groupe 8 après la mort de Rafiki, de même que le groupe 9 s'était éteint après la disparition de Géronimo.

CHAPITRE 8

Des hommes en visite à Karisoke

Isolés du monde extérieur, nous avons connu à Karisoke plusieurs années de paix et de tranquillité. Peu à peu, cependant, la publicité faite autour du Centre commença à attirer le public. Des visiteurs arrivaient à l'improviste.

J'étais rentrée assez tôt ce jour-là et je tapais mes observations sur le groupe 5. Des coups violents ébranlèrent la porte de la cabane. Un homme, plutôt séduisant, barbu et chevelu, portant des jeans serrés — ce qui n'est pas l'accoutrement idéal pour escalader la montagne — était nonchalamment appuyé contre le chambranle. C'était un Américain.

« Je suis venu voir les gorilles, me dit-il, tout à trac.

— Allez donc les chercher, répliquai-je.

— Je vais rester ici et je vous suivrai. J'ai tout mon temps, rétorqua-t-il.

— Alors, préparez-vous à attendre. »

Je rentrai dans la cabane et fermai la porte. L'homme rejoignit son porteur, à quelques mètres de là, s'assit près de lui et les deux hommes partagèrent un repas de sardines et de pain.

Je rassemblai mes hommes et nous dressâmes rapidement le plan de la première opération destinée à nous débarrasser des intrus. Vingt minutes plus tard, avec deux de mes aides, je sortis du camp en annonçant que nous allions sur la piste des gorilles. L'Américain boucla son sac à dos, le donna à son porteur et nous suivit à la dérobée. Laissant volontairement de larges empreintes, nous marchâmes pendant une demi-heure environ, puis je me cachai dans les fourrés, au bord de la piste principale. Quelques minutes plus tard, l'Américain arriva, suivi du porteur peinant sous le poids du sac. Mes deux aides les promenèrent pendant près de trois heures, choisissant les ravins les plus escarpés. Pendant ce temps, je rentrai au camp. Je me sentis à peine coupable d'avoir mystifié l'intrus.

Je ne m'étais pas attendue à un tel afflux de touristes, de journalistes et de photographes. Karisoke étant situé dans un Parc national, la plupart des visiteurs considéraient nos cabanes comme une propriété publique. Les portes et les fenêtres étaient souvent forcées. Un étudiant, occupé à satisfaire un besoin naturel, s'aperçut qu'on était en train de fixer ce moment mémorable sur la pellicule, en le photographiant au télé-objectif.

Certaines personnes étaient les bienvenues, mais, chaque fois que nous recevions un invité, la nouvelle se répandait comme une traînée de poudre et les gens semblaient croire que Karisoke était ouvert à tout le monde. Des étrangers se mirent à affluer.

Un groupe de touristes me demanda, un jour, d'utiliser le terrain autour de ma cabane pour y planter des tentes. Ils voulaient aussi que je leur serve de guide. L'un de mes hommes leur dit que j'étais au Zaïre. Quand ils s'adressèrent à un autre, il affirma que j'étais partie en Ouganda. Sentant qu'on voulait les mystifier, ils plantèrent leurs tentes à cinquante mètres de chez moi. Je restai bloquée pendant trois jours et trois nuits, ne sortant que pour satisfaire mes besoins naturels et pour mon travail quotidien avec les gorilles. J'avais mis les vêtements de mon aide préposé au ramassage du bois, un chapeau noir et portais quelques bûches sur la tête tant que j'étais en vue.

Je me souviendrai toujours d'un de ces intrus. C'était pendant l'été 1971. Il arriva jusqu'à ma cabane avant que les hommes de mon équipe aient pu l'arrêter. J'étais en train de travailler sur mes cartes à courbes de niveaux quand une forte voix à l'accent anglais me fit sursauter.

« Hello. Il y a quelqu'un ? »

Je sortis et restai bouche bée devant le spectacle. L'homme portait un costume de lainage noir, une chemise blanche, des chaussures de ville et une serviette en cuir. Il avait dénoué sa cravate. Il ressemblait à un voyageur qui s'est trompé de correspondance dans le métro. C'était un journaliste free-lance qui travaillait pour l'un des plus grands journaux à scandales de Londres. Il avait l'intention de m'interviewer. Je le neutralisai en lui offrant du thé, des gâteaux et deux numéros du *National Geographic* avec mes articles, puis je retournai à mon travail. Pendant qu'il « interviewait » mes articles, assis près de la cabane, des vocalisations bruyantes éclatèrent. Une rencontre avait lieu entre le groupe 4 et un solitaire à dos argenté, sur les pentes du mont Visoke, à deux pas du camp.

Oubliant l'interview, le journaliste prit la fuite. Je n'entendis plus parler de lui pendant six semaines, puis je reçus un numéro du journal en question. Ma photo était en première page avec un reportage invraisemblable sur les gorilles et les dangers courus par le journaliste pour obtenir son « scoop ». Il racontait sa marche solitaire dans une jungle pleine de lions, de tigres et de hyènes, assemblage d'animaux que l'on ne voit que dans les zoos. Il m'avait trouvée, disait-il, dans ma cabane et j'avais appelé les gorilles pour les faire sortir de la forêt. Les gens du pays lui donne le nom de Nyiramachabelli, « La vieille femme qui vit sans homme dans la forêt », concluait-il.

Les équipes de télévision, au contraire, ne nous dérangeaient pas. Elles nous apportaient autant que nous leur donnions et nous regrettions toujours leur départ. Ce fut surtout le cas d'une équipe de la chaîne ABC, composée de neuf personnes dont Earl Holliman et Warren et Genny Garst de « Wild Kingdom ». Grâce à leur générosité, Karisoke fut doté d'un générateur, d'un réfrigérateur et de nombreux autres trésors : nourriture, vêtements, matériel divers. Nous avions noué des liens d'amitié avec chacune de ces équipes. Techniciens et acteurs montraient un intérêt réel pour les gorilles. Malheureusement, certaines équipes de télévision n'avaient pas le même état d'esprit. C'étaient des gens incapables de voir plus loin que le bout de leur caméra. Les délais de tournage, leur confort matériel, voilà tout ce qui les préoccupait. Quand ce genre de cinéastes quittaient le camp, ils nous laissaient au cœur un sentiment d'amertume.

Les touristes insistaient pour voir les gorilles. La plupart évitaient de venir au camp et de rencontrer Nyiramachabelli. Ils arrivaient généralement par bandes et corrompaient les guides du Parc avec de l'argent. J'avais pourtant un accord avec la direction du Parc des Volcans aux termes duquel les gorilles ne devaient pas être dérangés par les visiteurs.

Chaque week-end et pendant les vacances de Noël, le

groupe 5, dont le domaine vital s'étendait jusqu'à la limite est du Parc et jusqu'au chemin emprunté par les porteurs pour se rendre à Karisoke, supportait tout le choc de l'invasion des touristes. Ce fut encore le cas quand d'autres groupes eurent été spécifiquement habitués au contact avec les touristes.

Quand je me rendais sur le terrain avec des étudiants pour observer le groupe 5, nous trouvions souvent leur piste marquée par des traces de diarrhée, ce qui indiquait qu'ils avaient pris la fuite devant une bande de touristes. Les guides du Parc me craignaient mais ils ne se gênaient pas avec les étudiants. Ils les menaçaient souvent de tirer des coups de fusil en l'air pour effrayer les gorilles s'ils ne laissaient pas approcher les touristes.

Les groupes 4, 8, 9 et un groupe récemment formé (la famille de Nunkie) devaient exercer une vigilance constante envers les braconniers dans des zones plus reculées des Birunga. Pour sa part, le groupe 5 devait constamment se méfier des touristes. Beethoven et Icare apprirent bientôt à éloigner les visiteurs, sans craindre les guides qui pointaient leurs fusils sur eux, en simulant des attaques.

Les photographes, les touristes, certains cinéastes constituaient pour les gorilles un danger aussi grand que les braconniers. Les cinéastes français, dont j'ai parlé plus haut, avaient poursuivi le groupe 5 pendant six semaines. Ils furent responsables de l'avortement d'Effie. Finalement, le groupe 5 émigra et quitta son domaine vital, situé à l'intérieur du Parc, pour fuir les touristes. Il fut obligé de s'installer dans une zone fréquentée par les braconniers. L'équipe de télévision française rentra à Paris. Son documentaire eut un grand succès à la télévision. Pendant ce temps, le groupe 5 se remettait lentement du choc de l'invasion gauloise et notre équipe dut procéder à une opération de regroupement pour le faire sortir de la zone dangereuse.

⁂

Je fus bien obligée de convenir un jour que je n'avais que deux mains. Karisoke existait depuis deux ans et c'était l'époque où je m'occupais de Coco et de Pucker. Si je voulais que mes recherches se poursuivent et que les objectifs de préservation des animaux que je m'étais fixés aboutissent, je devais engager des étudiants qui feraient fonction d'assistants.

Le Dr Louis Leakey, toujours prêt à m'aider, envoya à Karisoke un étudiant américain de 21 ans qui s'estimait capable de mener une enquête sur le terrain. Il s'effondra à mes pieds en arrivant au camp, après une marche de trois heures. « Je ne pourrai jamais faire ce travail », soupira-t-il, essoufflé. Il avait immédiatement compris, en se retrouvant au cœur de la forêt, qu'il ne pourrait supporter ni la solitude ni les efforts physiques. Mon cœur se serra en le voyant si vulnérable. Je compris, plus tard, qu'il avait fait preuve d'un courage exceptionnel en reconnaissant sans détours que ce travail d'enquête n'était pas fait pour lui.

Les symptômes que présentaient les personnes incapables de s'adapter à la vie du camp ou au travail de recensement des gorilles étaient identiques à ceux des astronautes. Les malaises étaient multiples : transpiration abondante, tremblements incontrôlables, brefs épisodes fébriles, perte d'appétit, dépression grave accompagnée de crises de larmes prolongées. J'appelai cet état « le blues de l'astronaute ». C'était une véritable maladie. Quand je compris combien certaines personnes pouvaient en souffrir, je n'essayai plus jamais de les convaincre de rester au camp.

Bob Campbell, le photographe du *National Geographic*, fit de longs séjours à Karisoke. Pendant trois ans, il nous aida de mille manières : recherches sur les quatre groupes principaux de gorilles, organisation des patrouilles antibraconnage, construction des cabanes, formation de nouveaux aides ruandais. C'était la seule personne qui savait réparer les lampes et la cheminée. Rien n'était plus déprimant, en rentrant d'une journée de travail épuisante passée à prendre des notes sous la pluie, que de trouver ma lampe à pétrole en panne. Je m'étais fait une règle absolue de taper mes observations au jour le jour et le fonctionnement des lampes à pétrole devint ma principale obsession. Au Ruanda, c'était un matériel rare à cette époque et Bob apprit aux hommes comment maintenir en bon état le « génie de la forêt ». La cheminée avait aussi ses lubies, mais elle ne venait qu'au second plan de mes préoccupations. Un estomac vide pouvait attendre. Les impressions quotidiennes recueillies au cours des contacts avec les gorilles, en revanche, perdaient de leur fraîcheur si elles n'étaient pas immédiatement analysées et classées.

Les recherches sur les quatre groupes principaux de gorilles progressaient et je commençais à m'intéresser de plus près aux groupes marginaux et aux autres gorilles des Birunga.

En 1960, George Schaller, à la fin de son enquête, avait estimé entre 400 et 500 le nombre total de gorilles vivant dans les Birunga. La situation politique ne lui avait pas permis d'établir des statistiques précises pour le Ruanda. Pendant les six mois passés à Kabara, en 1967, j'avais pu établir une relation entre trois des groupes que j'avais étudiés et trois groupes dont s'était occupé Schaller six ans et demi auparavant. En étudiant la composition des groupes, en comparant les photographies, les limites des domaines vitaux, j'estimai qu'il y avait de grandes chances pour qu'il s'agisse de la même population.

Sur les vingt gorilles étudiés par Schaller, il n'en restait plus que douze. En tenant compte du fait qu'il y avait eu quatre naissances après le départ de Schaller, on pouvait conclure que douze gorilles au moins avaient disparu. D'autre part, le rapport entre adultes et jeunes était passé de 1,2 pour 1 à 2 pour 1. Les domaines vitaux des trois groupes avaient également diminué respectivement de six, cinq et deux kilomètres carrés.

Dans une perspective de préservation à long terme et puisque les empiétements de terrain se poursuivaient, il était indispensable de faire un recensement minutieux de tous les gorilles restants et de localiser leurs domaines vitaux.

J'entrepris ce travail de recensement, en 1969, avec l'aide d'Alyette DeMunck et de Bob Campbell. Nous bivouaquions sous de petites tentes et transportions la nourriture et les vêtements de rechange dans nos sacs à dos. Deux porteurs nous accompagnaient et se chargeaient des tentes, de la machine à écrire, de la lampe et du réchaud, de quelques casseroles et des sacs de couchage. La durée de chaque campement était fonction des ressources en eau potable et de la présence de gorilles à une distance de quatre heures de marche du bivouac.

Finalement, avec l'aide d'étudiants que je recrutai par correspondance, ce travail de recensement put être mené annuellement. Il demandait un investissement physique considérable. Il fallait parcourir chacun des six volcans, des cols aux sommets, explorer les pentes et les ravins. Si la tâche avait été plus aisée, elle aurait été entreprise plus tôt, après les premières observations de Schaller sur le terrain.

En ce qui me concerne, je garde un souvenir impérissable de cette expérience avec l'aiguillon de la recherche, l'émerveillement à la rencontre d'un nouveau groupe de gorilles, la sauvage beauté du paysage et le plaisir de se faire un chez-soi avec pour tout bagage une tente et ce que la nature, dans sa bonté, nous fournissait.

Avant d'essayer de recruter des étudiants américains et européens, je formai un grand nombre de Ruandais et leur appris à dépister les gorilles et à remplir des tâches simples comme l'approvisionnement en eau et en bois. Il fallait aussi étudier chaque jour le contenu des nids, recueillir les restes de nourriture et les excréments. Ces observations étaient portées sur une carte en courbes de niveaux pour montrer la fréquence du passage des gorilles en un point donné.

Par la suite, j'appris aux recenseurs à établir la relation entre la taille des excréments et l'âge et le sexe des gorilles. Il y avait toujours une marge d'imprécision au sujet des animaux immatures. Chaque fois que l'on trouvait une piste fraîche de moins de quatre jours, il était nécessaire d'avoir un contact avec le groupe ou, tout au moins, de vérifier soigneusement le contenu des sites nocturnes de sommeil. Pour plus de sécurité, nous effectuions un contrôle portant sur cinq nuits consécutives. C'était un travail fastidieux mais indispensable pour déterminer exactement le nombre d'enfants, toujours difficile à évaluer au cours d'un contact. En effet, surtout lorsqu'il s'agit d'un groupe qui n'a pas l'habitude d'être observé, les animaux sont timides et les jeunes sont souvent cachés sous le ventre des mères. L'examen des nids servait aussi à détecter la présence de mâles périphériques qui construisent souvent leurs nids à quelques dizaines de mètres d'un groupe.

Quand le contact était établi, nous observions à la jumelle les gorilles les plus proches afin de faire des croquis de leurs « empreintes nasales » — ces rides que l'on remarque sur le nez des gorilles et qui permettent d'identifier les individus d'un groupe à l'autre. Nous complétions ces dessins par des observations sur les vocalisations et le comportement qui diffèrent selon les groupes.

Au cours de l'été 1970, un second étudiant envoyé par le Dr Leakey arriva à Karisoke. Il devait continuer le recensement que j'avais commencé l'année précédente avec Alyette DeMunck et Bob Campbell. Pendant quinze jours, je familiarisai le jeune homme avec les quatre principaux groupes de gorilles, lui appris des rudiments de swahili et la routine de travail du camp.

Après cette période de formation, nous partîmes avec Bob et deux porteurs ruandais pour installer un bivouac de recensement sur les pentes nord du mont Visoke. J'avais décidé d'installer l'étudiant dans un endroit appelé Ngezi, qui signifie en kinyarwanda « le lieu où les troupeaux vont boire ». Je savais qu'il y avait là de nombreux gorilles.

Le bivouac fut installé dans un très joli site, près d'un petit lac fréquenté toutes les nuits par les troupeaux d'éléphants et de buffles. L'exploration du terrain ne montra pas d'empreintes fraîches de gorilles mais nous trouvâmes de nombreux nids datant d'une semaine environ. Estimant que le travail de recensement pouvait être entrepris, je rentrai avec Bob à Karisoke. Dans les semaines qui suivirent, les porteurs, qui venaient régulièrement de Ngezi, me racontèrent que le jeune homme s'occupait de tout autre chose que du recensement. Je n'eus pas d'autre choix que de le renvoyer aux États-Unis.

En onze ans, Karisoke vit défiler vingt et un étudiants que j'essayai de former pour en faire des recenseurs. La plupart n'étaient pas capables de fournir les efforts nécessaires et ne firent que de brefs séjours au camp. Bêtement, je m'étais imaginé que tout le monde partageait mon enthousiasme pour la montagne et les gorilles. Il ne m'était jamais venu à l'esprit que les marches épuisantes sur les pistes boueuses, les nuits passées dans des sacs de couchage mouillés, les réveils où l'on enfilait des jeans et des bottes trempés et où l'on avalait des biscuits secs comme petit déjeuner, ne correspondaient pas exactement à l'idée que chacun se faisait du paradis.

La plupart des étudiants-recenseurs, de même que mes éventuels assistants, étaient recrutés par correspondance. Leurs lettres étaient accompagnées de références universitaires impressionnantes. J'avais rarement l'occasion de les rencontrer personnellement avant leur arrivée car, à cette époque, je quittais peu Karisoke et ne faisais que de brefs voyages aux États-Unis ou en Angleterre. Dans la mesure du possible, cependant, j'essayais de m'entretenir avec eux avant de les recruter.

Il m'apparut bientôt qu'il était impossible de prévoir les réactions des individus sur le terrain. Les candidats pensaient certainement que leurs expériences de camping en Amérique ou en Europe et leur intérêt pour les recherches sur les gorilles leur donnaient les qualités requises pour travailler dans les Birunga. J'insistais toujours sur les difficultés, le manque de confort, l'isolement, mais l'enthousiasme des nouveaux venus et mon optimisme l'emportèrent souvent sur la prudence.

Je dus affronter certaines situations déplaisantes. J'avais aussi tendance à considérer le centre de recherches comme un tout alors que — ce qui était d'ailleurs compréhensible — la plupart des étudiants voyaient d'abord leur intérêt personnel. Des conflits éclatèrent à propos des patrouilles antibraconnage, de la construction de nouvelles cabanes, de l'entretien du matériel, de la nécessité de mener des observations quotidiennes sur le terrain et de prendre des notes pour la recherche à long terme. Ce genre de situations est commun à tous les centres de recherches quand des personnes issues de milieux très différents sont obligées de vivre ensemble. A Karisoke, les difficultés étaient peut-être accrues par les conditions climatiques, l'altitude, le régime alimentaire peu varié et l'isolement.

Le choix des sujets de recherche ne posait pas de problèmes. Nous avions tout à apprendre sur le comportement des gorilles et l'écologie de la région. Les étudiants qui n'avaient aucun thème préétabli pouvaient choisir entre les études du comportement dominant, le développement infantile, les activités vitales (nourriture, toilette, construction des nids, soins maternels, etc.), les vocalisations, les interactions entre groupes, la délimitation des domaines vitaux, la parasitologie et la botanique.

La *National Geographic Society* continuait à soutenir généreusement le Centre. Les étudiants qui faisaient des doctorats, étaient en général financés par leurs universités. Quand nous avions besoin de fonds supplémentaires pour du matériel ou pour mettre sur pied de nouveaux projets de recherches, nous faisions appel à la Fondation L.S.B. Leakey. Je n'ai jamais demandé d'argent pour les billets d'avions ou pour les salaires. Je n'ai jamais été salariée moi-même et j'estimais que la recherche en soi constituait une gratification suffisante.

Un professeur de botanique arriva au début de l'année 1975. Son voyage et son projet de recherches qui devait durer trois mois avaient été subventionnés. Le matériel qu'il avait amené avec lui devait rester propriété du Centre, après son départ. Il s'était également engagé à publier un rapport sur son travail. C'était un homme extrêmement distrait. Huit jours après son arrivée, il mit le feu à sa cabane en laissant des plantes à sécher au-dessus du feu de bois de la cheminée. Tout son matériel, les meubles, ma bibliothèque irremplaçable de botanique, de nombreux livres introuvables et le nouveau poste de radio à ondes courtes du camp furent détruits. Nous luttâmes pendant des heures contre l'incendie en transportant des seaux d'eau de Camp Creek à la cabane. A la fin de la journée, il ne restait qu'un amas de ruines fumantes. Suffoqués par la fumée, nous étions sur le point de nous effondrer de fatigue quand le professeur revint de sa journée de travail sur le terrain. Sa seule réaction fut d'exprimer par de vigoureux jurons son mécontentement de voir ses recherches provisoirement interrompues. Ce fut l'une des nombreuses catastrophes qui devaient frapper ce camp que nous avions construit de nos propres mains.

La négligence d'un étudiant, qui avait laissé des vêtements à sécher au-dessus de la cheminée, causa un nouvel incendie. Une seconde cabane fut détruite. L'étudiant s'employa pendant plusieurs semaines à la reconstruire. Ce comportement responsable me mit du baume au cœur.

Un autre étudiant n'avait aucun sens de l'observation. L'usage d'une boussole ou des pistes bien visibles ne lui étaient d'aucun secours. Nous acceptions cette singularité et passions des heures à organiser ses randonnées et à le guider. Selon le règlement du camp, tout le monde devait être rentré à cinq heures et demie de l'après-midi (sauf en cas de marches exténuantes où le chercheur était accompagné par un aide ruandais). Nous étions souvent obligés de partir à la recherche de l'étudiant. Nous le retrouvions dans une direction totalement inattendue, alors que la nuit était déjà tombée. Timide et aimant la solitude, le jeune homme avait pourtant un excellent contact avec les gorilles et avec Kima, le petit singe malicieux, et Cindy. Cet étudiant resta dix mois à Karisoke. Je fis avec lui de nombreuses observations et je découvris avec plaisir qu'il se souciait avant tout de l'intérêt des gorilles. Il n'essayait jamais, comme beaucoup d'autres étudiants, de pousser les animaux au-delà de leur seuil de tolérance.

J'eus aussi quelques conflits relatifs au respect des droits des gorilles, avec certains étudiants qui étaient exclusivement intéressés par les données qu'ils pouvaient recueillir pour leur doctorat.

L'un d'eux avait l'habitude de déféquer pendant que nous observions le groupe 5. Il ne semblait pas conscient des conséquences néfastes que ce genre de chose pouvait avoir sur la santé des gorilles. Quand je lui en fis la remarque, il me répondit avec colère que l'on ne devait interrompre une observation sous aucun prétexte même celui de satisfaire un besoin naturel.

Un jeune homme de vingt et un ans, qui avait participé de façon très efficace au recensement, s'installa ensuite au camp, pour préparer également un doctorat. J'avais une grande confiance en lui. Je lui laissai la direction du camp et des recherches pendant un de mes brefs voyages à l'université de Cambridge. Il remplit sa tâche à la perfection. Il resta un an et demi au camp, alternant ses séjours avec des voyages en Angleterre.

Malheureusement, son expérience sur le terrain et son assurance croissante lui firent commettre une erreur qui aurait pu être fatale. Une femelle buffle se trouvait sur une piste, à moins de deux mètres au-dessus de lui. Il la provoqua en reniflant fortement dans sa direction, simulant une attaque. Il pensait qu'elle serait effrayée et s'enfuirait. La femelle, au contraire, chargea, roula sur lui en lui donnant des coups de cornes en plusieurs endroits du corps. Perdant son sang et à demi mort, le jeune homme réussit à se traîner jusqu'au camp. Je remerciai le ciel d'avoir appris à soigner les états de choc, les plaies et les lacérations. Dans son délire, l'étudiant murmurait : « J'ai été complètement idiot. » Je le soignai pendant quatre jours et quatre nuits, jusqu'à ce qu'il puisse voyager et rentrer en Angleterre où il dut subir une intervention chirurgicale.

Certains étudiants partageaient mon amour des Birunga. Un jour d'été de 1976, je revenais en voiture du Zaïre où j'avais déposé quatre recenseurs au pied du mont Mikeno. Il ne restait plus d'autres étudiants à Karisoke et je me demandais avec inquiétude comment les Africains de l'équipe et moi-même allions faire face à nos multiples tâches : observations sur les principaux groupes, les groupes marginaux et patrouilles antibraconnage.

Un jeune homme, lourdement chargé, faisait de l'auto-stop. Je m'arrêtai et le fis monter dans ma voiture. C'était un jeune Américain, Tim White, qui faisait le tour du monde. Il semblait fait sur mesure pour devenir un assistant de recherches sur le terrain. Tim avait l'intention de passer une journée dans la montagne. Il resta dix mois à Karisoke. Il réparait les cabanes et le matériel, participait au travail sur le terrain, s'occupait du recensement. Il apprit à dactylographier ses notes de la journée. D'humeur égale, ce fut un vrai cadeau, non seulement pour moi, mais pour les Africains et certains étudiants à qui il apprit beaucoup de choses.

Tim était un pacifiste convaincu. Le massacre des animaux sauvages et la présence des braconniers dans le Parc lui étaient intolérables. Il m'apporta une aide considérable en s'occupant des patrouilles antibraconnage. Quand de nouveaux étudiants arrivèrent à Karisoke, il décida de reprendre ses voyages. Il finit par s'installer au Liberia où il passa six ans dans l'hôpital d'une mission. Sa bonté et sa modestie naturelles ont certainement conquis tous ceux qui l'ont connu. A Karisoke, nous ne l'oublierons jamais. Il a tout donné de lui-même à un moment où nous avions grand besoin d'aide.

Quand Ric Elliot m'écrivit d'Angleterre pour demander à travailler au camp, je fus frappée par le ton de sa lettre. Il disait rarement « *je* » ou « *moi* ». Il me sembla profondément intéressé par les buts que nous nous étions fixés à Karisoke. Les dix mois qu'il passa au Centre confirmèrent cette première impression.

Le grand-père de Ric, comme celui de Tim, avait été charpentier et, comme Tim, Ric aimait construire les cabanes et entretenir le matériel. Ric était vétérinaire. Grâce à lui, nous avons développé les méthodes d'autopsie des gorilles et les recherches en parasitologie. Son départ laissa un grand vide.

Un an plus tard, un autre Anglais, Ian Redmond, arriva au Centre et reprit avec passion les recherches de Ric, là où celui-ci les avait laissées. Il passait des heures, penché sur son microscope, à chercher de nouvelles espèces de nématodes et de cestodes. Nous étions perplexes et parfois agacés par son obsession et l'accumulation de flacons, plateaux, sachets en plastique de toute sorte qu'il utilisait pour son travail. Son enthousiasme était contagieux. Sa curiosité ne connaissait pas de bornes. Il s'intéressait à tous les animaux de la forêt, des grenouilles aux éléphants. Karisoke ressembla bientôt à un muséum d'histoire naturelle avec sa collection d'os soigneusement étiquetés et de restes divers d'animaux, d'oiseaux ou d'insectes. Je ne savais jamais en entrant dans la cabane de Ian ce que j'allais y trouver.

Ian Redmond était très aimé des Africains. Le soir, il s'asseyait avec eux autour du feu et partageait leur repas de maïs, de haricots et de patates. Il était chez lui dans la forêt, ce qui est rare pour un Européen. Il participait aux patrouilles antibraconnage et aux opérations de recensement. Il parcourait facilement près de vingt kilomètres par jour et, quand il était trop loin du camp, passait la nuit sous un *Hagenia*, couché sur la mousse avec un poncho pour toute couverture. Les Africains qui l'accompagnaient dans ses expéditions ne se plaignaient jamais de la fatigue car son énergie était communicative. Il portait généralement un short et ne semblait pas craindre les orties. J'étais intriguée. Ian n'était pas un homme prétentieux. Je lui demandai néanmoins ce qu'il essayait de prouver.

« Dian, me répondit-il avec une certaine gêne, quand on a les jambes découvertes, on se rend mieux compte de ce qui vous entoure. On peut sentir la différence entre l'herbe tendre du col et celle des marais. On perçoit mieux le froid des sommets. »

Il se tut comme s'il ne parvenait pas à exprimer ses sentiments par des mots et comme s'il avait honte, soudain, d'avoir révélé sa sensibilité et son amour de la nature.

Pour Ian, les groupes de gorilles à observer ou les pièges des braconniers à détruire n'étaient jamais trop éloignés. Peu de temps avant son retour en Angleterre, un des aides nous apprit qu'un groupe marginal se trouvait sur le versant opposé du mont Visoke. Sans hésiter, Ian et le guide quittèrent le camp le lendemain au petit matin, pour essayer d'identifier le groupe et faire l'investigation des nids.

Ce versant de la montagne est assez accidenté et très fréquenté par les braconniers. Le groupe marginal s'était déplacé en direction du col. Les deux hommes durent effectuer une longue marche, en suivant patiemment la piste des gorilles. Sur leur chemin, ils trouvèrent trois pièges à antilope nouvellement posés. Tandis qu'ils coupaient les pieux de bambou et confisquaient les collets, ils entendirent soudain un bruit de branches brisées, à une cinquantaine de mètres de là. Ils se cachèrent derrière un monticule pour attendre le départ des braconniers et détruire les nouveaux pièges. Quand le calme revint, Ian était sur le point de se relever quand il aperçut les pointes de trois lances à quelques pas de lui. Par le plus grand des hasards, les braconniers avaient escaladé le monticule derrière lequel Ian et le guide s'étaient cachés.

Ian se mit lentement debout pour montrer qu'il n'avait pas d'armes. L'apparition d'un *Bazungu* (Européen) cloua les braconniers sur place. Deux prirent immédiatement la fuite. Le troisième, affrontant Ian du regard, lâcha son *panga* et saisissant sa lance à deux mains, la plongea dans la poitrine de Ian. Instinctivement, celui-ci se protégea de la main gauche et plia les genoux. Son poignet gauche reçut le coup, ce qui lui sauva la vie. Le braconnier tourna les talons, sans demander son reste. La blessure était profonde mais, après avoir bandé le poignet de Ian, les deux hommes détruisirent les nouveaux pièges. Ian consentit alors à rentrer au camp. On l'emmena ensuite à l'hôpital de Ruhengeri. Il guérit mais son poignet resta déformé.

Tim White, Ric Elliot et Ian Redmond sont devenus célèbres auprès des étudiants qui ont travaillé à Karisoke. Grâce à leurs efforts inlassables, ils ont grandement contribué à la préservation active des gorilles. Pour mon équipe et moi-même, ce sont les meilleurs amis que nous ayons jamais eus.

Il va sans dire que Karisoke n'aurait pu exister et jouer son rôle dans la préservation et la recherche, sans mes assistants africains. Nous avons eu les mêmes objectifs et avons œuvré ensemble pour assurer l'avenir des animaux sauvages. De nombreux Africains nous ont aidé : Paulin Nkubili, Mutarutkwa, les Zaïrois et les Ruandais qui formèrent les patrouilles antibraconnage. Comme Tim, Ric et Ian, ils n'attendaient ni louanges ni récompenses. La satisfaction du travail accompli leur suffisait.

La forêt sera toujours ma vraie patrie et ces hommes, mes amis les plus chers. Nous avons beaucoup appris les uns des autres. Ensemble, nous avons fait de Karisoke une réalité.

Noël était l'occasion de grandes fêtes. Les arbres étaient décorés de bougies, de guirlandes découpées dans de la tôle, de pop-corn ou d'autres ornements que nous fabriquions nous-mêmes. Dans ma cabane, sous l'arbre de Noël, s'entassaient les cadeaux que j'avais rapportés de mes voyages pour les membres de l'équipe et leurs familles. Une cinquantaine de Ruandais et de Zaïrois, accompagnés de leurs femmes et de leurs enfants, tous vêtus de leurs habits de fête, prirent l'habitude de passer Noël avec nous. On faisait ripaille, on buvait, on chantait des chants de Noël en kinyarwanda, en français et en anglais. Les cris des bébés, troublés par le vacarme, nous accompagnaient.

A l'occasion du troisième Noël que nous célébrions et alors que j'étais en train de servir des jus de fruits aux enfants, mes hommes me demandèrent soudain de m'asseoir. Mukera, le chef bûcheron, qui était un joueur de tambour et un danseur de talent, inaugura un rite qui devait accompagner par la suite toutes les fêtes de Noël. Chacun des hommes de l'équipe avait composé un chant et une danse originale en s'inspirant des événements de l'année précédente. Je fus éblouie par leurs créations. Par la suite, j'enregistrai les chants et la musique.

Ces enregistrements restent parmi mes souvenirs les plus précieux de Karisoke.

CHAPITRE 9

Le groupe 4
s'adapte à un nouveau chef

La vie au camp était souvent pleine d'agrément mais c'était encore la forêt qui nous procurait les joies les plus précieuses quand nous avions réussi à gagner la confiance des gorilles. Le jour même de la création de Karisoke, deux braconniers vinrent m'avertir qu'ils avaient entendu des vocalisations de gorilles sur les pentes du mont Visoke où ils chassaient l'antilope. C'était un heureux présage. Les deux hommes me conduisirent jusqu'au groupe que j'appelais le groupe 4.

Dissimulée sur le flanc opposé d'un ravin, à une trentaine de mètres des gorilles, je les observai à la jumelle pendant trois quarts d'heure. J'identifiai distinctement trois animaux. Le mâle dominant à dos argenté fut le premier à me repérer. Poussant de véritables hennissements en signe d'alarme, le vieux mâle se précipita vers les autres gorilles, trébuchant dans sa hâte sur la pente escarpée. Je n'avais encore jamais entendu de gorilles vocaliser de cette voix râpeuse et fatiguée, bien que George Schaller m'ait une fois parlé de ce phénomène. Je sus plus tard que Whinny (Hennissement) souffrait de graves troubles pulmonaires.

Whinny était accompagné d'une grosse boule duveteuse que j'appelai Digit, à cause d'un médius tordu qui semblait avoir été cassé. La ressemblance du jeune avec le mâle à dos argenté et le fait qu'il ne le quittait pas, me firent penser qu'il s'agissait de son fils. Digit ne s'approchait pas des quatre femelles du groupe. J'en conclus que sa mère était morte. Il paraissait âgé de cinq ans.

Digit semblait curieux de connaître les raisons de l'inquiétude de son père mais il obéit aux injonctions de ce dernier et se hâta de le rejoindre. Tous les animaux disparurent bientôt. Seule, une femelle adulte restait à l'arrière-garde. Elle me regardait en grimaçant. Elle pinçait les lèvres et gardait une position rigide que l'on ne voit généralement que chez les mâles. Elle me fit irrésistiblement penser à une vieille chèvre et je l'appelai Old Goat.

Outre Whinny, il y avait deux autres mâles à dos argenté dans le groupe 4. Je donnai au plus jeune le nom de Oncle Bert à cause de sa ressemblance frappante avec l'un de mes parents. Pour moi, c'était un hommage mais mon oncle ne me le pardonna jamais tout à fait. Le troisième mâle à dos argenté fut appelé Amok à cause de son tempérament instable et de sa façon de se mettre tout à coup à courir et à crier — comportement aberrant causé, peut-être, par une maladie chronique. Les empreintes d'Amok, qu'on trouvait généralement à l'écart de celles du groupe jusqu'à une distance de quatre-vingt-dix mètres, étaient toujours souillées de mucus, de diarrhée et d'excréments mêlés de sang.

Amok, qui avait à peu près vingt et un ans, semblait trop vieux pour être le fils de Whinny. J'en conclus que ce personnage acariâtre était le demi-frère du mâle dominant. Oncle Bert, âgé d'environ quinze ans, bien toléré par Whinny, était certainement son fils.

Au cours des premiers mois de l'enquête sur le groupe 4, la santé de Whinny commença à décliner. Old Goat, qui n'avait pas d'enfants au moment où je rencontrai le groupe, assuma une part de plus en plus importante des responsabilités. Son physique et son comportement étaient typiquement masculins. C'était elle, de préférence à Oncle Bert, jeune mâle à dos argenté, qui jouait le rôle de chien de berger quand Whinny traînait en arrière.

Par suite du comportement de Old Goat, je restai souvent cachée pour observer le groupe afin d'éviter de troubler les sept autres femelles : quatre jeunes sans enfants, deux multipares plus âgées et une enfant. Au bout d'un certain temps, je leur donnai des noms. Bravado, Maisie, Petula et Macho, pour les quatre jeunes, qui avaient entre six et huit ans, Flossie et Mrs X pour les plus âgées. Le bébé s'appela Papoose. Les noms leur allaient bien. Papoose était une enfant adorable et caressante dont la mère disparut peu de temps après le début de mon enquête. Mrs X fut difficile à identifier à cause de sa timidité. Macho (les yeux, en swahili) avait de grands yeux écarquillés et envoûtants.

A la mi-novembre 1967, je trouvai le groupe sur le versant opposé d'un large ravin. Cachée derrière le feuillage épais, j'aperçus Old Goat, qui marchait lentement en compagnie de Flossie, à une trentaine de mètres en dessous du groupe. Flossie retourna lourdement son corps massif contre le talus pour arracher une tige de *Galium*. Son mouvement révéla la présence d'un nouveau-né au poil noir et brillant comme du cirage et aux paumes et aux plantes des pieds roses. Flossie le tenait de son bras gauche. Il cherchait à téter sa mère sans que celle-ci essaie de l'aider.

Old Goat remonta maladroitement la pente tandis que Flossie arrivait au sommet, son enfant pendant sous son ventre. Quand Old Goat eut rejoint Flossie, qui s'était arrêtée pour se reposer, elle s'assit et se renversa contre le talus, souleva le bras gauche et j'aperçus un nouveau-né qui portait encore un cordon ombilical d'une dizaine de centimètres. Les mains du bébé étaient fermées et ses pieds se balançaient mollement. Old Goat le regarda intensément, d'un air presque interrogateur, puis le serra contre elle.

Tandis qu'Old Goat se reposait, la tête du bébé dodelinait comme si elle avait été reliée à son cou par un élastique. Quand Old Goat se dressa pour rejoindre le groupe, le bébé, d'une façon quasi spasmodique, banda son corps, leva la tête et agrippa automatiquement les poils du ventre de sa mère. Old Goat marchait à petits pas, allure caractéristique adoptée par les mères expérimentées qui permet à l'enfant de se soutenir partiellement contre la face interne des cuisses de la mère. Old Goat avait certainement eu d'autres enfants. Cependant, elle ne frayait pas avec les deux jeunes du groupe 4, Digit et Papoose, et elle était trop jeune pour être la mère des autres femelles adultes. J'appelai l'enfant d'Old Goat, Tiger, certaine qu'il ferait honneur à son nom. Le petit de Flossie fut nommé Simba qui signifie Lion en swahili.

⁂

Tiger et Simba furent les premiers des quarante-deux enfants qui virent le jour parmi les quatre-vingt-seize membres des cinq groupes étudiés au cours des années suivantes. Comme la plupart des autres nouveau-nés, les enfants de Flossie et d'Old Goat présentaient des caractéristiques physiques et un comportement typiques.

La couleur de la peau d'un nouveau-né est généralement d'un gris rosâtre. Les oreilles, les paumes des mains et les plantes des pieds peuvent être d'un rose plus vif. La couleur des poils varie du brun moyen au noir profond. Le pelage est clairsemé sauf sur le dos et la face. Les poils de la tête sont généralement courts, lisses et d'un noir de jais. La face est ratatinée avec une zone nasale protubérante qui lui donne un peu l'aspect d'un groin de porc. Les membres sont fins et malingres, les poings restent serrés quand le bébé n'est pas agrippé au ventre de sa mère. Les extrémités sont parfois agitées de petits mouvements spasmodiques quand l'enfant cherche à téter. La plupart du temps, un bébé-gorille semble dormir.

Pendant le premier mois, la durée des tétées n'excède pas cinquante-cinq secondes. Les succions sont accompagnées de mouvements de rotation de la tête. On n'observe pas de préférence marquée pour un sein au cours de la première année. Par la suite, le bébé passe deux fois plus de temps à téter le sein gauche que le droit. Les nouveau-nés sont toujours transportés sous le ventre de la mère quand elle se déplace. Quand elle s'assied, elle berce le bébé en le serrant contre sa poitrine ou bien elle le tient sur ses genoux. On peut estimer à un kilo et demi environ le poids d'un nouveau-né.

Comme cela se passe toujours après une naissance, le groupe 4 se déplaçait plus lentement et les périodes de repos diurne étaient plus prolongées. La maladie de Whinny avait déjà obligé le groupe à ralentir son rythme de marche avant les naissances. Quand Tiger et Simba eurent deux mois, Whinny commença à être secoué de quintes de toux prolongées. Après ses crises, le vieux mâle s'asseyait tout tremblant, les yeux fermés, la bouche douloureusement crispée. Seule Old Goat, toujours en alerte, s'asseyait alors à ses côtés, le regardant d'un air préoccupé, tandis que Whinny semblait inconscient de ce qui l'entourait.

Je trouvai un jour Whinny qui dormait seul. Il ne fut pas alerté par le bruit de notre arrivée. Je m'arrêtai à cinq mètres de lui et l'observai pendant près de deux heures. Il était couché sur le ventre, dans une position bizarre, la tête tournée pour faciliter sa respiration.

Quand il se réveilla, il ramassa péniblement quelques feuilles de chardon et les mangea avant de rejoindre la piste du groupe 4 qui se déplaçait en direction de la zone alpine — région qui lui fut bientôt interdite à cause de son état de santé.

A partir de mars 1968, Whinny n'eut plus la force de suivre le groupe qui s'était établi sur les pentes de la montagne. Le vieux mâle restait seul dans la région du col que le groupe 4 n'avait pas l'habitude de fréquenter. Il tournait en rond, se nourrissant sommairement et se reposant la plupart du temps. Il parcourait rarement plus de quinze mètres par jour, allant d'un arbre à l'autre et laissant derrière lui de longues traînées de diarrhée. Nous l'observions quotidiennement, sans nous montrer, afin de préserver les derniers jours du vieux mâle agonisant d'une rencontre avec les braconniers. Il ne se rendit jamais compte de notre présence. Il ne semblait pas non plus entendre les vocalisations stridentes qui éclataient au loin, au sein du groupe 4 où les querelles étaient de plus en plus fréquentes.

Le 3 mai 1968, le corps décharné de Whinny fut découvert dans le nid où il avait passé la nuit. C'était le deuxième gorille qui mourait parmi les groupes qui faisaient l'objet de mes recherches. Nous ficelâmes le corps sur un brancard pour le descendre jusqu'à Ruhengeri. L'autopsie montra que Whinny avait eu une péritonite, une pleurésie et une pneumonie. Les trois maladies avaient atteint un stade avancé. L'examen ultérieur du squelette révéla que le côté droit du crâne était piqueté de petits trous, signe probable d'une infection, sans doute une méningite.

Après la mort de Whinny, Old Goat prit la direction du groupe. Elle décidait de la direction à prendre et de la vitesse à laquelle les gorilles devaient se déplacer. Elle apaisait les querelles. Quand j'essayais d'entrer en contact ouvert avec le groupe, elle se frappait la poitrine ou adoptait d'autres conduites d'intimidation à mon égard. A de rares occasions, Oncle Bert, qui avait cinq ans de moins qu'elle, la secondait. Il ne semblait pas très conscient de ses nouvelles responsabilités et préférait batifoler avec les jeunes que son caractère aimable attirait.

Un jour que j'observais le groupe, dissimulée derrière les

feuillages, je vis Digit, qui était âgé d'environ cinq ans et demi, se jeter contre les genoux d'Oncle Bert, à la manière d'un petit chiot qui veut qu'on s'intéresse à lui. Le jeune mâle à dos argenté se prélassait au soleil. Il arracha une touffe de fleurs blanches *(Helichrysum)* et les agita devant la face de Digit, comme pour le chatouiller. Digit gloussa de plaisir et fit un large sourire qui découvrit toutes ses dents. Il se laissa rouler contre Oncle Bert, s'accrocha à lui des deux bras avec ravissement puis détala pour rejoindre les compagnons de son âge. A ma grande satisfaction, la tristesse du petit Digit après la mort de Whinny avait été de courte durée. Il noua d'étroites relations avec les autres membres du groupe, particulièrement avec les quatre jeunes femelles qui étaient sans doute ses demi-sœurs.

Chez les gorilles, le jeu, comme le comportement sexuel, est fortement inhibé par la présence d'un observateur qu'ils ne connaissent pas bien. C'est surtout vrai pour les jeunes enfants qui restent sous la protection vigilante de leurs parents jusqu'à l'âge de deux ans.

Digit et ses demi-sœurs, qui étaient déjà de jeunes adultes quand je les vis pour la première fois, étaient rarement surveillés par leurs parents pendant leurs activités de jeu. La liberté avec laquelle ils jouaient dépendait du type de contact que j'engageais. Quand le groupe 4 ne savait pas que je l'observais, Digit et ses jeunes sœurs luttaient, se poursuivaient et leurs jeux les entraînaient jusqu'à plus de quinze mètres des adultes qui se reposaient dans leurs nids. La répétition des mêmes gestes semblait délibérée et destinée à provoquer une réponse des partenaires. Les jeunes jouaient jusqu'à l'épuisement puis rejoignaient les autres gorilles pour se reposer. Cependant, quand j'étais à découvert, ils ajoutaient à leur comportement ludique des battements de poitrine, des bris de feuilles et des pavanes d'intimidation. Chacun semblait vouloir rivaliser avec l'autre pour attirer mon attention. Leur excitation était contagieuse et je dus souvent me retenir pour ne pas me joindre à eux. Je ne le fis que lorsqu'ils n'eurent plus aucune appréhension.

Le groupe 4 traversait un jour une pente herbeuse portant plusieurs rangées de *Senecio,* sentinelles géantes des montagnes. Conduits par Oncle Bert, les cinq jeunes entreprirent une sorte de « square-dance », se servant des troncs de *Senecio* comme partenaires. Chaque animal, les bras tendus, attrapait le tronc d'un arbre, tournait rapidement autour puis se propulsait jusqu'à l'arbre suivant. Les gorilles dégringolaient la pente en culbutant, tombant les uns sur les autres dans un amas de branchages brisés. Infatigable, Oncle Bert ramenait le groupe au sommet de la colline et le jeu recommençait indéfiniment.

Le jeune mâle prenait aussi la vie au sérieux comme je m'en aperçus lorsque Amok essaya de réintégrer le groupe 4, après avoir erré pendant plusieurs mois à sa périphérie. Des cris violents éclatèrent sur les hauteurs. En m'approchant, je vis que tous les membres du groupe étaient rassemblés. Oncle Bert s'enfuit le premier bientôt suivi des autres.

L'endroit qu'il venait de quitter était jonché de feuilles piétinées et souillées de sang. Amok, la tête penchée sur la poitrine, était affalé sous un arbre. Il se redressa enfin et s'agrippa à une touffe de *Galium*, la face crispée de douleur. Il se lécha l'index de la main droite puis se le passa à plusieurs reprises à la base du cou. Quand il baissa le bras, je vis que sa poitrine était couverte de sang et qu'il portait une blessure de dix centimètres de long au niveau de la clavicule. Il passa tout l'après-midi à dormir et à lécher sa blessure. Au crépuscule, il construisit péniblement son nid. Depuis ce jour-là, et pendant les six ans qui suivirent, Amok n'essaya plus de se rapprocher du groupe.

***

Deux semaines plus tard, le groupe 4 soutint son premier affrontement physique avec le groupe 8, celui de Rafiki. Oncle Bert n'était pas de taille à se mesurer à la bande des célibataires et manifestait son inexpérience en courant parmi eux ou en chargeant sans prendre de précautions. Le jeune chef néophyte avait encore beaucoup à apprendre. Il manquait de subtilité et il eut de la chance de ne pas être gravement blessé.

Le groupe 4, avec son jeune chef et ses quatre femelles proches de la maturité sexuelle, était fréquemment la cible des attaques des autres groupes, et, particulièrement du groupe 8, composé exclusivement de mâles.

Mrs X, la plus âgée des trois femelles du groupe 4, donna naissance au dernier enfant de Whinny. Le patriarche mourut en effet au cours du même mois. Flossie, de son côté, perdit son bébé de sept mois, Simba, pour des raisons inconnues. Désirant perpétuer son souvenir, je donnai son nom à la petite femelle née de Mrs X. Dix mois plus tard, avec la naissance du nouvel enfant de Flossie, Oncle Bert devint père pour la première fois.

Comme chez les femmes, on observe une grande diversité de comportement chez les mères-gorilles. Le contraste était très marqué entre Old Goat et Flossie. Cette dernière s'occupait de ses bébés avec un certain détachement. Old Goat était, au contraire, une mère exemplaire.

Tiger avait sept mois quand le premier enfant de Flossie, Simba, mourut. C'était une petite boule vigoureuse, toujours en mouvement. Il avait de longs poils fauves qui tombaient en boucles folles autour de sa face et qui frisottaient sur sa nuque. On voyait de loin cette singulière crinière qui contrastait avec les poils d'un noir de jais d'Old Goat. Comme tous les enfants de cet âge, Tiger avait une petite touffe de poils blancs en guise de queue et des yeux protubérants. Il pesait environ six kilos. Old Goat le tenait généralement sur un bras ou le portait sur le dos quand elle se déplaçait. Quand il essayait de marcher, il était maladroit et coordonnait mal ses mouvements. Le lait maternel constituait l'essentiel de son alimentation. Il pouvait arracher des plantes pour se nourrir mais n'avait pas encore acquis l'habileté nécessaire pour malaxer les feuilles avant de les manger. Il observait attentivement les adultes et commençait à imiter leurs gestes pour la préparation de la nourriture. Il n'essayait jamais de dérober des aliments aux autres gorilles mais sa mère éloignait souvent de lui les excréments ou les plantes non comestibles, comme certaines fleurs très colorées. Ses premiers aliments furent les restes de végétation ou d'écorce qui tombaient dans le giron de sa mère pendant qu'elle se nourrissait.

Vers le mois d'octobre 1969, je m'aperçus que Maisie, la plus jeune des femelles âgée d'environ neuf ans et demi, montrait un intérêt croissant pour le bébé de Flossie. Elle prenait prétexte de la toilette de la mère pour s'approcher du bébé. Flossie, qui avait une forte ressemblance avec Maisie, était très tolérante à son égard. J'en conclus qu'il existait entre elles de solides liens de parenté. Flossie ne refusait jamais de laisser Maisie s'occuper du bébé pendant les périodes de repos diurne et satisfaire ainsi son instinct maternel. Ce comportement est comparable à la relation entretenue par une tante avec ses neveux. Il permet aux enfants de s'habituer à des adultes autres que leur mère et aux femelles qui n'ont pas encore eu d'enfants d'acquérir une expérience.

Oncle Bert avait un comportement exagérément protecteur avec son rejeton. Il essayait souvent de séparer Maisie de Flossie en se précipitant entre elles ou en se mettant debout et en frappant Maisie. Celle-ci avait été fécondée par Oncle Bert, ce que j'ignorais alors, mais elle défendait Flossie en frappant et en mordillant le jeune mâle à dos argenté qui avait encore beaucoup à apprendre pour pouvoir diriger ses femelles.

Après un mois d'intérêt intense pour le second enfant de Flossie, Maisie mit bas. La parturition fut certainement difficile. Pendant le travail, Maisie construisit quatre nids assez espacés les uns des autres qu'elle occupa successivement. On trouva dans chaque nid ainsi que dans les intervalles qui les séparaient, une quantité de sang anormale. Le petit était mort-né. Le fœtus fut retrouvé intact. Maisie se remit bien de sa parturition mais n'eut pas d'autre enfant avant trois ans.

Les naissances se passent généralement la nuit. Les gorilles sont alors au repos et les autres membres du groupe n'interviennent pas pendant que la femelle met bas. Les mères expérimentées n'utilisent qu'un seul nid où l'on retrouve des feuilles imprégnées de sang et parfois des fragments de placenta. Les primipares, ou les femelles qui ont des petits non viables, peuvent construire jusqu'à cinq nids près du site de sommeil du groupe.

Chez les gorilles vivant en liberté, les femelles mangent généralement la totalité du placenta quand elles donnent naissance à des enfants viables. Si l'enfant est mort-né, le délivre reste intact. L'ingestion du délivre et, plus tard, des fèces des bébés présente peut-être un intérêt diététique, ou même antibiotique, pour les femelles et leurs enfants. Les mères qui sont enfermées ou qui ne vivent pas dans un environnement naturel, lèchent le placenta. Elles le mangent rarement. On n'a jamais vu, du moins à ma connaissance, des mères en captivité mangeant les excréments de leurs petits.

Comme le montre le cas de Maisie, chez les femelles primipares l'intervalle séparant la première naissance de la seconde est beaucoup plus long que chez les multipares. Les jeunes femelles ont en effet tendance à passer d'un mâle à dos argenté à l'autre avant de se fixer définitivement. Cette instabilité provoque un taux d'infanticide trois fois plus élevé chez les jeunes femelles que chez celles qui sont attachées à un seul mâle. D'autre part, une jeune femelle qui change de mâle a chaque fois besoin d'une période d'adaptation à son nouveau partenaire (comme si celui-ci lui faisait la cour), surtout si le mâle possède déjà un harem ou s'il est en train d'acquérir d'autres femelles.

⁂

A l'âge de deux ans, Tiger avait déjà une personnalité bien affirmée. Les enfants de cet âge passent généralement 60 % de leur temps hors des bras de leur mère, à une distance de deux mètres cinquante environ. Tiger, au contraire, préférait rester avec Old Goat. Ses compagnons habituels dans le groupe 4 étaient Simba, la fille de Mrs X (dix-huit mois), Papoose (quatre ans et demi) et Digit (sept ans environ). Très souvent, il abandonnait ses jeux pour aller rejoindre Old Goat qui s'était déplacée pour se nourrir. Il suivait la piste de sa mère au milieu d'un fouillis d'autres pistes avec une mimique exprimant le mécontentement et exigeait qu'elle le prenne dans ses bras. Il ne pouvait supporter de rester plus d'un quart d'heure séparé d'elle.

Les jeunes gorilles commencent généralement à s'exercer à construire leurs nids vers l'âge de dix-huit mois. Tiger n'entreprit cette activité qu'à deux ans et demi. Jusqu'à l'âge de trois ans, la construction d'un nid demande environ six minutes car les jeunes s'interrompent souvent pour jouer avec les feuilles. La seule observation de construction d'un nid de façon logique et cohérente concerne un jeune de trente-quatre mois dont la mère était près de mettre bas. Après l'arrivée d'un frère ou d'une sœur, les jeunes continuent à construire pendant un an de petits nids nocturnes accolés à ceux de leur mère. Par la suite, et quel que soit l'âge où ils ont commencé cette activité, ils ont suffisamment de pratique pour construire des nids indépendants.

Les premières tentatives de Tiger laissèrent beaucoup à désirer. Un après-midi, alors que les adultes se reposaient confortablement dans leurs lits de feuilles, il entreprit de replier sous lui de longues branches. A quatre pattes, il essayait d'entasser le feuillage sous son corps et de s'asseoir dessus. Les branches de *Senecio* lui donnaient fort à faire et refusaient de s'aplatir. Il s'y reprit à quatre fois puis, dépité, abandonna la partie. Il se mit à piétiner les branchages, bondit, tourna sur lui-même et s'affala sur le dos, essayant vainement de tasser le feuillage. Il sourit bêtement, se donna des tapes sur le ventre puis pédala dans le vide. Enfin, il se leva d'un bond et regarda autour de lui d'un air interrogateur. Il tira sur sa lèvre inférieure à plusieurs reprises en la faisant claquer comme un élastique, puis courut jusqu'au nid de sa mère.

A partir d'août 1970 et sur une période d'un an, le groupe 4 enregistra trois naissances, trois morts et trois départs. Flossie, pour une raison inconnue, perdit le premier enfant qu'elle avait eu d'Oncle Bert. Le bébé avait dix-sept mois. Flossie n'était pas une mère très attentive et je supposai que l'enfant avait été victime d'un accident. Un autre de ses enfants, âgé de sept mois, avait déjà disparu (vingt-sept mois plus tôt) au moment où Oncle Bert avait pris la direction du groupe, après la mort de Whinny.

On observe souvent des cas d'infanticide au moment de la formation de nouveaux couples. Ce fut peut-être le cas pour le premier enfant de Flossie.

En août 1970, Petula donna naissance à son premier enfant, une femelle que j'appelai malgré son sexe Augustus *. Le nouveau-né était le troisième enfant d'Oncle Bert mais le seul survivant.

Il restait donc dans le groupe, outre Petula, trois femelles âgées (Old Goat, Flossie et Mrs X) et trois jeunes femelles sans enfants (Bravado, Maisie et Macho). Bravado fut la première à émigrer dans un autre groupe. En janvier 1971, au cours d'une interaction que je n'eus pas le loisir d'observer, elle s'intégra dans le groupe 5.

Ce passage de Bravado dans un groupe bien structuré avec quatre femelles plus âgées qu'elle, me surprit. Elle n'avait aucune chance d'améliorer ainsi son statut social ou celui des enfants qu'elle pourrait avoir de Beethoven, le chef à dos argenté.

Old Goat, en avril 1971, donna naissance à un enfant mort-né dont le père était Oncle Bert. Quelques jours avant la nais-

* August : août. Augustus : le prénom masculin Auguste.

sance, Old Goat et Tiger, qui avait alors trois ans et cinq mois, s'éloignèrent jusqu'à huit cents mètres, dans la région du col, à l'ouest du mont Visoke. Le groupe 4 n'avait pas l'habitude de se déplacer jusqu'à cet endroit où l'on trouvait des habitations humaines. Oncle Bert et les autres gorilles suivirent pourtant docilement la vieille femelle et son petit. Le travail dura trois jours et trois nuits. Après la mise bas, j'aperçus brièvement Old Goat tirant derrière elle le corps du bébé. Quelques instants après, une explosion de cris éclata au sein du groupe puis tous les gorilles prirent la fuite.

Pendant près d'une semaine, aidée des hommes de mon équipe et de Bob Campbell, je recherchai sans succès le petit corps. Après cet incident, les liens qui unissaient Old Goat et Tiger se renforcèrent encore. Tiger régressa à un stade infantile. Old Goat le laissait téter, le transportait sur son dos (il pesait alors une vingtaine de kilos) et lui faisait longuement sa toilette. Ces activités empêchaient la vieille femelle de participer à la vie sociale du groupe 4.

Tandis que les gorilles retournaient vers la sécurité des pentes du mont Visoke, le lendemain de la partirution d'Old Goat, ils rencontrèrent Amok, le mâle solitaire. Mrs X qui, sans doute, ne pouvait pas suivre l'allure générale du groupe, resta avec Amok. Cette association dura deux mois. Tous deux étaient malades, se nourrissaient peu et se déplaçaient lentement.

Après le départ de Mrs X, le comportement de sa fille, Simba, âgée de trois ans et un mois, se transforma. Elle avait été une enfant sociable et pleine de vitalité. Soudain, elle devint souffreteuse et se replia sur elle-même. Elle restait blottie contre Oncle Bert, refusait de jouer avec les autres enfants et se mit à manger ses excréments. Le jeune mâle à dos argenté, qui était depuis quatre ans le mâle dominant du groupe, jouait le rôle de substitut maternel. Il faisait la toilette de Simba, dormait avec elle dans le même nid et la protégeait des autres jeunes qui ne cherchaient pourtant qu'à jouer.

En mai 1971, la vieille Mrs X réintégra le groupe. Amok, à une centaine de mètres de là, échangea pendant près d'une journée des vocalisations furieuses avec Oncle Bert, tandis que tous deux se frappaient la poitrine. Pourtant, Amok ne fit aucune tentative pour reprendre Mrs X. Au cours des trois années suivantes, il devint de plus en plus faible. Finalement, il disparut. Je supposai qu'il était mort mais son corps ne fut jamais retrouvé, malgré nos recherches dans la zone du col qui avait constitué son terrain de parcours pendant ses dernières années.

Après le retour de Mrs X, Simba retrouva son humeur joyeuse. Je n'observai aucune séquelle psychologique consécutive à la séparation d'avec sa mère pendant deux mois. Elle avait été sevrée auparavant et j'attribuai plutôt son abattement au départ de sa mère plutôt qu'à l'absence de contact physique avec celle-ci.

Mrs X était gravement malade. Elle disparut vingt et un jours après son retour. Son corps ne fut jamais retrouvé.

Dix ans plus tard, en dépit de recherches intensives, aucun squelette des animaux disparus n'a pu être retrouvé. L'étendue, le relief accidenté du terrain, la rapidité avec laquelle la végétation repousse, expliquent peut-être ce phénomène. De plus, les gorilles mourants essaient souvent de se cacher dans les troncs creux des *Hagenia*, ce qui accroît encore la difficulté des recherches.

Après la disparition de sa mère, Simba se retira dans sa coquille et devint à nouveau dépendante d'Oncle Bert. Malgré les soins permanents de celui-ci, la petite orpheline, âgée de quatre ans, montrait tous les signes d'une enfant privée de sa mère. Ses poils étaient emmêlés, sa petite queue autrefois blanche était sale, ses yeux et ses narines coulaient. La plante de ses pieds était abîmée. Aucun gorille ne la portait jamais sur son dos. Quand Simba n'arrivait pas à suivre le groupe, seul son demi-frère, Digit, attendait qu'elle le rattrape. Tous deux rejoignaient ensuite les autres.

Un an après la mort de sa mère, Simba entreprit de construire son propre nid. Elle empilait les feuilles les unes sur les autres mais n'essayait pas de façonner les bords du nid. Ses efforts ressemblaient à ceux d'un bébé-gorille de deux ans. La nuit, exposée au froid et à l'humidité, elle rejoignait souvent Oncle Bert. Pendant plus d'un an, le jeune mâle à dos argenté continua à prendre soin de Simba. Celle-ci se comportait comme une enfant gâtée. Quand elle jouait avec Augustus, Tiger ou Papoose, elle poussait un petit cri aigu à la moindre bousculade et Oncle Bert se précipitait pour rappeler à l'ordre ses compagnons, en grognant et en les mordillant.

Papoose, âgée de sept ans, encourageait les tentatives

timides de Simba pour prendre part aux jeux. L'orpheline s'approchait avec hésitation des autres jeunes puis s'asseyait à distance et se mettait à faire soigneusement sa toilette. Cette activité lui permettait de regarder les jeux sans être obligée d'y participer.

Oncle Bert adopta la même ruse vis-à-vis des hommes quand Simba fut suffisamment confiante pour faire preuve de curiosité à l'égard des observateurs. Il intervenait entre sa protégée et les humains en bâillant — exprimant ainsi plus son manque d'intérêt que sa nervosité —, faisait semblant de se nourrir puis s'avançait directement sur les observateurs en intimant à Simba, par des vocalisations impératives, l'ordre de décamper. Quand nous avions reculé, Oncle Bert rejoignait le groupe.

***

Le jeune mâle assumait de mieux en mieux ses responsabilités. Il maintenait la cohésion du groupe 4 et le protégeait, mais il ne put empêcher, en juin 1971 — moment où mourut la mère de Simba — les deux dernières femelles adultes, Maisie et Macho, de passer au groupe 8, au cours d'un violent affrontement. Oncle Bert perdait ainsi deux femelles génitrices potentielles au profit du groupe 8.

Le statut social de Macho et Maisie se trouva amélioré car la hiérarchie des femelles du groupe 4 avait été dominée par Old Goat et Flossie.

Pendant quatre ans, le groupe 4 avait survécu à de nombreux changements traumatisants. Le mâle à dos argenté, Whinny, était mort. Son fils aîné avait réussi à maintenir la cohésion du groupe avec l'aide de la femelle dominante, Old Goat. Cela ne tenait pas du miracle. C'était seulement la démonstration de la façon dont les liens de parenté fonctionnent dans une société de gorilles.

Les jeunes femelles du groupe parvenues à maturité sexuelle avaient émigré dans un autre groupe où elles n'avaient pas d'attaches familiales. Oncle Bert, à travers ses expériences, avait acquis les qualités d'un chef. Enfin, Digit, le jeune mâle à dos noir, commençait aussi à apprendre, comme l'avait fait Oncle Bert avant lui, à assumer ses responsabilités.

En juin 1971, l'avenir du groupe 4 semblait assuré.

CHAPITRE 10

Un exemple de stabilité familiale : le groupe 4

Avec le départ de Bravado, Maisie et Macho, Digit avait perdu trois demi-sœurs qui avaient partagé ses jeux et l'avaient accompagné pendant la période de transition de l'adolescence à l'âge adulte. Il avait maintenant neuf ans et était trop âgé pour gambader avec Augustus (un an), Simba (trois ans et quatre mois) et Papoose (cinq ans). Mais, il était trop jeune pour fréquenter les femelles adultes du groupe 4, Old Goat, Flossie et Petula. Toutes ces raisons expliquent peut-être l'attraction qu'exerçaient sur lui les êtres humains.

Digit me donnait vraiment l'impression de rechercher le contact quotidien avec les observateurs. Par la suite, il montra qu'il faisait la différence entre les hommes et les femmes, jouant brutalement avec les premiers, timidement avec les secondes. De tous les membres du groupe, c'était lui qui venait toujours le premier voir lequel d'entre nous était présent ce jour-là. Il aimait que j'amène des étrangers et se désintéressait alors complètement de moi. Il s'approchait d'eux, les reniflait, effleurait leurs vêtements et leurs cheveux. Quand j'étais seule, il m'invitait à jouer en se couchant sur le dos et en agitant les jambes en l'air, avec un regard qui semblait dire : « Comment peux-tu me résister ? » Dans ces moments-là, mon objectivité scientifique m'abandonnait.

Digit me rappelait Puck, du groupe 5. Comme lui, il était fasciné par les Thermos, les carnets de notes, les gants et les appareils-photo. Il examinait les objets, les reniflait puis les prenait délicatement en main. Parfois, il les rendait à leurs propriétaires. Ce geste ne signifiait pas qu'il reconnaissait leur droit de propriété mais que l'amoncellement d'objets autour de lui ne lui plaisait pas.

J'apportai, un jour, un miroir de poche et le posai sur l'herbe, de façon que Digit puisse le voir. Il s'en approcha sans hésitation, se pencha, appuyé sur les avant-bras, et renifla l'objet sans le toucher. En voyant sa propre image, il fit la moue, secoua comiquement la tête puis soupira longuement. Enfin, il regarda derrière le miroir pour « sentir » s'il y avait un autre gorille. Ne trouvant rien, il retourna à son image, soupira de nouveau et recommença le même manège. J'ai été souvent intriguée par le plaisir que semblait trouver Digit à contempler son image dans le miroir. Je n'affirmerai pas qu'il se reconnaissait. En tout cas, l'absence de signes olfactifs lui faisait sans doute comprendre qu'il n'y avait pas d'autre gorille.

L'Office ruandais du Tourisme me demanda une photographie d'un gorille du Parc des Volcans afin d'en faire un poster pour attirer les touristes. J'étais l'hôte des Ruandais et j'accédai à leur requête comme je l'avais fait quelques années auparavant. J'avais alors donné de nombreuses photos qui servirent de modèles aux premières séries de timbres postaux représentant des gorilles. Je choisis pour l'Office du Tourisme un portrait de mon adorable Digit. De grands posters en couleur le représentant en train de manger un morceau de bois s'étalèrent bientôt dans les hôtels, les banques, l'aéroport, les agences de voyage. « Venez me voir au Ruanda » indiquait une inscription en plusieurs langues. J'étais agitée de sentiments divers. Digit, jusqu'à ce jour, avait été un jeune mâle « inconnu », grandissant au sein de son groupe natal. Soudain, son image était partout. Notre vie privée risquait d'être perturbée. Je n'avais pas envie de voir le public affluer vers le groupe 4 au moment où ce dernier était en train de se transformer en une solide unité familiale.

En août 1971, un an exactement après la mort de son premier enfant, Flossie donna naissance à Cléo, procréée par Oncle Bert. Cléo naquit à quelques dizaines de mètres de l'endroit où Flossie avait mis bas pour la première fois. L'endroit, que j'appelai Birth Gully (le ravin des accouchements), est situé sur un monticule au milieu d'un ravin profond d'où l'on a une bonne visibilité sur les environs. Il est difficile d'accès, tout au moins pour les hommes.

Pour la première fois, Flossie fit preuve d'attentions maternelles. Cléo était le deuxième survivant des cinq enfants engendrés par Oncle Bert. J'attribuai le nouveau comportement de Flossie à la stabilité grandissante que connaissait le groupe 4. Oncle Bert prenait de l'assurance dans son rôle de chef de groupe et de protecteur des enfants, mais il avait encore besoin de plusieurs années d'expérience dans les contacts avec d'autres unités sociales.

En octobre 1971, le groupe 4 rencontra le groupe 5 à la limite sud-est de son domaine vital. L'interaction eut lieu pendant deux jours.

Bravado, qui avait intégré le groupe 5 dix mois plus tôt, retrouva les membres de sa famille. Tous la reconnurent immédiatement. Digit et Papoose se mirent à jouer joyeusement avec elle ainsi qu'avec Icare, Pantsy et Piper du groupe 5. Cette camaraderie constituait pour moi une indication de la façon dont les jeunes gorilles de groupes voisins font connaissance, bien avant d'avoir atteint la maturité sexuelle.

Malheureusement, Oncle Bert se montra agressif vis-à-vis de Beethoven. Le jeune mâle à dos argenté, assisté souvent de Digit, se livrait à des démonstrations frénétiques à l'égard du mâle dominant du groupe 5. Il négligeait de maintenir son groupe à bonne distance de Beethoven et chargeait avec excitation parmi les gorilles, ce qui mettait en danger la sécurité de ses deux enfants, Augustus (cinq mois) et Cléo (deux mois). Les femelles et les jeunes, effrayés, prenaient la fuite. Augustus s'aplatissait sur le dos de sa mère, Pétula, s'accrochant à elle en poussant des cris aigus. Cléo, que Flossie portait sous son ventre, dormait au milieu de tout ce vacarme. Old Goat, avec une mimique austère, emmena finalement le groupe loin des démonstrations des deux mâles à dos argenté. L'après-midi du second jour, Beethoven vint reprendre Bravado et lui fit réintégrer le groupe 5. Oncle Bert essaya vainement d'avoir le dernier mot. Il suivit Beethoven en se pavanant fièrement, imité comiquement par Simba et Papoose.

Je fus frappée pendant ces deux jours d'observation par la différence de comportement des deux mâles à dos argenté. Bien avant que j'entre en scène, des années auparavant, Beethoven avait dû être aussi maladroit que Oncle Bert. L'âge et l'expérience lui permettaient maintenant de contrôler ce genre de situation sans avoir recours à des moyens agressifs. Il en serait de même, un jour, pour Oncle Bert, dont l'apprentissage n'était pas encore terminé, ainsi que pour les deux mâles assistants, Digit du groupe 4 et Icare du groupe 5.

Digit, qui était un mâle à dos noir et n'avait pas atteint la maturité sexuelle, commençait cependant à assumer des responsabilités. Il avait soutenu Oncle Bert pendant l'interaction avec le groupe 5, mais il était manifestement intimidé par Beethoven. En même temps, il semblait très excité par la possibilité de renouer des liens avec Bravado. D'autre part, je ne m'étais pas rendu compte qui de lui ou de Old Goat avait le premier recherché la compagnie de l'autre, mais la vieille femelle tolérait la présence de Digit et partageait avec lui la responsabilité de la défense du groupe. Oncle Bert avait désormais deux « chiens de garde » pour veiller sur sa famille.

Les nouvelles responsabilités de Digit apparurent clairement quand, au début de 1972, le groupe 4 commença à se déplacer dans la région du col. Il s'éloignait ainsi des domaines vitaux des groupes 8 et 9 et avait à sa disposition une plus grande variété de végétation et d'arbres. La visibilité en terrain plat était moins bonne que sur les pentes. Digit et Old Goat maintenaient une vigilance de tous les instants pour protéger et défendre le groupe.

Son rôle d'assistant exposait Digit à recevoir des blessures de mâles plus agressifs que lui, particulièrement ceux du groupe 8. En mars 1972, il fut sévèrement mordu à la face et au cou. La blessure au cou suppura pendant plus de quatre ans. Sa localisation ne permettait pas à Digit de la nettoyer avec la langue. Tout ce qu'il pouvait faire, était de ramasser l'écoulement avec son doigt et de le lécher, ce qui explique que l'infection se généralisa. Pendant près de deux ans, le corps de Digit exhala une odeur aigre. Il pétait abondamment et avait des haut-le-cœur. Il devint apathique et donnait à tout instant l'impression d'être sur le point de s'asseoir.

Digit s'animait et reprenait son entrain habituel pendant les deux ou trois jours du mois du cycle œstrien de Papoose. Oncle Bert n'intervenait jamais quand Digit copulait avec Papoose, qui était encore sexuellement immature, mais il ne toléra pas sa présence dans le groupe quand Old Goat redevint féconde, au milieu de l'année 1972. On trouvait généralement Digit à l'écart, se balançant d'un côté à l'autre, mouvement qui suggère la masturbation, bien que nous ne l'ayons jamais vérifié.

Pendant les interactions des groupes 4 et 8, Papoose et Simba quittaient le groupe 4 pendant de brefs instants pour jouer avec Peanuts et Macho du groupe 8. Digit manifestait son inquiétude. Oncle Bert et Rafiki ne semblaient guère se soucier des mouvements des deux jeunes femelles. Papoose et Simba étaient encore loin, en effet, de la maturité sexuelle et Rafiki, vu son âge avancé, n'essayait pas d'acquérir de nouvelles femelles.

Digit montrait moins d'intérêt pour les relations avec les hommes. Son rôle de sentinelle du groupe 4 et de géniteur potentiel l'absorbait. C'est à cette époque que Digit fut connu dans le monde entier, à cause du poster de l'Office du Tourisme.

⁂

Tiger commençait aussi à définir sa place au sein du groupe. Il avait cinq ans et était entouré de compagnons de jeu de son âge, une mère attentionnée, un chef protecteur. C'était un animal heureux et bien adapté dont la joie de vivre était contagieuse pour les autres animaux du groupe et qu'il exprimait souvent par une grimace caractéristique. Il ressemblait à quelqu'un qui se prépare à faire une bulle avec du bubble-gum. Ses lèvres se tordaient, son nez se fronçait et ses yeux se fermaient à demi. Contrairement à Digit, il ne recherchait pas la compagnie des hommes. Il ne s'apercevait de notre présence que lorsque son énergie débordante avait épuisé ses compagnons de jeu. Il aimait jouer à la lutte de traction avec des branches qu'il essayait d'enlever de la main des observateurs en tirant dessus. Quand l'homme lâchait la branche, Tiger tombait en arrière en riant de bon cœur et revenait pour recommencer le même jeu.

Sa compagne de jeu favorite était Papoose, âgée de sept ans et demi. Véritable garçon manqué dans ses parties endiablées avec Tiger, Papoose devenait maternelle avec la petite Simba. Cependant, ses interactions sexuelles avec Digit prenaient le pas sur ses autres activités. Elle cherchait aussi la compagnie de Pétula, la dernière femelle dans la hiérarchie du groupe 4. Elles étaient certainement demi-sœurs, comme on pouvait en juger par leur ressemblance physique et leurs relations étroites.

Toutes deux étaient les dernières dans la hiérarchie des femelles. Les plus âgées toléraient mal leur présence. Elles avaient des enfants turbulents. Le comportement maternel de Pétula était incohérent. Après s'être querellée avec Old Goat et Flossie, elle reportait sa frustration sur sa fille, Augustus. Elle grognait ou la mordillait sans raison. L'enfant faisait la moue et se mettait à gémir, puis à crier et Pétula la corrigeait de nouveau.

Au cours de sa première année, en réaction au comportement de sa mère et au rejet de ses compagnons, Augustus jouait souvent seule dans les arbres et saccageait avec ses acrobaties de jeunes plants de *Vernonia.* C'est le seul animal que j'aie observé montant sur les arbres pour localiser les autres gorilles quand ils étaient cachés par la végétation.

Quand elle eut dix-huit mois, Augustus découvrit qu'en frappant ses mains l'une contre l'autre, elle pouvait obtenir un son particulier. Elle se livra à ce jeu jusqu'à l'âge de cinq ans. Je n'ai jamais observé cette activité, fréquente chez les gorilles en captivité, parmi ceux qui vivent en liberté. A en juger par la surprise que manifestaient les autres membres du groupe, c'était la première fois qu'ils entendaient ce claquement de mains. Augustus avait tendance à exagérer. Elle tapait des mains pendant une minute en arborant un large sourire de satisfaction. Certains jeunes se frappent parfois la plante des pieds, mais ne semblent en retirer qu'un plaisir tactile.

Cléo, à six mois, était une enfant éveillée et curieuse qui, pendant les périodes de repos diurne, gigotait comme un petit crabe dans les bras de sa mère, Flossie. Une blessure qu'elle avait à l'œil suppura pendant près de deux ans mais elle ne semblait pas en être affectée. Je ne vis jamais Flossie essayer de soigner l'œil de son enfant.

Vers la fin de l'année 1973, les trois femelles du groupe avaient de nouveau un cycle œstrien régulier et sollicitaient Oncle Bert pour copuler avec lui. Le jeune mâle à dos argenté était très attiré par Old Goat. Avec Flossie, il semblait remplir un devoir. Pétula, quant à elle, ne l'intéressait pas. Les travaux d'approche d'Old Goat duraient parfois pendant un quart d'heure. Elle s'avançait lentement jusqu'aux côtés d'Oncle Bert. Leurs copulations étaient plus intenses et plus longues que celles d'Oncle Bert avec les deux autres femelles. Le mâle copulait avec plus d'enthousiasme avec Flossie quand les périodes de fécondation de celle-ci coïncidaient ou chevauchaient celles de Pétula. Cette dernière faisait assaut de coquetterie mais n'avait guère de succès et Oncle Bert, quand elle le sollicitait, au lieu de copuler, se mettait souvent à lui faire sa toilette. Il fallut attendre qu'Augustus ait trois ans et quatre mois pour que des relations sexuelles accidentelles reprennent entre eux.

Les périodes de fécondité d'une femelle adulte induisent souvent une grande activité sexuelle de substitution chez les autres membres du groupe.

Flossie chevauchait généralement le jeune Tiger qui restait impassible. Pétula sollicitait Flossie et Old Goat qui l'acceptaient volontiers. Old Goat était la seule qui ne faisait jamais d'avances aux autres femelles. Tiger avait six ans quand sa mère reprit un cycle œstrien régulier. Il montrait un grand intérêt pour les activités sexuelles de celle-ci mais n'essayait jamais d'intervenir quand elle copulait avec Oncle Bert. Il commença à s'intéresser à Simba ou à Papoose quand Digit, alors âgé de onze ans, n'était pas dans les environs immédiats.

Digit, pour sa part, commença à chevaucher Simba quand elle eut près de six ans. Il faisait de même avec Papoose. Oncle Bert n'intervenait pas dans les relations des jeunes les jours où les trois femelles adultes étaient réceptives. Les différences d'âge et de taille rendaient ces simulacres de copulation quelque peu comiques.

⁂

En janvier 1974, Oncle Bert, qui avait acquis un peu plus d'expérience, réussit à reprendre Maisie au groupe 8, dirigé par Rafiki. Ce groupe comprenait alors Peanuts, Macho, Thor (sa fille de sept mois) et Maisie, qui était arrivée en 1971.

Pendant les quatre semaines qui suivirent le retour de Maisie dans le groupe 4, Oncle Bert s'élançait souvent sur elle et lui donnait des coups. Quand une femelle est transférée dans un nouveau groupe, elle devient la cible des démonstrations du mâle dominant. Le cas de Maisie était un peu différent. Le groupe 4 était son groupe natal et elle en connaissait bien tous les membres, à l'exception de Cléo (deux ans et demi), née après son départ. Cléo, contrairement aux autres gorilles, accueillit mal le retour de l'émigrée. Elle manifestait son hostilité par des grognements et des simulacres de charges. Augustus, qui avait seulement onze mois au moment du départ de Maisie, cherchait au contraire à attirer l'attention de cette dernière pour les séances de toilette et de jeu.

Maisie ne resta que cinq mois dans le groupe 4. Elle ne réussit pas à s'intégrer. Les femelles adultes, Old Goat, Flossie et Pétula, l'acceptaient mal. A partir de juin 1974, Maisie émigra à plusieurs reprises du groupe 8 au groupe 4, jusqu'à ce qu'elle se fixe avec un mâle à dos argenté solitaire, Samson, qui avait autrefois appartenu au groupe 8.

Après la mort de Rafiki, en avril 1974, Oncle Bert se mit à séjourner de plus en plus fréquemment aux abords du groupe 8 ou à l'intérieur de son domaine vital. Un mois plus tard, les trois membres restants du groupe 8 (Peanuts, conduit par Macho transportant Thor sous son ventre) eurent un violent affrontement avec le groupe 4. Thor fut tuée par Oncle Bert. Comme dans la plupart des cas d'infanticide, celui-ci se produisit après la mort du mâle à dos argenté dominant du groupe de l'enfant et fut suivi du passage de la mère dans le groupe opposé. En tuant Thor, Oncle Bert éliminait un rejeton avec lequel il n'avait pas de lien de parenté et qui avait été procréé par un mâle concurrent. Il augmentait son groupe d'une femelle et se donnait des chances de procréer plus rapidement. Contrairement à ce qui se passe dans la plupart des cas d'infanticide, Oncle Bert ne s'empara pas immédiatement de la femelle. Il attendit cinq mois.

Deux facteurs expliquent vraisemblablement ce délai. Peanuts, fils de Rafiki, avait onze ans. N'ayant pas atteint la maturité sexuelle, il ne représentait pas un concurrent. D'autre part, le groupe 4 était souvent engagé sur le flanc sud de son domaine vital dans des interactions avec deux mâles solitaires à dos argenté, Samson et Nunkie. J'avais rencontré celui-ci pour la première fois sur mon terrain de recherches deux ans auparavant. Oncle Bert n'était pas capable de se mesurer à ces deux mâles. Un mois après la mort de Thor, un événement imprévu se produisit.

Pétula et Papoose quittèrent le groupe 4 et rejoignirent Nunkie. Un nouveau groupe se créa ainsi. Papoose suivit Pétula, sa supposée demi-sœur avec qui elle avait des liens étroits, car elle n'avait pas de possibilités immédiates de procréation dans le groupe 4.

Le départ de Pétula fut une surprise. Comme Liza du groupe 5, elle laissait derrière elle son enfant de quatre ans. Son statut social s'améliorait car elle échappait à l'ordre hiérarchique de son groupe où elle occupait le dernier rang. Les deux femelles avaient chacune allaité leur enfant jusqu'à l'âge de quatre ans, c'est-à-dire bien au-delà de l'époque normale de sevrage. Il semble qu'une lactation prolongée ait un effet inhibiteur sur la conception. Pétula, comme Liza, n'avait pas été en mesure de copuler activement avec son partenaire à dos argenté.

Simba et Augustus étaient donc privées de leurs mères. Il est difficile de comparer le comportement des deux petites femelles et la façon dont elles s'adaptèrent. Augustus avait sur Simba deux avantages : elle avait un an de plus et son père, Oncle Bert, faisait partie du groupe. Elle réduisit considérablement ses jeux avec les autres jeunes mais, contrairement à Simba, ne fut jamais isolée. Elle se nourrissait en compagnie d'Oncle Bert et construisait un nid, maladroitement structuré, accolé à celui de son père.

Mais Oncle Bert ne dorlota jamais Augustus comme il l'avait fait pour Simba. Augustus mûrit plus rapidement. Elle avait un comportement protecteur avec Cléo et faisait la toilette de tous les membres du groupe, Flossie exceptée. Après le départ de sa mère Pétula, dernière dans la hiérarchie, Augustus put passer plus de temps près de son père et consolider ainsi ses liens avec le reste du groupe.

En août 1974, trois ans jour pour jour après la naissance de sa fille Cléo, Flossie mit au monde un enfant mâle, Titus.

C'est l'intervalle le plus court que j'aie observé entre deux naissances. A l'issue de plusieurs années de recherches, j'ai pu établir la moyenne suivante : pour treize femelles, l'intervalle moyen était de 39,1 mois. Quand on considère uniquement les naissances successives d'enfants viables, la moyenne est de 46,8 mois, pour dix femelles. En cas d'enfants non viables, l'intervalle moyen est de 22,8 mois, pour sept femelles.

La naissance de Titus était inattendue. Flossie ne montrait aucun signe de grossesse. Je l'avais vu copuler huit mois et demi plus tôt avec Oncle Bert, mais elle avait continué à le solliciter ainsi que les autres femelles.

Les comportements caractéristiques du cycle œstrien sont souvent observés pendant les derniers stades de la grossesse.

La plupart des femelles dans les moments qui précèdent le travail, chevauchent le mâle dominant et les autres mâles adultes du groupe, ainsi que les femelles. Les animaux ainsi sollicités restent habituellement passifs. Les réponses des femelles sont cependant plus marquées que celles des mâles, comme en témoignent leurs vocalisations typiques de la copulation et leurs mouvements. Le rang plus ou moins élevé occupé par les femelles grosses dans la hiérarchie sociale détermine les réactions plus ou moins vives des autres femelles. Selon moi, un tel comportement permet aux femelles sur le point de mettre bas de renforcer leurs liens à l'intérieur du groupe.

Titus, le deuxième enfant viable de Flossie, était, comme les autres, un nouveau-né malingre. De plus, il avait de graves difficultés respiratoires. La bouche grande ouverte, il aspirait par à-coups, avec des mouvements de tête comme s'il éternuait. Cette gêne respiratoire dura près de huit mois. L'indifférence de Flossie pour le bébé me peinait.

Flossie avait considérablement vieilli en trois ans. L'éducation de Cléo semblait l'avoir épuisée. Elle ne prodiguait plus à Titus que les soins maternels élémentaires. Elle ne s'occupait de lui que pour le rappeler à l'ordre, en grognant ou en le mordillant, quand il essayait de jouer sur son corps.

La toilette du bébé était faite pour la forme. Titus ne faisait aucun des mouvements observés chez les autres enfants qui gigotent toujours pour protester. Ce sont les mères qui commencent la toilette des bébés et ceux-ci qui arrêtent l'activité, mais Titus n'en faisait rien. Il cherchait cependant à téter de façon normale. Ce sont toujours les enfants qui commencent la tétée et leur mère qui donne le signal de fin. Flossie était plus autoritaire avec Titus qu'elle ne l'avait été avec Cléo. C'est ce qui explique, sans doute, pourquoi le bébé acceptait facilement l'arrêt des tétées pour éviter de provoquer l'irritation de sa mère.

A l'époque de la parturition de Flossie, trente-huit mois s'étaient écoulés depuis que Old Goat avait mis au monde un enfant non viable. Elle avait retrouvé un cycle œstrien régulier et sollicitait chaque mois Oncle Bert. Au mois de septembre, après une brève maladie de six semaines, elle semblait en excellente santé et s'occupait comme toujours avec amour de Tiger, qui avait alors sept ans.

Par une belle et chaude journée d'octobre 1974, je jouissais du soleil et du calme au milieu du groupe 4. Old Goat, couchée à côté de moi, s'était redressée à demi pour regarder jouer Tiger. Allégrement, il arrachait le feuillage à pleines poignées et le mettait en lambeaux en le frappant contre le sol, sa tête et le flanc de sa mère avec une expression ravie. Je contemplais le spectacle, émerveillée par la cohésion des liens familiaux dans une famille de gorilles.

Le lendemain, je m'aperçus qu'une interaction avait eu lieu entre le groupe 4 et Peanuts et Samson. Pendant la rencontre, Peanuts se vit enlever Maisie par Samson tandis qu'Oncle Bert reprenait Macho. Peanuts resta seul. Je jugeai de la violence de l'interaction en découvrant des traînées de sang et des touffes de poils. Une odeur âcre, caractéristique des mâles à dos argenté, emplissait l'air. Le groupe 4 avait fui à près de six kilomètres dans la zone du col et sur le versant sud du mont Visoke. Peanuts l'avait poursuivi sur toute cette distance pour essayer de reprendre Macho. Pendant les deux mois qui suivirent, il resta à moins de dix mètres du groupe, provoquant sans arrêt des affrontements physiques. C'en était fini de la tranquillité du groupe 4.

Old Goat avait disparu. Après nous être assurés qu'elle n'était pas avec Samson, et qu'aucun groupe marginal ne fréquentait la région, nous nous mîmes à la recherche de son corps. Nos investigations n'aboutirent pas avant un mois. Fin novembre, l'un de mes hommes, qui était monté sur un arbre pour se protéger d'un troupeau de buffles, sentit soudain une forte odeur de putréfaction. Le corps de la vieille femelle, caché par des plantes grimpantes, gisait dans le tronc d'un vieil *Hagenia.*

L'état de décomposition était avancé et on dut prélever des morceaux de ses organes. Ce fut une besogne répugnante que de couper dans le corps de cette noble femelle.

Il me fallut longtemps pour me défaire du sentiment de vide que j'éprouvais chaque fois que je rencontrais le groupe 4.

Tiger, à ma grande surprise, ne fut pas déprimé par la disparition de sa mère. La présence d'un mâle solitaire à la périphérie du groupe, par la pression constante qu'elle maintenait, peut fournir une explication. Digit et Tiger réussissaient à empêcher Peanuts de pénétrer à l'intérieur du groupe. Ils paradaient devant le jeune mâle à dos argenté et me faisaient penser à deux petits garçons jouant aux soldats. Digit, qui n'avait que douze ans, n'était pas capable d'émettre les vocalisations d'intimidation caractéristiques des mâles à dos argenté. Avant de se frapper la poitrine, il ouvrait la bouche comme s'il s'attendait à ce qu'un son en sorte. Tiger, alors âgé de sept ans, imitait toutes les démonstrations de son aîné. Oncle Bert surveillait les mouvements des trois mâles mais il était davantage occupé à copuler avec Macho, sa nouvelle femelle.

A la fin du mois de novembre, Peanuts, épuisé et blessé, abandonna la partie et retourna sur le versant nord du mont Visoke. Avec son départ, Digit perdit sa raison de vivre. Il restait assis de longs instants à l'arrière du groupe, sa position habituelle, regardant dans la direction où l'on avait trouvé le corps d'Old Goat. Ni la présence des observateurs, ni les jeux sexuels d'Oncle Bert et de Macho, ne soulevaient son intérêt. Son comportement me rappelait celui de Samson après la mort de Coco, la vieille femelle du groupe 8. La blessure au cou que Digit avait reçue trente-deux mois auparavant était encore visible. Son corps et sa tête étaient disproportionnés. Il était triste et déprimé et n'avait plus rien de commun avec le jeune gorille curieux et plein de vie que j'avais connu.

⁂

Le retour de Macho provoqua dans le groupe des changements internes. Simba et Augustus, les enfants sans mère, cherchaient à être le plus près possible de la femelle dominante Flossie, même si elle ne leur accordait aucune attention. Flossie, son enfant de trois mois pendu sous son ventre, tracassait Macho, chaque fois que Oncle Bert n'était pas dans les environs. Simba, Augustus et Cléo se mirent à reproduire le comportement de Flossie. Le premier mois de Macho dans le groupe 4 fut pénible. L'agressivité de Flossie rappelait celle qu'elle lui avait déjà témoignée, en 1969, quand Macho approchait de la maturité sexuelle, et semblait indiquer une absence de liens parentaux.

Flossie était devenue la femelle dominante du groupe après la mort d'Old Goat, mais Oncle Bert la repoussa quand il eut fait l'acquisition de Macho. Titus n'ayant que quatre mois, il se passerait donc au moins deux ans et demi avant que Flossie reprenne le cycle œstrien. La vieille femelle reportait son agressivité sur son enfant, le corrigeant pour la moindre faute.

Oncle Bert ne semblait pas se soucier du comportement de la femelle qu'il avait reçue en héritage, plutôt qu'acquise lui-même. Il passait son temps à copuler avec Macho ou à gambader avec Tiger, Simba, Augustus et Cléo. Il interrompait de temps en temps les séances de chatouilles et de luttes pour prendre dans ses bras les jeunes et faire leur toilette.

Quand Oncle Bert eut fécondé Macho, il la délaissa. Flossie et les trois autres femelles du groupe recommencèrent à harceler celle-ci, malgré la présence du mâle dominant. Macho était obligée de se retirer à la périphérie du groupe, souvent près de Digit. Elle semblait rechercher la compagnie de son nouveau partenaire mais les autres femelles lui faisaient peur. Elle donnait l'impression de marcher sur des œufs quand elle s'approchait d'elles.

Kweli naquit en juillet 1975. Ce fut le second enfant de Macho et le septième d'Oncle Bert. Macho reprit de l'assurance avec cette preuve concrète des attentions d'Oncle Bert. Flossie devint plus tolérante, échangeant même avec la nouvelle mère des vocalisations-rots et se partageant avec elle la présence du mâle.

Sans raison apparente, Macho se mit un jour à grogner à l'adresse de Tiger, qui avait alors huit ans. Le propre fils de Macho, Kweli, était âgé de trois mois. Tiger s'enfuit en criant. Oncle Bert chargea alors et Macho s'accroupit d'un air soumis pendant qu'il vocalisait avec colère au-dessus d'elle. Il la menaça plusieurs fois de s'emparer de Kweli qu'elle serrait dans ses bras. Finalement, elle s'éloigna timidement en rampant. Je me demandais si elle avait gardé le souvenir de la mort de Thor, tuée l'année précédente par Oncle Bert. Thor était son premier enfant et le dernier de Rafiki. Un mâle à dos argenté ne tue jamais ses propres enfants, n'ayant aucun avantage à en tirer sur le plan de la reproduction.

Quand Kweli eut cinq mois, les jeunes du groupe se liguèrent contre Macho qui transportait encore son enfant sous son ventre. Ils la repoussaient à la périphérie du groupe où se trouvait Digit. Oncle Bert restait impassible. C'était un triste spectacle de voir la jeune mère se replier sur elle-même. Elle fut saisie d'un tic nerveux. Elle tournait vivement la tête vers Oncle Bert puis baissait les yeux et se mordait la lèvre inférieure. Son expression indiquait une crainte profonde. Quand elle adoptait ce comportement, le jeune Kweli, un bébé remarquablement éveillé et bien coordonné dans ses mouvements, se raidissait et jetait un regard pénétrant à sa mère.

Pendant toute une année, le groupe 4 n'engagea aucune interaction extérieure. Puis, en janvier 1976, une rencontre violente eut lieu avec Peanuts. Le jeune mâle à dos argenté avait trouvé, après deux ans et demi de solitude, un nouveau compagnon. Oncle Bert réussit à lui enlever l'animal, âgé de dix ans. Peanuts ne fit aucun effort pour le reprendre.

Je restai perplexe devant l'identité et le sexe du gorille et l'appelai Beetsme *. L'animal semblait en mauvaise santé et mal nourri, ce qui est fréquent chez les gorilles vivant sur le versant nord du mont Visoke qui jouxte une zone de col à la végétation rare. Il semblait d'autre part déjà habitué à la présence humaine. C'était peut-être un enfant du groupe de Géronimo, le groupe 9. Le nouveau venu, qui avait toutes les apparences d'un mâle à dos noir, fut cependant immédiatement chevauché par Oncle Bert, et commença à s'occuper de Titus (qui avait alors dix-sept mois), lui faisant sa toilette et le prenant dans ses bras.

Beetsme était effectivement un mâle, le premier — et le seul — parmi ceux qui firent l'objet de mes observations, à immigrer et à être accepté dans un groupe déjà structuré. Je ne comprenais pas pourquoi Oncle Bert avait eu recours à la violence pour acquérir un autre mâle alors que le rapport mâle-femelle était de 1 à 1 dans le groupe 4. Peut-être, en enlevant Beetsme à Peanuts, avait-il voulu réduire le pouvoir de ce dernier et ses capacités à former un autre groupe. Cette hypothèse risque d'attribuer faussement un certain degré de préméditation à Oncle Bert. Comme l'infanticide, cette stratégie pourrait être un mécanisme de l'évolution destiné à la perpétuation génétique.

Beetsme apparut vite comme un perturbateur. Il donnait l'impression de prendre la vie pour d'éternelles vacances. Ses parties de jeux, de culbutes, de poursuites avec Tiger et ses avances sexuelles incontrôlées auprès de Simba et de Cléo créaient un désordre incessant dans le groupe. Oncle Bert devait faire preuve d'une autorité grandissante. Tiger, pour la première fois de sa vie, avait un jeune mâle de son âge avec qui jouer. Il abandonna ses devoirs de chien de garde qu'il parta-

* That beats me : Cela me dépasse (N.d.T.).

geait avec Digit depuis la mort de Old Goat. Le comportement exubérant du nouveau mâle donna à Macho la possibilité de se mêler aux autres membres du groupe, sans avoir recours à des tentatives d'approche obséquieuses.

Cette sécurité retrouvée eut des répercussions profondes sur le fils de Macho, Kweli, âgé d'un an. Il devint un bébé plein de vie et son développement s'accéléra sur le plan physique et social. Il progressa plus rapidement que Titus qui avait un an de plus que lui.

En observant les différences de développement chez les deux enfants, j'en conclus que Titus était peut-être un prématuré. Les attentions que lui témoignait Beetsme, en lui faisant sa toilette et en jouant avec lui, stimulèrent le développement des relations sociales de Titus avec les autres membres du groupe.

Vers l'âge de trois ans, Titus découvrit qu'en se frappant rapidement des deux mains le menton, il pouvait faire claquer ses mâchoires. Le bruit produit était aussi inusité que celui que faisait Augustus, sept ans plus tôt, en claquant des mains. On peut supposer que certains gorilles qui n'ont pas la possibilité de mener des interactions normales développent des modèles de comportement atypiques comme substituts de stimuli sociaux. Le balancement de Digit quand il était jeune, de même que certains comportements des gorilles en captivité, doivent être rangés dans cette catégorie.

Titus avait deux ans quand sa mère, Flossie, recommença à solliciter Oncle Bert. Celui-ci, bien qu'il n'eût pas d'autre femelle à sa disposition, la délaissait. A ce moment-là (août 1976), Simba alors âgée de huit ans et demi, commença à avoir un cycle de l'œstrus régulier. Oncle Bert cependant n'était pas intéressé par l'orpheline qui avait été sa petite protégée. Digit, âgé d'environ quatorze ans et proche de la maturité sexuelle, répondait par contre avec enthousiasme aux sollicitations sexuelles de Simba et montrait un regain d'intérêt pour la vie.

La maturité sexuelle de Simba avait des répercussions sur l'ensemble du groupe 4. Beetsme chevauchait Cléo, Augustus et Titus. Digit protégeait ses futurs droits de reproducteur en empêchant Beetsme et Tiger de s'approcher de Simba. Cléo, qui avait cinq ans et demi à la fin de l'année 1976, montrait une grande curiosité pour le changement de statut de sa compagne de jeu. Elle observait avec excitation les actions désordonnées des autres jeunes et essayait parfois d'attirer l'attention de Tiger et de Beetsme.

Le petit Kweli (dix-huit mois), fils de Flossie, était le seul membre du groupe dont le comportement n'était pas affecté par la maturité sexuelle de Simba. C'était un enfant bien intégré, à la personnalité indépendante, bénéficiant de l'affection de son père, Oncle Bert.

Un jour où Simba faisait l'objet de l'attention générale, Kweli s'approcha de son père qui urinait. Fasciné, le jeune essaya de recueillir l'urine dans ses mains en coupe. Oncle Bert, avec une expression irritée et comique, chassa l'enfant comme il l'aurait fait d'une mouche importune. Kweli se retira de mauvais gré, alla s'asseoir à quelques pas d'un air boudeur et continua à observer intensément son père. Le mâle à dos argenté recueillit délicatement deux de ses crottes avant qu'elles ne touchent le sol et les mangea avec appétit. Le jeune Kweli semblait plus intéressé par cette action que par le débordement d'activité sexuelle qui régnait autour de lui. Chez les gorilles, la coprophagie permet l'ingestion de nutriments qui ne sont pas disponibles dans l'alimentation végétale.

Quand Simba n'était pas en période d'œstrus, Digit se tenait à la périphérie du groupe 4, assumant ses fonctions de gardien. Tiger et Beetsme, à l'extrémité opposée du groupe, étaient généralement occupés à saccager la végétation, au cours de leurs poursuites et leurs culbutes effrénées.

Par un jour froid et pluvieux, j'eus beaucoup de peine à résister à la tentation de rejoindre Digit qui se protégeait de la pluie, caché sous le feuillage, à une dizaine de mètres du groupe. Depuis plusieurs mois, il se désintéressait des observateurs et je ne voulais pas remettre en cause son indépendance. Je le laissai à sa solitude et restai à quelques pas du groupe rassemblé en une masse à peine distincte, dans un brouillard épais. Soudain, je sentis un bras qui entourait mes épaules. Digit me regardait pensivement de ses yeux bruns. Il tapota doucement ma tête puis s'affala à mes côtés. Je posai la tête sur ses genoux. Dans cette position, j'avais chaud et je pouvais aussi observer la blessure qu'il portait au cou depuis quatre ans. Elle ne suppurait plus mais avait laissé une profonde cicatrice de plusieurs centimètres et d'autres plus petites tout autour.

Je pris avec précaution mon appareil-photo mais j'étais trop près pour obtenir un bon cliché. Au bout d'une demi-heure la pluie cessa et Digit s'étira soudain, en renversant la tête en arrière et en bâillant. Vivement, j'actionnai l'appareil. Sur la photo, le doux Digit, avec sa bouche largement ouverte et ses énormes canines, évoque plutôt un monstrueux King Kong.

J'eus peu après l'occasion de voir les canines de Digit dans un contexte tout à fait différent. En décembre 1976, j'avais passé plusieurs heures en compagnie de l'un de mes aides, Nemeye, à la recherche du groupe 4, dans la région ouest du col qui était maintenant partie intégrante de son domaine vital. Nous nous trouvions à plusieurs heures de marche du camp. Décidant d'abandonner les recherches, nous prîmes le chemin du retour sur une piste à découvert que j'avais appelée, huit ans plus tôt, la piste des troupeaux.

Nemeye marchait péniblement à quelques mètres de moi. Le brouillard s'était momentanément levé et j'aperçus à une quarantaine de mètres sur notre gauche les silhouettes massives des gorilles blottis les uns contre les autres pour se protéger de la pluie. Je soupesai le pour et le contre. Il était déjà tard, il faisait mauvais et je décidai de ne pas rechercher le contact. Alors que je rattrapais Nemeye, Digit surgit soudain, face à Nemeye. Tous deux se figèrent sur place. Digit se dressa sur ses pattes arrière, émit deux cris terrifiants, la bouche grande ouverte, ses canines énormes bien visibles et exsuda une odeur âcre caractéristique de la peur. Il semblait hésiter entre fuir et charger. Il ne m'avait pas encore vue. Je me précipitai en avant, repoussant Nemeye derrière moi. En me reconnaissant, Digit retomba sur ses quatre pattes et rejoignit le groupe 4 qui s'éloignait en courant pour se protéger vers les pentes de la montagne. Quand les vocalisations d'alarme de Digit cessèrent, tous les gorilles firent halte pour identifier la cause du danger.

Cet incident prouve l'intérêt pour la sécurité d'un groupe d'avoir une sentinelle à sa périphérie.

***

Au cours des années, Oncle Bert et Digit se mirent à former une solide équipe défensive, à l'intérieur comme à l'extérieur du groupe. Sans être aussi étroite que celle d'Oncle Bert et de Tiger, leur relation était cependant harmonieuse et assurait la cohésion de l'unité familiale. L'assistance qu'ils se prodiguaient mutuellement était évidente quand le groupe se déplaçait dans la région du col qui n'avait pas encore été complètement débarrassée des braconniers.

Au début de l'année 1977, un jour où j'allais entrer en contact avec le groupe 4, j'entendis soudain les vocalisations d'alarme émises par Oncle Bert. Je courus vers les gorilles et les trouvai paisiblement installés pour leur période de repos diurne. Seul Oncle Bert restait assis, vigilant.

Un quart d'heure passa. Le mâle à dos argenté montait toujours la garde avec la même expression tendue et effrayée. Un couple de corbeaux passa soudain en croassant et amorça un piqué au-dessus de sa tête. Il hurla de terreur puis se mit à plat ventre, se protégeant la tête de ses mains. Les corbeaux continuèrent leur manège mortifiant pendant près d'une heure. Les autres gorilles semblaient complètement ignorer la situation embarrassante de leur chef. J'étais gênée pour mon noble ami.

Quand les corbeaux se furent éloignés, le chef rassembla dignement sa famille et l'emmena plus loin pour se nourrir. Je me redressai pour repérer la direction prise par le groupe afin de préparer le travail du lendemain. Soudain, un bruit de feuillage remué attira mon attention. Macho était là et me regardait avec ses yeux profonds. Elle avait quitté le groupe pour me rejoindre. Son regard confiant était d'une poignante douceur.

CHAPITRE 11

Décimation par les braconniers

En janvier 1977, Oncle Bert était devenu le chef incontesté et respecté de tous les membres de sa famille. Sa maturation avait duré huit ans. Il avait affronté, au cours de multiples interactions, des mâles à dos argenté solitaires et d'autres groupes. Il avait réglé les querelles à l'intérieur de sa famille et assumé des responsabilités grandissantes à l'égard de ses enfants et de ceux que lui avait laissés son père, Whinny. Dix ans après le début de mon étude, le groupe 4 se composait de onze membres. Il y avait eu huit décès, cinq émigrations de jeunes femelles, l'immigration d'une femelle et d'un mâle.

Le cas de l'immigrant à dos noir, Beetsme, me troublait. Il avait dix ans et était mal toléré sauf par les membres immatures du groupe, Tiger notamment, fils de l'ex-femelle dominante et de l'ex-chef à dos argenté. Avant l'arrivée de Beetsme, Tiger et Digit étaient les deux sentinelles du groupe. Ils montaient la garde et prévenaient de l'arrivée des intrus, hommes ou gorilles. Beetsme ne montra aucun intérêt pour cette activité. Il n'avait aucun lien de sang avec le groupe et ne contribuait donc ni à sa cohésion ni à sa défense.

Macho, la femelle adulte qui avait quitté puis réintégré le groupe 4 s'était au contraire très bien réadaptée. Son fils Kweli, âgé de dix-huit mois au début de l'année 1977, bénéficiait de toute la protection de son père, Oncle Bert. C'était un bébé-gorille extraordinairement éveillé. Tous les membres du groupe faisaient sa toilette et l'entraînaient dans leurs parties de jeux.

Par un matin superbe, je trouvai les gorilles se chauffant au soleil dans une petite prairie entourée de collines. Oncle Bert s'assit brusquement puis il me reconnut et émit quelques vocalisations de bienvenue. Il se recoucha sur le dos avec une expression de contentement extrême. Macho s'approcha de moi, me regarda de ses grands yeux confiants puis retourna s'étendre près de son compagnon. Le petit Kweli, trop excité pour rester en place, rampa dans ma direction sur les coudes comme une chenille, sa croupe et sa petite queue dressées. Ses yeux brillants comme des boutons de bottine vrillés sur les miens, il renifla mes cheveux. Sa moustache me chatouillait le visage. Il tira légèrement sur mes vêtements et mon sac à dos puis, ravi, agita ses petites jambes en l'air et, roulant sur lui-même, alla culbuter contre Oncle Bert. Il se mit ensuite à téter Macho. La mère et l'enfant, serrés l'un contre l'autre, échangeaient des petits rires de plaisir.

Tiger, qui jouait bruyamment à la périphérie du groupe, rejoignit la famille et, comme d'habitude, s'installa au côté d'Oncle Bert. Les liens familiaux et sociaux entre les deux mâles, vraisemblablement des demi-frères, se renforçaient avec le temps. Ils se livraient souvent ensemble à des séances de toilette et de jeu prolongées. Mais cette journée de janvier était trop chaude pour une activité fatigante. Les deux gorilles, après quelques caresses amicales, se couchèrent sur le dos en souriant et s'endormirent. Toute la famille, à l'exception de Digit, qui montait la garde, ronflait doucement. Nulle part au monde je n'aurais pu me sentir aussi bien que couchée au milieu des gorilles dans le petit cercle serré de leurs nids, profitant comme eux du soleil et du calme.

Une demi-heure passa ainsi paisiblement puis il me sembla entendre quelqu'un siffler sur la colline la plus proche. Oncle Bert qui dormait si profondément que sa lèvre inférieure pendait sur sa poitrine, se dressa d'un bond et regarda dans la direction d'où était venu le bruit. Ses yeux, son nez, ses oreilles semblaient autant d'antennes. Pendant quelques minutes, il resta en alerte, le corps tendu. Digit, qui se reposait sur une pente, se mit à remonter la colline. Oncle Bert le rejoignit. Tiger lui-même semblait inquiet. Aucun bruit ne se fit plus entendre pendant l'heure suivante. Oncle Bert s'apaisa mais emmena pourtant le groupe se nourrir dans la direction opposée.

Voyant que les gorilles étaient tranquillisés, je décidai de rentrer au camp. Après vingt minutes de marche, j'aperçus un braconnier qui courait sur un espace découvert. Il portait sa lance, son arc et ses flèches à bout de bras au-dessus de sa tête. Avec la rapidité d'une antilope, il bondit dans la forêt où l'attendaient d'autres braconniers avec leurs chiens. Je me précipitai à sa suite puis me cachai en imitant les sifflets des braconniers pour les attirer. En voyant « Nyiramachabelli », ils prirent la fuite.

De retour au camp, je demandai à Ian Redmond et à Rwelekana, l'un de mes meilleurs aides, de suivre la piste des braconniers à l'endroit où je l'avais laissée. Pendant ce temps, j'irais vérifier si le groupe 4 était en sécurité. Les traces des braconniers indiquaient que l'homme que j'avais entendu siffler faisait bien partie de la même bande. Les braconniers venaient de poser une ligne de pièges qui se terminait sur la colline dominant le site de repos des gorilles. Quand je les avais surpris, ils venaient de tuer une antilope et s'apprêtaient à la dépecer. Ainsi s'expliquait la ruse de l'homme qui s'était mis à courir pour attirer mon attention afin que je ne m'aperçoive pas de leur forfait. Après m'être assurée que les gorilles étaient en sécurité, je détruisis les pièges et rentrai au camp. Ian et Rwelekana ramenèrent les corps de six antilopes, des lances, des arcs, des flèches et des pipes à haschisch.

L'été 1977 fut idyllique. Le groupe 4 se déplaçait sur toute la partie ouest du col sans être dérangé par les braconniers ou d'autres groupes de gorilles. Les journées passaient paisiblement en jeux et en bains de soleil. Simba fut fécondée par Digit entre août et septembre. Elle cessa immédiatement de solliciter les mâles, eut moins d'activités sociales et se nourrit davantage, comportement typique chez les femelles grosses. Digit recommença à monter la garde à plusieurs dizaines de mètres du groupe.

Cette année-là, j'intensifiai la lutte contre les braconniers en multipliant les patrouilles avec Ian Redmond et mes hommes. Je multipliai également les contacts avec le groupe 4 dont l'actuel domaine vital offrait moins de sécurité que les pentes de la montagne. En m'approchant du groupe, le 8 décembre, je rencontrai d'abord Digit. Il était accroupi, la tête dans les épaules et semblait complètement abattu. Je passai quelques instants à échanger des vocalisations-rots avec lui pour le réconforter. Depuis que Simba avait été fécondée, le jeune mâle, de nouveau, n'avait plus goût à rien. J'eus soudain envie de faire quelques photos, bien qu'il fût à l'ombre et plutôt morose. Au bout d'un instant Digit se mit à manger. En s'éloignant, il reprit son air malicieux habituel et piétina l'herbe derrière mon dos, sa vieille façon de me dire au revoir.

Je trouvai plus loin Oncle Bert, ressemblant à un bouddha noir et massif, entouré de ses compagnes Macho et Flossie et de ses enfants espiègles. Augustus, assise près du chef de famille, se frappait joyeusement la plante des pieds. Kweli jouait au matelot ivre, vacillant sur ses jambes au milieu du groupe et me regardant en plissant les yeux et avec un sourire en coin. Il ne manquait que Digit pour compléter ce paisible tableau de famille.

⁂

Les fêtes de fin d'année approchaient et, avec elles, la menace d'un afflux de visiteurs. Mes craintes habituelles étaient quelque peu apaisées car les patrouilles antibraconnage avaient bien fait leur travail. Malheureusement, nous manquions d'hommes et d'argent.

Le 1er janvier 1978, Nemeye revint tardivement au camp et nous annonça qu'il n'avait pu localiser le groupe 4. Les traces se confondaient avec celles de nombreux buffles, d'éléphants, de chiens et de braconniers. Il avait aussi trouvé sur la piste du sang et des traînées de diarrhée. Malgré sa peur, il avait eu le courage de suivre la piste des gorilles sur trois kilomètres. Ils avaient fui en direction du mont Visoke. Le lendemain, divisés en deux équipes (Ian Redmond et Nemeye d'une part, moi-même et Kanyaragana d'autre part), nous quittions le camp à l'aube pour entreprendre des recherches sur toute l'étendue du col.

Ian trouva d'abord le corps mutilé de Digit gisant dans une mare de sang sur des feuillages piétinés. La tête et les mains avaient été coupés. Le corps portait des traces de multiples coups de lance. Ian et Nemeye partirent à ma rencontre afin de m'apprendre la catastrophe et de m'éviter le choc de la découverte.

Pendant que Ian me racontait l'horrible nouvelle, je revoyais défiler devant mes yeux toute la vie de Digit depuis le premier instant où je l'avais vu, dix ans plus tôt, petite boule soyeuse de fourrure noire. Je me sentais comme amputée d'une partie de moi-même.

Digit qui, dans son rôle de sentinelle, avait été pendant si longtemps d'une importance vitale pour son groupe, était mort en service commandé, tué par les braconniers, le 31 décembre 1977. Il avait reçu cinq coups de lance mortels en tenant en respect six hommes et leurs chiens. Grâce à lui, tous les membres de sa famille, sa compagne Simba et l'enfant qu'elle portait avaient pu fuir vers la sécurité de la montagne. Il avait mené un dernier combat solitaire et courageux et réussi à tuer l'un des chiens avant de mourir. La pensée de l'angoisse et de la souffrance qu'il avait endurées et de la compréhension qu'il avait peut-être eu de la cruauté humaine me serraient le cœur.

Les porteurs ramenèrent son corps au camp et on l'enterra à quelques mètres de ma cabane. Digit était mort mais son souvenir restait vivant. J'eus ce soir-là une longue discussion avec Ian Redmond. Fallait-il garder secret cet assassinat ou au contraire lui donner une large publicité afin d'obtenir un soutien pour la préservation du Parc des Volcans et l'organisation de patrouilles antibraconnage ?

Ian, parce qu'il était encore un nouveau venu, était optimiste. Il pensait que l'indignation soulevée par cet assassinat inutile serait un moyen de pression sur les autorités ruandaises et les contraindrait à mettre les braconniers sous les verrous. Il croyait aussi que cet incident renforcerait la coopération entre le Ruanda et le Zaïre et que les deux pays réuniraient chacune des parties de la réserve située sur son territoire respectif pour l'administrer de concert.

J'étais loin de partager ses espérances. Je travaillais depuis onze ans dans les Birunga et je pouvais compter sur les doigts de la main les fonctionnaires et les gardes forestiers qui n'étaient pas touchés par l'inertie et le malaise général régnant dans ce pays pauvre et surpeuplé. Le principal problème était la répartition des Birunga entre trois pays dont les gouvernements avaient d'autres priorités que la préservation des animaux sauvages. J'accordais à Ian que des protestations publiques amèneraient sans doute de l'argent dans les caisses de l'État ruandais mais je savais que les patrouilles antibraconnage n'en profiteraient guère. Après la capture de Coco et de Pucker, l'administration ruandaise avait obtenu des fonds et une Land-Rover, mais ni la voiture ni l'argent n'avaient servi les intérêts du Parc. Toute aide financière doit être accompagnée de motivations sérieuses si l'on veut respecter les buts à long terme que l'on s'est fixés. Je me refusais à déclencher une croisade internationale avec le slogan « Sauvez les gorilles » et à exploiter la mort de Digit.

L'aube blanchissait les fenêtres. Tout en continuant à discuter avec Ian, je compris enfin que Digit ne pouvait être mort pour rien. Je décidai de créer un « Fonds Digit » pour le soutien à la préservation active des gorilles. L'argent recueilli serait exclusivement consacré à la création de patrouilles anti-braconnage, au recrutement, à l'entraînement, à l'équipement et à la rémunération d'Africains. J'aurais évidemment préféré avoir recours aux gardes forestiers. Un hôte étranger a l'obligation de coopérer avec le gouvernement du pays où il réside. De plus, les gardes ont légalement le droit de procéder à des arrestations. Moi pas. Enfin un supplément de salaire (ils gagnaient 60 dollars par mois) aurait été pour eux le bienvenu. Malheureusement, il n'était pas possible de motiver les gardes forestiers. Quel que fût le travail qu'ils fournissaient, et même s'ils n'en fournissaient aucun, ils étaient payés. Pendant des années, chaque fois que j'allais aux États-Unis, je rapportais quantité d'uniformes, de bottes, de sacs à dos et de tentes que je leur distribuais. J'essayais ainsi de les encourager à former des patrouilles. Ces cadeaux, ainsi que les primes et la nourriture supplémentaire étaient évidemment bien accueillis, mais les gardes n'en faisaient pas plus pour autant. Ils n'avaient rien de plus pressé que de rentrer dans leurs villages et de vendre les bottes pour se payer du *pombe,* la bière locale.

Je perdis ma naïveté quand je me rendis compte que les gardes étaient en excellents termes avec les braconniers. Ils se faisaient payer en francs ou en viande et les laissaient chasser dans le Parc. De plus, quand les gardes prétendaient avoir capturé des braconniers, ces derniers s'arrangeaient toujours pour « prendre la fuite » sur le chemin de la prison. J'avais commis l'erreur de donner une prime pour chaque homme arrêté au lieu de payer les gardes à la journée. Je changeai de méthodes quand je recrutai par la suite du personnel à l'extérieur du Parc. Il était également inutile de donner une prime pour chaque piège saisi et ramené au camp. Les gardes fabriquaient eux-mêmes les collets et me les revendaient.

En suivant les traces des braconniers, la preuve fut faite que

Digit n'avait pas été tué, comme nous l'avions cru au départ, pour sa tête et ses mains. Les braconniers qui finissaient de poser leur ligne de pièges avaient pénétré sans s'en rendre compte sur le territoire des gorilles. On trouva le corps de Digit à une vingtaine de mètres du dernier piège et à quatre-vingts mètres du site de sommeil du groupe 4. Digit s'était donc trouvé seul face aux braconniers. Ces derniers avaient passé deux jours dans le Parc à chasser l'antilope et à poser leurs pièges. Leurs traces nous indiquèrent encore qu'ils étaient ensuite retournés au village de Kidengezi où vivait le tristement célèbre Munyarukiko, au pied du versant est du mont Karisimbi. C'est après coup que les braconniers décidèrent vraisemblablement de couper les mains et la tête de Digit car ces trophées avaient été fort appréciés des Européens dans le passé. Notre erreur d'interprétation était regrettable. L'assassinat d'un gorille par des chasseurs de trophées excite davantage l'imagination du public que la simple vérité : Digit avait donné sa vie pour sauver sa famille qui, tragiquement, s'était trouvée à la mauvaise place et au mauvais moment, le jour de l'An.

Je me demandais si le groupe 4 pourrait survivre longtemps. Un mois ? Six mois ? Un an ? Chaque matin, je m'éveillais pleine d'appréhension. Qui serait la prochaine victime ?

Nous avions donc décidé de faire connaître publiquement l'assassinat de Digit. Quelques jours plus tard, les téléspectateurs américains purent voir Walter Cronkite annoncer la nouvelle sur la chaîne CBS. J'invitai le conservateur ruandais à voir le corps de Digit avant sa mise en terre. Il vint accompagné de Paulin Nkubili, le chef des brigades, qui fut horrifié et promit de faire tout ce qui serait en son pouvoir pour arrêter les hommes connus à Ruhengeri comme étant des braconniers.

Six jours après le meurtre de Digit, j'étais occupée à taper à la machine dans ma cabane quand j'entendis notre bûcheron crier : « Bawiadagi ! Bawiadagi ! » (Braconniers ! Braconniers !) Les quatre Ruandais qui travaillaient au camp prirent immédiatement en chasse un inconnu qui avait essayé de tuer une antilope. Ils me l'amenèrent après une longue poursuite. L'homme portait un tee-shirt sale et couvert de sang séché. Son arc et ses flèches étaient également souillés de sang. Interrogé, il reconnut que c'était le sang de Digit.

Le chef des brigades monta à Karisoke avec des hommes

armés. Ils s'emparèrent du prisonnier qui fut par la suite jugé et condamné à une peine de prison. Il donna le nom de cinq de ses complices. Deux furent arrêtés au bout d'une semaine. Les trois autres : Munyarukiko, Sebahutu et Gashabizi, les plus célèbres parmi les braconniers des Birunga, réussirent à se cacher dans la forêt.

Je repris mes contacts réguliers avec le groupe 4. La disparition de Digit m'obsédait. Je me surprenais souvent à regarder vers la périphérie du groupe comme si j'allais y voir apparaître le jeune mâle à dos argenté. Les gorilles acceptaient ma présence comme par le passé mais j'avais le sentiment de ne plus mériter ce privilège.

Tiger et Beetsme essayaient de remplacer Digit dans ses devoirs de sentinelle. Ils étaient souvent distraits par leurs jeux et c'était Oncle Bert qui assurait la sécurité du groupe. En allant chercher refuge sur les hauteurs après la mort de Digit, les gorilles avaient été harcelés par Nunkie. Oncle Bert avait alors été obligé de ramener sa famille sur le col pour échapper au mâle à dos argenté qui cherchait vraisemblablement à récupérer Simba. Le groupe se rendit directement à l'endroit où Digit avait été tué. Aucun des gorilles n'avait pourtant vu la scène. Ils firent cercle comme s'ils cherchaient leur compagnon. Pendant dix années de recherches, je n'avais jamais vu de gorilles revenir sur les lieux où ils avaient déjà rencontré des troupeaux, des braconniers ou des pièges.

⁂

J'hésitais à rassembler le groupe 4 sur les hauteurs où il serait davantage en sécurité. J'estimais en effet que les gorilles avaient été suffisamment traumatisés. Sur ces entrefaites, Tiger fut blessé au poignet droit en se faisant prendre dans un piège. Il ne fallait plus attendre.

Le regroupement fut une épreuve terrifiante pour les gorilles. Quant à moi, je surmontai difficilement ma répugnance. Les animaux terrorisés ne pouvaient savoir que leurs poursuivants invisibles ne leur voulaient aucun mal, qu'il n'y avait pas de pièges sur leur chemin et qu'on les repoussait vers leur domaine favori.

Pourtant, vingt-quatre heures plus tard, ils ne se ressentaient plus de ce harcèlement. Ils n'avaient pas été aussi calmes depuis bien longtemps. Il est vrai que, pour une grande part, on pouvait attribuer ce calme à la fatigue.

Pendant près de six mois, le groupe 4 mena une existence paisible sur les pentes de la montagne et dans les environs immédiats. Simba portait le premier et le seul enfant de Digit. Elle exerçait une forte attirance sur les jeunes mais préférait passer son temps à manger avec voracité. Parfois, elle laissait Beetsme copuler avec elle. Flossie, qui approchait du terme, elle aussi, sollicitait fréquemment Oncle Bert. Elle portait le cinquième enfant de ce dernier. Sur les sept enfants conçus par Oncle Bert, quatre étaient encore en vie : Cléo et Titus, les deux petits de Flossie, Augustus, la fille de Pétula et Kweli, fils de Macho.

Flossie montrait des signes plus apparents que Simba de sa mise bas imminente. Les deux femelles étaient d'humeur acariâtre. Elles persécutaient Macho qui se retirait souvent à la périphérie du groupe pour leur échapper.

Comme toutes les femelles à l'approche d'une naissance, Flossie entourait son plus jeune enfant, Titus, âgé de trois ans et demi, de soins vigilants. Elle passait de longs moments, comme elle l'avait fait avec Cléo avant la naissance de Titus, à lui faire sa toilette. Les séances de jeu du petit Kweli en étaient réduites d'autant. Le fils de Macho était à ce moment-là en période de sevrage. Malgré les soins constants et affectueux de sa mère, l'enfant geignait et boudait souvent.

Trois mois et sept jours après l'assassinat de Digit, Simba donna naissance à Mwelu (mot africain qui signifie : une touche d'éclat et de lumière). Digit revivait dans une petite femelle à la beauté extraordinaire, aux yeux scintillants bordés de longs cils frémissants. Comme tous les nouveau-nés, Mwelu était un objet de curiosité pour les autres enfants. Simba la protégeait d'eux avec vigilance.

Sur la totalité de mes observations, Simba représente la deuxième femelle de son groupe à avoir donné naissance à un petit sans le soutien du géniteur. Elle était née elle-même après la mort de son père. La vieille Mrs X, sa mère, l'avait d'abord élevée. Oncle Bert, nouveau chef de famille, l'avait ensuite prise en charge à la mort de Mrs X. De nouveau, Oncle Bert devint le protecteur de Simba et de sa fille Mwelu. Celle-ci avait quarante-cinq jours quand Flossie donna naissance à une petite femelle, Frito.

Le travail des patrouilles antibraconnage ayant éloigné depuis plusieurs mois les braconniers, Oncle Bert ramena le groupe sur les herbages du col. On était à la mi-juillet 1978 et Frito avait alors un mois. Pendant une semaine, les adultes prirent tranquillement des bains de soleil. Les jeunes dépensaient leur énergie en se poursuivant d'arbre en arbre. La végétation luxuriante fournissait une nourriture abondante et variée. Les animaux profitaient au maximum de chaque journée passée sur leur terrain favori.

Le matin du 24 juillet, un étudiant frappa à ma porte. Il avait quitté le camp une heure plus tôt et je m'étonnai de le voir rentrer si vite. A l'expression de son visage, je compris tout de suite qu'une nouvelle catastrophe venait de nous frapper.

« Les braconniers, dis-je simplement.

— Oncle Bert a été atteint d'une balle en plein cœur », répliqua-t-il aussi brièvement que moi.

Le jeune homme avait montré un grand courage. Il avait examiné seul les environs pour localiser le groupe 4. Accompagné des hommes de l'équipe, il retourna sur les lieux du crime. Pendant des heures ils essayèrent tous de s'y retrouver au milieu d'un labyrinthe de traces laissées par les gorilles dans leur fuite. Ils tombèrent finalement sur les dix membres restants du groupe qui, sous la protection du valeureux Tiger, faisaient face à un groupe marginal composé de treize animaux particulièrement excités. Ces derniers prirent la fuite. Le groupe 4 se rassembla alors autour de Tiger, son nouveau chef. Seul survivant des enfants de Whinny, le fondateur probable du groupe 4 et de la femelle dominante Old Goat, Tiger était tout désigné après la mort d'Oncle Bert, dont il était vraisemblablement le demi-frère et avec qui il avait eu des relations sociales très étroites, pour assumer la responsabilité du groupe.

Kweli gémissait misérablement. Macho avait disparu. Je supposai que le groupe marginal l'avait enlevée. Tiger passa la nuit dans le même nid que Kweli qui n'avait que trois ans et ne dormait pas encore seul. Le comportement protecteur de Tiger reproduisait exactement celui d'Oncle Bert avec Simba, sept ans auparavant.

Nous retrouvions toute l'horreur que nous avions vécue au moment de l'assassinat de Digit. Les traces laissées par les braconniers nous conduisirent à l'endroit où ils avaient passé la nuit, à deux heures de marche du site de sommeil du groupe 4.

De toute évidence, les hommes étaient venus de Kidengezi, le village de Munyarukiko. Ils y étaient retournés après leur forfait. Nos recherches nous apprirent qu'ils avaient été interrompus dans leur besogne par l'arrivée de l'étudiant. Ils étaient en train de mutiler le corps d'Oncle Bert et n'avaient pas eu le temps de lui couper les mains. Une seule balle tirée en plein cœur avait entraîné la mort. En lacérant le côté droit de la poitrine de l'animal, les braconniers avaient cherché à égarer nos soupçons sur la cause de la mort. On trouva cependant le point d'impact de la balle. Oncle Bert fut enterré près de Digit.

Je me rendis à Ruhengeri pour informer Paulin Nkubili de ce nouveau meurtre. Le chef des brigades organisa rapidement des commandos et me proposa de l'accompagner jusqu'au village de Munyarukiko. L'effet de surprise fut total. Pendant la nuit, les commandos encerclèrent le village et fouillèrent les cases une à une. Ils s'emparèrent de lances, d'arcs, de flèches et de pipes à haschisch. Caché sous un lit, ils trouvèrent Gashabizi, l'un des trois braconniers tristement célèbres des Birunga. On put obtenir plus tard la preuve qu'il avait participé aux meurtres de Digit et d'Oncle Bert. Il fut arrêté et condamné à dix ans de prison. Cette fois encore, Munyarukiko avait réussi à s'échapper.

Le lendemain matin, le chef Nkubili organisa un autre raid-surprise contre un petit village où vivait le braconnier Sebahutu avec ses sept femmes et ses nombreux enfants. On fouilla les cases. Bientôt les lances, les arcs, les flèches et les pipes à haschisch s'amoncelèrent au milieu du village. On découvrit sous un matelas les vêtements de Sebahutu, des couteaux et des pangas tachés de sang.

Les femmes de Sebahutu éclatèrent en lamentations en protestant de l'innocence de leur mari. A ce moment précis, un homme déboula sur le chemin qui descendait vers le village. C'était Sebahutu. Il avoua avoir tiré la balle qui avait tué Oncle Bert. Il fut à son tour jugé et condamné à une peine de prison. Des trois principaux braconniers, seul Munyarukiko était toujours en fuite.

Sur le chemin du retour, je rencontrai un porteur qui me remit une note. On avait trouvé le corps de Macho à une cinquantaine de mètres de l'endroit où Oncle Bert avait été tué. Comme lui, elle avait reçu une seule balle. Le projectile avait traversé la cage thoracique et était sorti au niveau de la colonne vertébrale. Les braconniers avaient, cette fois encore, essayé de camoufler la blessure.

Hébétée, je repris la route pour Ruhengeri. Tout en conduisant, je me remémorais le jour où Macho s'était approchée de moi et avait plongé ses yeux confiants dans les miens. Je me souvenais de sa sollicitude et de sa tendresse pour Kweli. Comment l'enfant de trois ans allait-il maintenant survivre sans sa mère ?

Nkubili entra dans une grande colère en apprenant ce nouvel assassinat. Il organisa immédiatement une patrouille et ordonna que *tous* les hommes soupçonnés de braconnage lui soient amenés pour être interrogés. Le lendemain, je partis avec mon bus Volkswagen pour un petit village situé en bordure du Parc des Volcans. J'emmenais des soldats et un inspecteur de police. Je garai le véhicule à l'écart. Les hommes bondirent à terre. Tenant leurs fusils au-dessus de leur tête comme des marines au moment d'un débarquement, ils encerclèrent la place du marché où se trouvaient plusieurs centaines de personnes. Ce fut le premier des cinq raids-surprise organisés ce jour-là. On captura au total quatorze braconniers qui furent emprisonnés à Ruhengeri en attendant leur procès.

En retournant à Karisoke, je rencontrai sur le chemin le conservateur du Parc et lui proposai une place dans le bus. Pendant le trajet, il s'entretint d'un ton irrité en kinyarwanda avec mes aides en ignorant totalement ma présence. Quand je l'eus déposé, on me traduisit ses paroles. Il était furieux de l'arrestation des braconniers et allait demander immédiatement leur libération. Selon lui, la responsabilité des Ruandais n'était pas engagée puisque les gorilles avaient été tués dans la partie zaïroise du Parc.

Nous savions parfaitement que les derniers meurtres, de même que celui de Digit, avaient été commis au Zaïre, mais nous savions aussi que leurs auteurs étaient des Ruandais. Je trouvais plutôt ahurissant que le conservateur, qui n'allait jamais jusqu'à la frontière ruando-zaïroise, puisse porter de telles accusations. D'ailleurs, ni les braconniers ni les gorilles n'avaient besoin de visa pour aller d'un pays à l'autre...

Les hommes continuaient de me traduire les propos du conservateur tandis que le bus cahotait sur le chemin de lave refroidie qui conduisait au pied de la montagne. Il leur avait dit qu'il venait de passer trois jours à Gisenyi où il était allé chercher un gorille récemment capturé. N'ayant pas trouvé l'animal, il rentrait au quartier général du Parc situé à mi-chemin entre Ruhengeri et le pied de la montagne.

La rencontre avec le conservateur avait ravivé mes souvenirs de l'époque où Coco et Pucker avaient servi de monnaie d'échange entre le Ruanda et l'Allemagne. Quelle relation y avait-il entre le voyage du conservateur à Gisenyi et la mort d'Oncle Bert et de Macho ? Les deux événements avaient eu lieu le même jour. Je demandai à mes assistants ruandais en qui j'avais pleine confiance de se livrer à une petite enquête. Ils savaient comment obtenir discrètement des renseignements auprès des paysans ou d'autres informateurs qui connaissaient bien les activités des braconniers.

Deux Européens s'occupant de la préservation des animaux sauvages et un journaliste étaient arrivés à Kigali quarante-huit heures après les assassinats d'Oncle Bert et de Macho. Leur visite, prévue de longue date, était attendue avec impatience par les autorités qui espéraient recevoir des fonds et du matériel. Après la publicité faite autour de la mort de Digit, de nombreux organismes pour la préservation des gorilles avaient en effet vu le jour. Les visiteurs furent accueillis à l'aéroport par le directeur du Parc et ses assistants, dont un Belge. On les informa des derniers événements et le journaliste téléphona immédiatement la nouvelle à Londres.

Les étrangers passèrent deux jours à Kigali. Je les rencontrai à Ruhengeri alors que j'organisais les recherches contre les braconniers. J'étais fatiguée, couverte de boue et plus déprimée que je ne l'avais jamais été pendant mes onze années de travail. La voiture des visiteurs vint s'arrêter près de mon bus. Le journaliste en descendit, son magnétophone à la main. Il voulait une interview. La longue conversation que j'avais eue avec Ian Redmond six mois et demi plus tôt me revint à l'esprit. La mort de Digit avait été tout bénéfice pour l'administration du Parc. Y avait-il un rapport entre ce premier meurtre et les récents événements ? Je refusai au journaliste l'autorisation de monter jusqu'à Karisoke pour photographier les tombes. Je ne voulais plus de publicité. Ses conséquences sur la vie des gorilles étaient déjà assez catastrophiques.

Beaucoup de gens sont encore persuadés que les braconniers ont assassiné les gorilles pour s'emparer de leurs têtes. Nkubili avait pourtant mis fin à cette pratique depuis plusieurs années. Digit, Oncle Bert et Macho sont morts en défendant leur famille. Pour les media, c'est une explication moins excitante.

Kweli gémissait sans arrêt. Je m'aperçus au bout de six jours qu'il avait lui aussi reçu une balle dans l'épaule droite le jour de la mort de ses parents. Le projectile avait éraflé la clavicule et était ressorti à travers la musculature de l'épaule. Munyarukiko et Sehabutu étaient des tireurs hors pair. Qu'ils aient manqué leur cible, si toutefois ils avaient bien eu l'intention de tuer Kweli, ce matin fatal du 4 juillet, me semblait bizarre.

Avec l'aide de mes assistants ruandais et de quelques étudiants, je repris l'enquête à zéro. Les traces des braconniers nous permirent de reconstituer le film des événements. Kweli avait été la première victime. La balle l'avait atteint alors qu'il se trouvait dans un arbre. Les gorilles venaient de quitter leurs nids et s'éparpillaient pour aller se nourrir selon la routine habituelle. Macho fut touchée en se précipitant pour venir en aide à son enfant. Oncle Bert, qui était à l'avant du groupe, était revenu sur ses pas en entendant les cris de sa compagne et de son enfant. Il avait chargé et tenu tête aux braconniers. Il était debout quand la balle l'avait touché en plein cœur. L'intervention de ses parents avait permis à Kweli de s'enfuir et de rejoindre les autres membres du groupe. S'ils n'avaient pas instinctivement protégé leur enfant, Macho et Oncle Bert auraient échappé à la mort.

Quelques jours plus tard, les hommes à qui j'avais demandé de recueillir des informations revinrent au camp. Ils avaient noté de nombreux détails qui pouvaient avoir une relation avec les meurtres : lieux, dates, heures, noms et événements. J'appris ainsi que la veille de la mort d'Oncle Bert et de Macho, le conservateur avait reçu la visite de deux Africains, vraisemblablement des « Congo-men » (Zaïrois) avec qui il s'était longuement entretenu. Le conservateur avait ensuite informé son personnel qu'il se rendait à Gisenyi pour y prendre livraison d'un jeune gorille.

C'est alors seulement que je compris le sens des propos du conservateur, le jour où je l'avais fait monter dans ma voiture. Il m'avait fallu onze jours pour découvrir la vérité. Les braconniers avaient été chargés de capturer Kweli. Ils ignoraient jusqu'où pouvaient aller les gorilles pour défendre leurs enfants. De plus, le conservateur n'avait pas compris que la capture d'un gorille *en dehors* du terrain de recherches ne serait pas un bon argument publicitaire et n'inciterait pas les pays étrangers à envoyer de l'argent.

***

Kweli, le petit orphelin de trois ans, fut pris en charge par Tiger qui soignait sa blessure et lui faisait partager la chaleur de son nid. Au moindre cri du petit gorille, Tiger répondait par des vocalisations rassurantes. Nouveau chef de famille et, comme tel, chargé de régler les déplacements du groupe, il faisait ralentir l'allure quand l'enfant ne pouvait pas suivre. Malgré toutes ces attentions, Kweli se montrait abattu et je craignais qu'il ne puisse survivre à ses traumatismes.

La cohésion du groupe était menacée. Beetsme n'avait en effet aucun lien de parenté avec les autres gorilles. Il avait environ deux ans de plus que Tiger et se trouvait ainsi sous l'autorité d'un mâle plus jeune que lui. Il montra rapidement des signes de volonté de pouvoir. Sans être parvenu à la maturité sexuelle, il prenait cependant avantage de sa taille et de son âge pour persécuter littéralement la vieille Flossie. Frito, le dernier enfant d'Oncle Bert et de Flossie, était en danger. Beetsme risquait de le tuer pour que Flossie soit de nouveau fertile.

Ni le jeune Tiger ni la femelle trop âgée n'étaient de taille à se mesurer à Beetsme. Malgré les tentatives des autres gorilles pour l'en empêcher, Beetsme tua Frito, vingt-deux jours après la mort d'Oncle Bert. Flossie transporta le corps pendant deux jours mais fut obligée de le lâcher pour se défendre contre une nouvelle agression de Beetsme. J'enterrai Frito près de son père, dans le cimetière situé devant ma cabane. Cette mort fut une autre conséquence des ravages causés dans le groupe par l'assassinat d'un mâle dominant.

Beetsme chercha à copuler avec Flossie deux jours après la mort de Frito. Ses sollicitations n'avaient aucune motivation sexuelle ou reproductrice. Flossie n'était pas encore fécondable et le jeune mâle n'était pas sexuellement mature. Il s'agissait plutôt pour lui de chercher un dérivatif à sa tension physique. Je lui en voulais de semer la zizanie et de détruire ce qui restait encore de la cohésion du groupe maintenue pendant de longues années par Oncle Bert.

Au cours d'une interaction violente qui eut lieu un mois plus tard avec le groupe de Nunkie, Flossie émigra. Elle emmena avec elle Cléo, sa fille de sept ans et Augustus, huit ans, fille de Pétula. Son fils Titus, quatre ans, resta dans le groupe.

Flossie et Cléo restèrent dix-neuf jours avec le groupe de Nunkie, puis allèrent s'installer dans un petit groupe marginal, le groupe Suza, qui ne comptait qu'une seule femelle. Flossie acquit ainsi un rang plus élevé. Dans le groupe de Nunkie, elle ne venait en effet qu'à la cinquième place. Nous n'avions malheureusement pas l'occasion de rencontrer souvent ce groupe marginal dont le domaine vital était situé, au-delà de la rivière Suza, sur un versant assez éloigné du mont Karisimbi. Je perdis donc Flossie de vue pendant plusieurs mois. Finalement, après de grands efforts, je pus recontacter le groupe Suza. J'eus la joie de découvrir que Flossie avait un nouveau bébé. Le père était vraisemblablement John Philip, chef du groupe. Onze mois s'étaient écoulés depuis l'émigration de Flossie. Quatre mois plus tard, en décembre 1981, Flossie fut grand-mère pour la première fois. Cléo avait donné naissance à un bébé.

Augustus, pour sa part, en restant dans le groupe de Nunkie, profitait du statut de sa mère Pétula, la première femelle acquise par le chef quatre ans auparavant. Elle se trouvait au même rang que sa demi-sœur Cléo, fille de Pétula et de Nunkie et âgée de trois ans.

Après le départ de Flossie, le groupe 4 se composait donc de Tiger, Beetsme, Titus, Kweli, Simba et son enfant Mwelu. Les tensions s'apaisèrent. Beetsme s'attaquait encore de temps en temps à Titus mais, comme Simba et Kweli, celui-ci était protégé par Tiger.

J'étais très inquiète de l'état de santé de Kweli. L'enfant éveillé et malicieux autrefois était devenu triste et apathique malgré les efforts de Tiger pour lui tenir lieu de père et de mère. Finalement, toute volonté de vivre abandonna Kweli. On le trouva un matin, respirant à peine, dans le nid de Tiger où il avait passé la nuit. Il poussa quelques cris et gémit faiblement quand les gorilles s'éloignèrent de lui pour aller se nourrir. Tout au long de la journée, réagissant à ses appels de détresse, ils revinrent le voir à plusieurs reprises pour le réconforter en vocalisant et en l'effleurant de leurs mains. Beetsme lui-même essaya de le faire asseoir comme s'il espérait qu'il allait se lever et suivre les autres. Après s'être reposés dans les nids construits à proximité, les gorilles vinrent à tour de rôle se placer devant Kweli et le contempler pendant quelques instants d'un air solennel. Ils semblaient comprendre qu'il était en train de mourir.

On ramena son corps au camp en fin d'après-midi. Il fut enterré entre son père et sa mère. Le groupe 4 était réduit à cinq membres : Simba, sa fille de six mois Mwelu et les mâles Tiger, Titus et Beetsme. Ce dernier était toujours aussi mal accepté. Il essayait sans succès d'établir sa domination sur les autres et sur Tiger en particulier.

En décembre 1978, quatre mois après la mort d'Oncle Bert et de Macho, Simba, à l'exemple de Flossie, avait saisi la première occasion pour émigrer et passer dans le groupe de Nunkie. Mwelu, le seul enfant qu'avait laissé Digit, fut tué par Nunkie. J'en ressentis une profonde tristesse.

Les trois mâles du groupe 4 errèrent pendant six semaines sur les pentes du mont Visoke. Tiger maintenait la cohésion du groupe en maternant Titus et en réfrénant la turbulence de Beetsme. L'ascendant que Tiger exerçait sur les deux autres et le fait qu'aucun mâle n'avait encore atteint la maturité sexuelle leur permit de rester ensemble.

En janvier 1979, Peanuts rejoignit le groupe 4. C'était un mâle à dos argenté solitaire et il était plus âgé que Tiger. Sous sa direction, les gorilles quittèrent les pentes de la montagne et retournèrent s'installer sur le col. Ils n'y étaient pas revenus depuis six mois.

Encouragé par la compagnie des trois autres mâles, Peanuts fit l'acquisition de deux mâles adultes, Ahab et Pattie que j'avais pris tout d'abord pour une femelle. Je n'eus pas l'occasion d'observer les interactions. On pouvait raisonnablement espérer que le groupe 4, sous la direction de Peanuts, serait capable de créer une nouvelle famille. Il y avait des chances de survie pour les gorilles : Munyarukiko, le braconnier tant redouté, était mort.

***

Les fêtes de fin d'année se passèrent dans le calme. Le Fonds Digit avait permis de développer les patrouilles antibraconnage qui avaient à cette époque dix-huit mois d'existence. Des dons provenant de la *Humane Society of America* servirent à équiper les hommes (bottes, imperméables, vêtements chauds, gants, tentes légères). Les équipes rejoignaient le camp chaque soir. Elles y trouvaient un repas chaud et des conditions correctes pour passer la nuit.

Les hommes montraient de la réticence à s'éloigner du camp. Plus la distance était grande, plus les risques de rencontrer des braconniers armés de fusils augmentaient. Quand ils devaient patrouiller à plus de cinq heures de marche du camp, je les accompagnais avec Ian Redmond pour leur donner confiance. Le travail était difficile mais les hommes faisaient preuve d'une bonne volonté remarquable. C'étaient des gens honnêtes et qui prenaient à cœur la préservation des animaux sauvages. Légalement, ils n'avaient pas le statut de gardes forestiers puisqu'ils avaient été recrutés directement par le Centre.

Les patrouilles travaillaient trois jours par semaine. Les hommes rentraient ensuite chez eux avec leur salaire en poche. Les bottes et les vêtements de pluie restaient au camp où on les nettoyait afin qu'ils soient prêts pour le travail de la semaine suivante. Ce système permettait d'entretenir les équipements et d'éviter qu'ils ne se perdent.

Près de 4000 pièges furent ainsi détruits en un an et demi. Entre le salaire et la nourriture, un employé nous revenait à six dollars par jour.

Un certain nombre d'organisations œuvrant pour la préservation des gorilles avaient vu le jour au Ruanda. Elles avaient reçu des dons importants après le vaste mouvement de sympathie qui avait suivi les morts de Digit, Oncle Bert et Macho. Ces groupes de soutien s'occupaient surtout de la promotion du tourisme, de l'acquisition de matériel et de véhicules pour le personnel du Parc et de l'éducation du public en ce qui concernait les gorilles. L'administration approuvait ces activités qui rehaussaient l'image de marque du Parc des Volcans. J'éprouvais pour ma part un certain malaise en voyant les sommes considérables investies dans ce type de préservation. Néanmoins j'étais heureuse de voir la satisfaction des autorités ruandaises et de pouvoir continuer à Karisoke mon travail de préservation active.

⁂

Le 1er janvier 1980 un porteur se présenta à l'entrée de ma cabane. En apercevant le panier servant généralement à transporter les patates qu'il tenait sur la tête, je m'apprêtais à lui dire que je n'avais rien commandé quand il s'exclama : « *Iko Ngagi.* » (C'est un gorille.) Mon sang ne fit qu'un tour. Le porteur déposa le panier sur le sol et je soulevai doucement le couvercle. Une petite femelle en sortit. Elle avait environ trois ans, l'âge de Kweli.

Des braconniers zaïrois l'avaient vendue pour 1 000 dollars à un médecin français de Ruhengeri. Le Dr Vimont, après avoir acheté l'animal, avait fait arrêter les braconniers. Je ne sus jamais à quel groupe appartenait la petite captive ni combien de membres de sa famille avaient pu être tués. On l'avait enfermée pendant six semaines dans une réserve à patates humide et sombre et on l'avait nourrie de fruits et de pain. Comme tous les autres captifs que j'avais déjà vus elle souffrait de déshydratation et avait contracté une maladie des poumons. Dès qu'elle m'aperçut, elle courut se cacher sous un lit. Pendant deux jours, chaque fois que quelqu'un entrait dans la pièce, elle se réfugiait au même endroit. On lui apporta de la forêt de la nourriture fraîche et je fus soulagée de voir qu'elle s'alimentait et dormait dans le nid que je lui préparai pour la nuit.

Bonne Année, c'était son nom, eut besoin de six semaines de soins pour guérir et se remettre à jouer au-dehors. Six semaines encore furent nécessaires pour qu'elle retrouve son agilité et soit capable de grimper aux arbres et préparer sa nourriture, éplucher les branches de céleri, décortiquer les chardons et mettre les tiges de *Galium* en boule. C'était un vrai plaisir de voir la petite malade se transformer progressivement en une enfant bien vivante. Cindy contribua à sa guérison comme elle l'avait fait pour Coco et Pucker. Elle la serrait contre elle pour la réchauffer. Plus tard, elle participa à ses jeux.

J'avais informé le directeur du Parc de l'arrivée de Bonne Année et de mon désir de l'intégrer à un groupe de gorilles quand elle serait remise du traumatisme de sa capture. Il me donna son accord. Cette attitude était réconfortante. Nous étions loin de l'époque où Coco et Pucker avaient été envoyés en Allemagne. La législation sur la préservation des gorilles avait d'ailleurs fait de grands progrès depuis 1969.

Selon moi, l'intégration de Bonne Année dans le groupe 4 lui offrait les meilleures chances de survie. C'était un groupe hétérogène, sans enfants et sans relations de parenté solides. Il y avait cependant un inconvénient. Peanuts avait tendance à emmener ses cinq compagnons dans la région du col à l'ouest de Visoke où sévissaient encore les braconniers. Bonne Année allait-elle retrouver la liberté pour retomber entre leurs mains ?

Au mois de mars, Bonne Année était complètement guérie et il n'y avait plus aucune raison d'attendre. Je procédai d'abord à un « sevrage ». Il fallait lui faire perdre progressivement l'habitude du confort : nourriture préparée, chaleur de la cabane, attentions prodiguées par les résidents du camp, les visiteurs et Cindy. Un petit bivouac fut installé à la périphérie du groupe 4. Pendant quatre jours et quatre nuits, un étudiant, John Fuller et un assistant africain apprirent à Bonne Année à vivre à la dure.

Le jour choisi pour l'intégration commença sous de mauvais auspices. Il pleuvait à verse. Les membres du groupe 4 s'étaient éloignés et menaient une violente interaction avec un groupe marginal non identifié. Le moment était mal choisi pour leur faire accepter une nouvelle compagne. Je décidai donc de faire une tentative avec le groupe 5, le lendemain. Ce groupe présentait un avantage : son domaine vital était établi dans une zone où l'on ne trouvait pas de braconniers. Cependant les liens de parenté très étroits risquaient de compromettre l'opération.

Les réactions possibles d'Effie, la femelle dominante, me préoccupaient. C'était elle qui avait le plus à perdre avec l'arrivée d'un membre étranger au groupe. J'ignorais alors qu'elle allait mettre bas dans trois mois. Le comportement provocateur de Tuck, la fille d'Effie, m'inquiétait également. Elle approchait de la maturité sexuelle et Icare la chevauchait fréquemment. Les liens de parenté allaient être encore renforcés par la naissance d'un enfant de Pantsy qui venait d'être fécondée par Icare.

A cette époque (début du printemps 1980) je n'imaginais pas jusqu'à quels extrêmes peut arriver un mâle à dos argenté pour sauvegarder l'intégrité des liens du sang à l'intérieur d'un groupe. J'étais donc loin de penser qu'Icare pouvait représenter un danger pour Bonne Année.

Je sentais pourtant grandir mon appréhension tandis que nous approchions du groupe 5. Perchée sur le dos de John, la petite femelle ne partageait guère mes sentiments. Elle était d'humeur joyeuse. Je trouvai les gorilles prenant leur repos habituel de la journée. Une pluie fine et pénétrante tombait sans arrêt. Il n'y avait ni autre groupe ni mâle solitaire à proximité. Cette deuxième tentative aurait peut-être des chances de réussir...

Je repérai un arbre dans les environs immédiats. Bonne Année, si elle était effrayée, pourrait ainsi rester avec nous. Elle pourrait aussi nous rejoindre facilement si les gorilles la rejetaient. A une quinzaine de mètres du groupe, je choisis un *Hypericum* d'accès aisé. Cinq minutes après notre installation dans l'arbre, Beethoven lança un bref cri d'alarme. Il regardait Bonne Année d'un air bizarre comme s'il essayait de déterminer si elle appartenait ou non au groupe. La petite femelle au contraire le contemplait placidement. Elle semblait le connaître depuis toujours. J'étais surprise par ce comportement car il y avait trois mois qu'elle n'avait pas vu d'autre gorille.

Le cri de Beethoven avait alerté les autres animaux. Tuck s'approcha de l'arbre en se pavanant, en se mordillant nerveusement les lèvres et en piétinant l'herbe. Sa mère le suivit. Effie s'avançait d'une démarche raide, la face crispée de façon déplaisante.

Bonne Année oublia soudain notre présence. Elle échappa aux bras de John et descendit lentement de l'arbre pour rejoindre ceux de sa race. Quand elle passa à ma hauteur, j'allongeai instinctivement la main comme l'aurait fait une mère pour retenir son enfant. Puis, estimant que je n'avais pas le droit de contrecarrer sa volonté, je la laissai aller. Bonne Année s'approcha de Tuck. Ils s'embrassèrent. J'échangeai alors un sourire avec John. Hélas, ce fut le seul moment de la journée où nous eûmes l'occasion de nous réjouir.

Mes tristes pressentiments s'avérèrent fondés. Menaçante, Effie s'approcha de Tuck. Les deux femelles commencèrent à se battre pour s'approprier le bébé. Elles le tiraient par les bras et les jambes, le traînaient sur le sol, le mordaient. Bonne Année hurlait de douleur et de peur. Malgré ma ferme intention de me cantonner dans mon rôle d'observateur objectif, je ne pus me contenir plus de dix minutes. Je descendis de l'arbre en criant : « Fichez-moi le camp ! Fichez-moi le camp ! » et récupérai l'enfant. Je la tendis à John qui grimpa encore plus haut dans l'arbre. Effie et Tuck, effrayées par mon intervention, restaient au pied de l'arbre en nous regardant d'un air menaçant comme pour nous faire comprendre qu'elles n'abandonnaient pas la partie. C'est alors qu'à notre grand ébahissement, Bonne Année redescendit d'elle-même pour les rejoindre. Je ne fis aucune tentative pour l'en empêcher. Elle était décidée à reprendre sa liberté.

Tuck et Effie recommencèrent à jouer avec elle comme des chats avec une souris. Bonne Année hurlait. Cette brutalité, cette torture, les cris de l'enfant étaient insoutenables. Beethoven chargea avec des grognements furieux. Tuck et Effie prirent la fuite. Tremblant de tous ses membres, Bonne Année s'approcha de Beethoven qui la renifla négligemment. La pluie redoublait et le mâle fit demi-tour pour aller s'abriter sous les arbres. La petite Bonne Année, mouillée jusqu'aux os, se blottit contre le dos massif du patriarche.

Quand les rafales de pluie s'apaisèrent, les autres gorilles vinrent examiner et renifler la petite étrangère. Bonne Année, confiante, alla s'asseoir au milieu des jeunes et commença à se nourrir. Bientôt, tous les membres du groupe se rassemblèrent autour d'elle en se pavanant et se frappant la poitrine comme s'ils cherchaient à susciter une réponse. Bonne Année était presque cachée à nos regards. Soudain, Icare, les lèvres serrées écarta les jeunes d'un air menaçant, courut directement sur Bonne Année et la tira par un bras. Effie et Tuck joignirent leurs efforts aux siens, frappant l'enfant avec une brutalité accrue chaque fois qu'elle essayait de se redresser. Icare la saisit alors avec ses dents et la traîna sur plusieurs mètres pour la mettre hors d'atteinte des femelles. Les cris de terreur de l'enfant attirèrent Beethoven et d'autres gorilles qui se ruèrent sur Icare. Celui-ci laissa tomber Bonne Année à terre et prit la fuite.

Ma gratitude envers Beethoven ne fut que de courte durée. Il se détourna et descendit la pente pour aller se nourrir seul dans un coin. L'âge l'empêchait sans doute d'exercer des représailles contre Icare. De plus, ses possibilités de reproduction étaient pratiquement nulles puisque les deux femelles restantes, Marchessa et Effie ne seraient pas fécondables avant trois ou quatre ans. C'était maintenant à Icare d'assurer la pérennité du groupe.

Icare et Tuck recommencèrent à harceler Bonne Année. Ils nous donnaient l'impression de se livrer à ce jeu cruel pour le plaisir. Bonne Année cessa de se défendre. Elle se coucha et resta immobile, signe évident de défaite totale.

Une dernière fois, Icare se frappa la poitrine, traîna Bonne Année sur le sol, la jeta sur le côté et termina sa démonstration par une course et en se frappant de nouveau vigoureusement la poitrine. Par miracle, Bonne Année réussit à ramper jusqu'au pied de l'arbre. Elle n'avait pas la force de grimper jusqu'à nous. J'étais à tel point abasourdie par la férocité dont venait de faire preuve le groupe 5 que je faillis ne pas réagir assez vite. *In extremis*, je la ramassai et la tendis à John au moment précis où Icare et Tuck arrivaient au pied de l'arbre. John cacha l'enfant sous son blouson. Il ne nous restait plus qu'à prier le ciel pour qu'elle se taise. Au moindre cri, Icare aurait escaladé l'arbre.

Quatre jeunes s'étaient maintenant rassemblés au-dessous de nous. Ils se mirent à grimper, cherchant à localiser Bonne Année. Quand ils arrivèrent à ma hauteur, je les pinçai et leur donnai de petits coups de pied en essayant de ne pas attirer l'attention d'Icare. Troublés par ce comportement qui ne m'était pas habituel, ils redescendirent. Heureusement, Bonne Année restait tranquille. Icare grimpa à son tour. Sa tête était à quelques centimètres de mes pieds. A travers mes bottes mouillées, je sentais la chaleur intense que dégageait son corps. Finalement, c'est parce que nous occupions une position surélevée et parce que nous étions deux qu'Icare renonça.

Pendant près d'une heure, Icare et Tuck montèrent la garde au pied de l'arbre. Ils grognaient au moindre de nos mouvements. Les poils de la tête du mâle restaient dressés. Son corps dégageait une odeur âcre. Les deux gorilles bâillaient, montraient les dents, secouaient la tête de gauche à droite. Je ne m'étais jamais sentie aussi impuissante.

Par moments, Icare relâchait sa tension en chargeant brutalement le long de la pente, en se frappant la poitrine et en arrachant le feuillage alentour. Il reprenait ensuite sa faction. Finalement, le groupe se déplaça. Icare et Tuck suivirent les autres tout en se retournant et se redressant à plusieurs reprises pour nous lancer des regards soupçonneux. Quand tous les animaux furent hors de vue, John sauta de l'arbre et remonta la pente, Bonne Année toujours cachée sous son blouson. Je le suivis cinq minutes plus tard, m'attendant à tout instant à être jetée à terre. John me dit plus tard qu'il avait eu aussi peur que moi. Le comportement irrationnel de Tuck et d'Icare nous avait interdit toute approche et toute communication avec le groupe. Je me perdais en conjectures. Comment Icare avait-il ressenti son brusque accès de xénophobie ? En avait-il été aussi surpris que nous ?

Les blessures de Bonne Année étaient légères. Elles guérirent vite et l'enfant retrouva avec plaisir son environnement familier.

Vingt jours plus tard, je réussis à introduire Bonne Année au sein du groupe 4. L'absence de liens de parenté solides entre les membres de ce groupe permit une intégration immédiate. La famille adoptive de Bonne Année se composait de deux jeunes mâles adultes d'un groupe marginal, de trois mâles de l'ancien groupe 4, Beetsme, Tiger et Titus et du jeune chef à dos argenté Peanuts, alors âgé de dix-huit ans. Une heure après la rencontre, Bonne Année jouait avec Titus (cinq ans et demi).

En mai 1981, après une année de vie paisible au milieu du groupe 4, Bonne Année mourut d'une pneumonie. Nous venions de traverser une longue période de pluies diluviennes et de grêle.

La mort de Bonne Année nous amène à nous poser une question. Fallait-il remettre l'animal en liberté ? Je réponds oui sans hésitation. On m'opposera peut-être l'argument suivant : étant donné qu'il ne reste plus que 240 gorilles des montagnes, il aurait été préférable de placer Bonne Année dans un zoo. Je répondrai alors qu'il n'est pas légitime d'exhiber un animal pour la seule raison que son espèce est rare. De plus, nous savons bien que les gorilles des montagnes ne survivent pas longtemps en captivité. Dans un zoo, Bonne Année n'aurait eu aucune chance de perpétuer sa race. Elle est morte, certes, mais elle est morte libre.

Le souvenir des photos de Coco et de Pucker pendant leurs années de réclusion me hante. Elles étaient ensemble mais pourtant leur abattement était évident. Je n'aurais pas voulu imposer à Bonne Année le traumatisme de la captivité dans le seul but de lui faire gagner quelques années d'une existence sans intérêt. D'autre part, en la réintroduisant parmi les gorilles en liberté où elle a vécu, en pleine santé, pendant un an, j'ai fait la preuve qu'il est possible de remettre des gorilles captifs dans leur habitat naturel à condition de trouver un groupe réceptif. Les avantages qu'on peut en retirer, en ce qui concerne notamment la perpétuation de l'espèce, contrebalancent nettement les risques courus. Dans le cas de Bonne Année, j'avais craint qu'elle ne soit victime des braconniers mais sa mort ne fut que la conséquence du climat.

Tiger, qui avait treize ans et demi, passa dans un autre groupe à la fin de l'année 1981, peu après la mort de Bonne Année. Il émigra car il n'y avait plus pour lui de possibilité de reproduction. Un troisième animal avait rejoint le groupe 4 mais il s'agissait encore d'un mâle. Tiger était né avec la possibilité d'hériter de la direction de son groupe comme l'avait fait son demi-frère Oncle Bert après la mort de Whinny, le patriarche. Sa destinée avait voulu qu'il devienne membre d'un autre groupe qui ne comprenait pas de femelle.

Une seule balle avait privé Tiger de son héritage et changé toute sa vie. Au moment où j'écris ces lignes, Tiger est depuis près de deux ans un mâle solitaire. Il acquiert de l'expérience dans des interactions avec d'autres groupes, en particulier celui de Nunkie, un mâle à dos argenté plus âgé que lui et très autoritaire. Tiger sera peut-être contraint d'aller chercher des compagnes sur les pentes d'une autre montagne des Birunga. Je forme des vœux pour qu'il réussisse à fonder une famille comme d'autres mâles à dos argenté solitaires l'ont fait avant lui.

CHAPITRE 12

L'espoir : formation d'une nouvelle famille. Le groupe de Nunkie

En novembre 1972, je rencontrai pour la première fois un mâle à dos argenté solitaire que j'appelai Nunkie. Comme on le verra, cet animal était doué d'une forte personnalité. Il avait environ trente-cinq ans et se déplaçait sur une partie du domaine vital du groupe 5 entre les monts Visoke et Karisimbi. Ses traces indiquaient qu'il venait du mont Karisimbi, la zone la plus exposée à l'empiétement des hommes.

Les empreintes nasales de Nunkie ne correspondaient pas à celles que j'avais relevées sur d'autres mâles à dos argenté. Son comportement n'était pas celui d'un gorille habitué à la présence d'observateurs. Il montrait une extrême défiance. A la suite de quels événements l'animal était-il devenu un solitaire ?

Avait-il été le chef d'un groupe décimé par les braconniers ? C'était peu vraisemblable. L'instinct protecteur des mâles à dos argenté les pousse à défendre leur famille jusqu'à la mort. J'essayai d'en savoir plus en le comparant aux autres mâles du même âge existant dans les groupes qui faisaient l'objet de mes recherches. Amok, par exemple, vivait seul depuis six ans mais il était incapable de former un groupe à cause de son mauvais état de santé. Le seul défaut physique de Nunkie était une difformité apparemment congénitale. Quatre orteils du pied droit, le pouce excepté, et deux orteils du pied gauche étaient soudés.

La comparaison avec Peanuts, qui avait d'abord fait partie du groupe 8, n'était pas plus concluante. Peanuts avait montré son incapacité à acquérir et à garder des femelles. Nunkie paraissait au contraire très actif dans ses interactions avec les autres groupes.

Le comportement de ce mâle mystérieux indiquait qu'il avait été antérieurement chef d'un groupe mais nos observations ne purent nous apporter de certitude. Je conclus finalement que, comme Rafiki, il avait vraisemblablement perdu tous les mâles de sa famille qui avaient émigré pour aller se reproduire ailleurs après la mort naturelle des femelles. C'est ce que nous avions vu dans le groupe 8.

Nunkie erra comme un fantôme pendant deux ans, essayant d'acquérir des femelles au cours d'interactions avec les groupes 4 et 5 et plusieurs groupes marginaux. Il se familiarisa avec les différents gorilles et apprit à connaître le terrain. Contrairement aux autres mâles à dos argenté solitaires que j'étudiais, il n'avait pas de domaine vital personnel, condition indispensable pour créer un groupe.

Il lui fallait trouver un lieu que ne fréquentaient pas les groupes 4, 5, 8 et 9. Il finit par s'installer sur les hauteurs du mont Visoke. Le choix n'était pas idéal. La végétation y était moins abondante et moins variée que sur le col et les pentes situées plus bas. Nunkie s'y établit néanmoins avec deux femelles prises au groupe 4, Pétula et Papoose, qui restèrent définitivement avec lui.

Le passage des femelles d'un groupe à l'autre fut difficile et demanda de multiples interactions. Pétula quitta une première fois Nunkie et se déplaça seule pendant quarante-huit heures pour rejoindre le groupe 4 où elle avait laissé sa fille Augustus âgée de trois ans et dix mois.

Cependant, au lieu de rejoindre sa famille, elle s'installa avec Samson, fils de Rafiki et mâle solitaire qui avait autrefois fait partie du groupe 8. Nunkie, accompagné de Papoose la suivit. Il ne réussit pas à la reprendre. Les deux femelles restèrent avec Samson, plus jeune et plus vigoureux. Cette association ne dura que trois semaines. Papoose et Pétula furent de nouveau reprises par Nunkie. Leur choix fut sans doute dicté par un besoin de sécurité. Nunkie, plus expérimenté que Samson, offrait aux deux femelles une meilleure protection.

Pétula qui occupait précédemment dans le groupe 4 le dernier rang dans la hiérarchie des femelles devint, quand Nunkie fit l'acquisition d'autres compagnes, la femelle dominante. Nous avons vu en effet que le statut social dépend de l'ordre dans lequel les femelles ont été acquises.

Pétula, qui allaitait encore sa fille Augustus, n'avait eu aucune relation sexuelle avec Oncle Bert depuis trois ans et dix mois. C'est l'un des cas d'inhibition sexuelle due à un allaitement prolongé que j'ai pu observer. Onze mois après son installation avec Nunkie, elle donna naissance à une fille que j'appelai Lee, en souvenir de Lee Lyon, une amie photographe qui venait d'être tuée par un éléphant au Ruanda. En mai 1976, onze mois après la naissance de Lee, Papoose mit au monde un enfant mâle, également procréé par Nunkie qui reçut le nom de N'Gee (du nom de la *National Geographic Society*).

A neuf ans et dix mois, Papoose était la plus jeune de toutes les mères pour l'ensemble de mes observations. La moyenne obtenue pour neuf femelles est en effet de dix ans pour le premier enfant.

Comme Thor, l'enfant de Rafiki et de Macho, Lee était le premier bébé né dans un groupe. Malgré l'absence de compagnons de jeu, son développement moteur fut satisfaisant pendant les dix mois qui précédèrent la naissance de N'Gee. Elle jouait seule, comme sa demi-sœur du groupe 4, Augustus. Vers l'âge d'un an, elle faisait claquer son menton pour produire un bruit caractéristique des mâchoires. J'avais observé ce même jeu chez Titus du groupe 4 quand il avait près de trois ans. Augustus, pour sa part, tapait dans ses mains. Ces comportements indiquent que l'absence de frères et sœurs ou de compagnons du même âge amène les jeunes à inventer de nouveaux jeux.

***

Pendant près d'un an, Nunkie ne chercha pas à acquérir d'autres femelles. Enfin, onze mois après la naissance de Lee, il ramena une femelle immature, prise à un groupe marginal. Elle resta dix-sept mois avec lui avant d'émigrer vers un autre groupe marginal plus réduit. Après avoir fécondé Papoose, Nunkie reprit ses interactions avec les autres groupes. Un mois avant la naissance de N'Gee, il acquit trois autres femelles adultes. L'une ne resta que dix mois. Les deux autres, Fuddle et Pandora, qui venaient du groupe 6, vinrent grossir le harem de Nunkie. Elles avaient des empreintes nasales identiques et entretenaient des relations étroites. C'étaient sans doute des demi-sœurs.

Par son courage et son sens des responsabilités, Pandora me

faisait penser à Old Goat, du groupe 4. Elle prêtait assistance à Nunkie au cours des interactions. L'une de ses principales caractéristiques physiques résidait dans ses mains. La main droite ne portait plus que le pouce. La main gauche était recroquevillée comme une serre. Elle avait été vraisemblablement blessée par un piège dans sa jeunesse.

Par suite de son infirmité, elle passait plus de temps à se nourrir que les autres gorilles mais montrait cependant une grande habileté à arracher la végétation, casser et éplucher les tiges. Elle compensait avec la bouche et les pieds son absence de doigts.

Fuddle mit bas vingt-six mois après son acquisition par Nunkie. Pour Pandora le délai fut de vingt-sept mois. Fuddle donna naissance en juin 1978 à un enfant mâle, Bilbo. En décembre de la même année, Pandora eut à son tour un fils que j'appelai Sanduku (boîte, en swahili, en référence à la légende grecque de Pandore). L'infirmité de la jeune mère ne l'empêcha pas de donner au bébé des soins attentifs. Elle ne pouvait pas l'aider efficacement à s'accrocher à son ventre mais il n'était pas négligé pour autant. Elle lui faisait sa toilette en l'entourant étroitement de son bras droit et en se servant de sa main gauche.

Nunkie eut toujours une préférence marquée pour ses deux premiers enfants Lee et N'Gee. En août 1978, il avait fait l'acquisition de la vieille Flossie, de sa fille Cléo (sept ans) et d'Augustus (huit ans) fille de Pétula. Toutes trois appartenaient au groupe 4 qui avait été décimé et que dirigeait le jeune Tiger. Flossie et Cléo immigrèrent par la suite dans le groupe Suza, un petit groupe marginal qui leur offrait de meilleures possibilités de promotion sociale. Nunkie possédait en effet déjà quatre femelles. Augustus resta avec sa mère et, en août 1980, donna naissance à un enfant mâle, Ginseng.

La dernière femelle du groupe 4, Simba, fut acquise par Nunkie en décembre 1978. L'interaction fut très violente et causa la mort de Mwelu, le seul enfant laissé par Digit. Le groupe 4 était ainsi réduit à trois mâles. Vingt-deux mois après son passage dans le groupe de Nunkie, en août 1981, Simba mit au monde Jenny.

La famille et le domaine vital de Nunkie s'agrandissaient. Au début de l'année 1979 Nunkie commença à s'installer sur une grande partie de ce qui avait été le domaine du groupe 4 avant sa décimation. Ce terrain comprenait les pentes du mont Visoke et la région ouest du col.

Le matin du 3 mars 1979, le même étudiant qui avait découvert le corps décapité d'Oncle Bert, nous informa qu'il avait trouvé le groupe de Nunkie à un kilomètre environ de l'endroit où avaient été tués Oncle Bert et Macho. Les gorilles faisaient des démonstrations hystériques autour de Lee dont le pied gauche était retenu dans un piège. L'état d'affolement où se trouvaient les gorilles ne permettait pas à l'observateur d'apporter une aide efficace.

Par les mêmes pistes qui nous avaient conduits sur le lieu du massacre du groupe 4 et saisis de la même terreur que nous avions alors éprouvée, nous avons suivi l'étudiant. Tout le groupe avait pris la fuite laissant derrière lui des arbres brisés et des branches piétinées. Le collet de fil de fer du piège avait disparu.

Nous pûmes nous apercevoir, plusieurs jours plus tard, que le collet était profondément enfoncé dans les chairs et l'os de la cheville de la petite femelle. Lee et sa mère léchaient souvent la plaie mais ni Nunkie ni d'autres gorilles n'essayèrent jamais de retirer le fil de fer. Les gorilles adultes ont une répulsion pour les objets inconnus. De plus, les parents de Lee ne pouvaient comprendre que leur enfant courait un danger mortel. Nunkie ralentit la marche pour permettre à Lee de suivre le groupe. L'état de l'enfant déclinait. Atteinte de gangrène et d'une pneumonie, elle souffrit pendant trois mois. Elle mourut le 9 mai 1979. Elle ne pesait que 15 kilos soit la moitié du poids normal d'un enfant de trois ans. Lee fut la septième victime des braconniers au cours de mes douze années de recherches.

Sept mois plus tard, N'Gee, le second enfant de Nunkie, disparut. Des traces indiquaient que le groupe avait rencontré des braconniers et des chiens. Fuyant la zone dangereuse, les membres de la famille remontèrent sur les pentes de la montagne où ils passèrent les trois années suivantes à étendre leur domaine vital.

***

Comme on pouvait s'y attendre, le départ de Nunkie eut des répercussions sur les autres groupes qui se trouvaient sur le col. Le groupe 5 était le moins affecté par les activités des braconniers car il se déplaçait généralement au bas des pentes sud et sud-est, à la limite du Parc, où l'on trouve une ceinture de bambous. Il partageait son temps entre le versant de la montagne et le col. Pendant la saison de la pousse des bambous, les gorilles restaient au bas des pentes.

Les différents groupes commençaient cependant à manquer d'espace. Les domaines vitaux des uns et des autres se chevauchaient. On était revenu à peu près à la situation d'avril 1967 quand les gorilles devaient s'entasser sur les pentes de la montagne pour fuir les braconniers.

Nunkie était devenu le chef d'un groupe important et il avait besoin d'un terrain avec une végétation plus variée et de meilleure qualité que celle qu'il trouvait sur les hauteurs. Il parcourait toute la montagne, utilisant les prairies du groupe 5 quand celui-ci était dans la forêt de bambous ou descendant même jusqu'au bas du versant nord-est, zone qu'il ne fréquentait pas auparavant. Les groupes se rencontraient fréquemment mais les affrontements étaient rares. Nunkie ne ressentait pas le besoin de s'approprier d'autres femelles.

⁂

En décembre 1982, le groupe de Nunkie se composait de seize membres. Quatre femelles adultes (Pétula, Papoose, Simba et Augustus) étaient venues du groupe 4. Nankie avait eu d'elles sept enfants. Les deux premiers, Lee et N'Gee, nés de Pétula et Papoose, avaient été victimes des braconniers en 1979. Un mois après la mort de Lee, Pétula avait donné naissance à une femelle nommée Darby. Quarante-quatre mois plus tard, elle mit au monde un mâle : Hodari. Cinq mois après la mort de N'Gee, Papoose eut une petite femelle : Shangaza. De Simba et d'Augustus, Nunkie eut deux enfants : Jenny et Ginseng (probablement des femelles). Les femelles du groupe 4 perpétuaient ainsi la lignée de Whinny.

Avec les deux femelles du groupe 6, Fuddle et Pandora, Nunkie avait eu quatre enfants : Bilbo et Mwingu avec la première ; Sanduku et Kazi avec la deuxième. Tous les quatre étaient vraisemblablement des mâles. Ainsi se perpétuait la lignée du groupe 6.

Enfin Nunkie acquit au début de l'année 1981 une septième femelle, Umushitsi (sorcier-guérisseur) venue sans doute d'un groupe marginal à la suite d'une interaction qui ne fut pas observée. Elle donna naissance en mai 1982 au douzième rejeton de Nunkie. Pour une raison inconnue, elle disparut peu après avec son enfant.

Cette merveilleuse histoire du groupe de Nunkie illustre à la perfection les conditions requises pour qu'un mâle à dos argenté puisse créer, maintenir et développer son groupe familial en une structure sociale cohérente. La cohésion repose d'abord sur les liens du sang et sur ce qui bénéficie à la fois pour l'ensemble du groupe et à chaque individu, qu'il y ait émigration ou immigration.

Nous avons vu comment les groupes 8 et 9 se sont désintégrés après la mort naturelle de leurs chefs Rafiki et Géronimo. Aucun groupe ne peut survivre sans mâle à dos argenté qui en assure l'unité. Dans le cas du groupe 8 la cohésion s'est maintenue pendant une brève période (sans reproduction) grâce à l'ascendant de la vieille compagne de Rafiki, Coco. Après sa mort, le groupe ne compta plus que des mâles : Rafiki, le chef, trois mâles proches de la maturité sexuelle (Pugnacius, Samson et Greezer) et Peanuts, fils de Rafiki et Coco. Mettant en œuvre une stratégie de reproduction judicieuse, les trois mâles quittèrent le groupe et devinrent des solitaires en quête de femelles pour fonder leur propre famille. Peanuts resta avec son père qui entreprit de reconstruire le groupe 8 en faisant l'acquisition de femelles appartenant à d'autres unités sociales. Si Rafiki avait pu vivre dix ans de plus, sa fille Thor serait maintenant âgée de neuf ans et proche de la maturité sexuelle. Elle serait probablement restée dans son groupe et aurait élevé son demi-frère Peanuts. Malheureusement, elle fut victime d'infanticide après la mort de Rafiki.

Le chef du groupe 5, Beethoven, vécut longtemps et eut une nombreuse progéniture. Son fils Icare resta dans le groupe natal où il pouvait se reproduire avec ses sœurs et ses demi-sœurs. Beethoven, au moment où j'écris ces lignes, a déjà, au moins, dix-neuf rejetons. Sa lignée se perpétue à l'intérieur et à l'extérieur du groupe 5 par ses filles. Mais Beethoven s'efface déjà pour laisser la place à son fils, mâle à dos argenté qui, après la mort de son père, cherchera sans doute, pour des raisons d'exogamie, des femelles à l'extérieur du groupe.

Le groupe 4 possédait le même potentiel de réussite que le groupe 5. Il se désintégra après l'assassinat de son chef par les braconniers. Oncle Bert mourut dans la force de l'âge. Il avait eu huit enfants. Trois seulement ont survécu. Parmi eux, Augustus et Cléo ont eu à leur tour deux enfants. Si les braconniers n'avaient pas fait disparaître Oncle Bert et son courageux adjoint Digit, plusieurs générations de gorilles auraient vu le jour. Le seul enfant de Digit, Mwelu fut tué par Nunkie quand il s'empara de Simba, la mère. La petite femelle de dix-huit mois fut, elle aussi, une victime indirecte des braconniers.

⁂

Les stratégies de passage des gorilles d'un groupe à l'autre et l'infanticide lui-même sont des mécanismes de l'évolution permettant la reproduction de l'espèce au sein d'une population réduite. C'est ainsi que s'est formé le groupe de Nunkie. Quel sera son avenir ? Que deviendront les femelles qui ont vécu pendant dix ans sous sa protection ? Subiront-elles avec leurs enfants le même sort que les deux premiers rejetons de Nunkie, Lee et N'Gee ?

Trente-deux pour cent de la réserve des Birunga sont situés au Ruanda dont le taux de croissance démographique annuel est de 3,8 %. Depuis l'étude publiée par George Schaller en 1960, le nombre de gorilles diminue annuellement de 3 % par suite des activités de braconnage et de l'empiétement sur leur habitat. D'autre part, 1 620 hectares ont été enlevés au Parc des Volcans, réduisant ainsi de moitié la superficie du Parc ruandais et du cinquième la superficie totale de la réserve. En vingt ans, le nombre des gorilles a diminué de 60 %. Les 12 000 hectares restants n'occupent que 0,5 % de la superficie du Ruanda. Ce pays, avec ses cinq millions d'habitants, a la plus forte densité de population de l'Afrique au sud du Sahara. Les 95 % des habitants vivent sur des parcelles d'un hectare environ. En bordure du Parc des Volcans habitent 780 personnes. Chaque année 23 000 familles supplémentaires ont besoin de nouvelles terres cultivables. Si l'ensemble du Parc était affecté aux cultures, ce serait une goutte d'eau dans la mer.

Transformer le Parc en terres cultivables entraînerait la disparition des gorilles et des autres animaux sauvages. De plus, la disparition de la forêt réduirait la quantité de pluie. Chaque année, 188 200 hectares de forêts sont détruits dans le monde, soit 20 hectares environ à la minute.

Les points de vue des étrangers et des Ruandais sont diamétralement opposés. Les étrangers ne peuvent raisonnablement s'attendre à ce que les paysans ruandais qui vivent aux abords du Parc et qui cultivent le pyrethrum pour un salaire de misère se préoccupent de la majestueuse beauté des volcans et s'inquiètent de la menace qui pèse sur les espèces animales vivant dans les brumes de la montagne. Les Ruandais imaginent, à la place des *Hagenia*, des champs et des champs de patates, de haricots, de maïs et de tabac. Ils ressentent comme une injustice le fait de ne pas pouvoir utiliser les terres du Parc des Volcans.

Les idées américaines et européennes sur la préservation des animaux sauvages sont à mille lieux des préoccupations des paysans et, à juste titre, elles leur paraissent aberrantes. Ce qu'ils doivent comprendre, par contre, c'est que la montagne constitue un château d'eau indispensable à leur propre survie. Les forêts des Birunga recueillent 10 % de la pluie qui tombe au Ruanda et qui va irriguer les cultures situées au pied des montagnes. L'avenir de chaque famille de cette région est donc étroitement lié à celui du Parc des Volcans. La disparition de la forêt entraînera inévitablement la disparition des cultures.

Il faut souhaiter que le souci de préserver l'équilibre écologique devienne l'une des priorités du gouvernement ruandais et que la coopération entre les trois pays qui se partagent les Birunga (Ruanda, Ouganda et Zaïre) se renforce dans ce domaine. Ils ont tout à y gagner sur le plan sociologique et économique.

La législation internationale destinée à empêcher tout empiétement sur le *Parc des Volcans* au Ruanda, le *Parc des Birunga* au Zaïre et le *Kigezi Gorilla Sanctuary* en Ouganda doit être renforcée. Les braconniers doivent être sévèrement punis et passibles de peines de prison. Le type d'actions entreprises par Paulin Nkubeli doit devenir la règle. Le chef des brigades qui ne fait pas de distinction entre les intrus, qu'ils soient africains ou européens, mérite d'être cité en exemple.

Les recherches effectuées de 1967 à 1983 à Karisoke ne recouvrent qu'une brève période. Quinze années sont peu de chose dans la vie d'une espèce animale. Il faut savoir cependant que les vingt ans qui viennent seront cruciaux. Plusieurs espèces animales sont menacées de disparition. Les gorilles de montagne sont-ils condamnés à avoir été découverts et à disparaître au cours du même siècle ? Aux hommes d'en décider.

Conclusion

Il faut se féliciter que les responsables de la préservation des animaux sauvages, les économistes, les sociologues et les journalistes commencent à avoir une approche plus réaliste des problèmes du tiers monde. Les différentes politiques de préservation ont trop souvent fait fi des besoins vitaux de la population locale et ont ignoré les complexités de la bureaucratie ainsi que la corruption qui règne dans certains milieux. Ceux qui, sur place, se sentaient concernés par les problèmes de la préservation des animaux sauvages dans leur pays n'ont pu réaliser leurs objectifs. Les étrangers qui font l'apologie des animaux sauvages et les présentent comme un héritage sacré doivent comprendre que pour des populations pauvres ces animaux n'ont d'intérêt que dans la mesure où l'on peut en tirer profit en vendant leurs défenses, leurs peaux ou leur viande.

Les espèces en danger vivent au jour le jour, qu'il s'agisse des 242 gorilles de montagne restant en Afrique, des 1000 pandas géants de Chine ou des 187 ours grizzlis d'Amérique. Leurs chances de survie ne sont guère améliorées par le tourisme en comparaison de ce que l'on peut obtenir par d'autres méthodes. Une préservation active des animaux nécessite l'organisation de patrouilles fréquentes pour détruire les armes et l'équipement des braconniers, un renforcement des lois existantes, le recensement des animaux et la sauvegarde de leur habitat naturel.

La préservation active doit être évidemment associée à des projets à long terme mais il faut commencer par le commencement. En ce qui concerne les gorilles de montagne, cela signifie la destruction des pièges et l'arrestation des braconniers. Pour les pandas géants, il faut rechercher et mettre à leur disposition des ressources alimentaires. Quant aux ours grizzlis, ils doivent être protégés contre le braconnage. Les réserves où ils se trouvent doivent être étroitement surveillées.

Je tiens à exprimer ma profonde reconnaissance à tous les Ruandais et les Zaïrois qui m'ont courageusement soutenue dans ma tâche pour la préservation des gorilles de montagne.

Pour Digit, Oncle Bert, Macho, Lee, N'Gee et tant d'autres gorilles, il est maintenant trop tard. Je souhaite seulement que ceux, Européens ou Africains, qui professent encore des idées erronées sur la préservation des animaux ne repoussent pas, par l'application de leurs méthodes, Beethoven, Icare, Nunkie et leur progéniture dans les brumes du passé et qu'une aube plus claire se lève demain pour les gorilles de montagne.

Généalogies

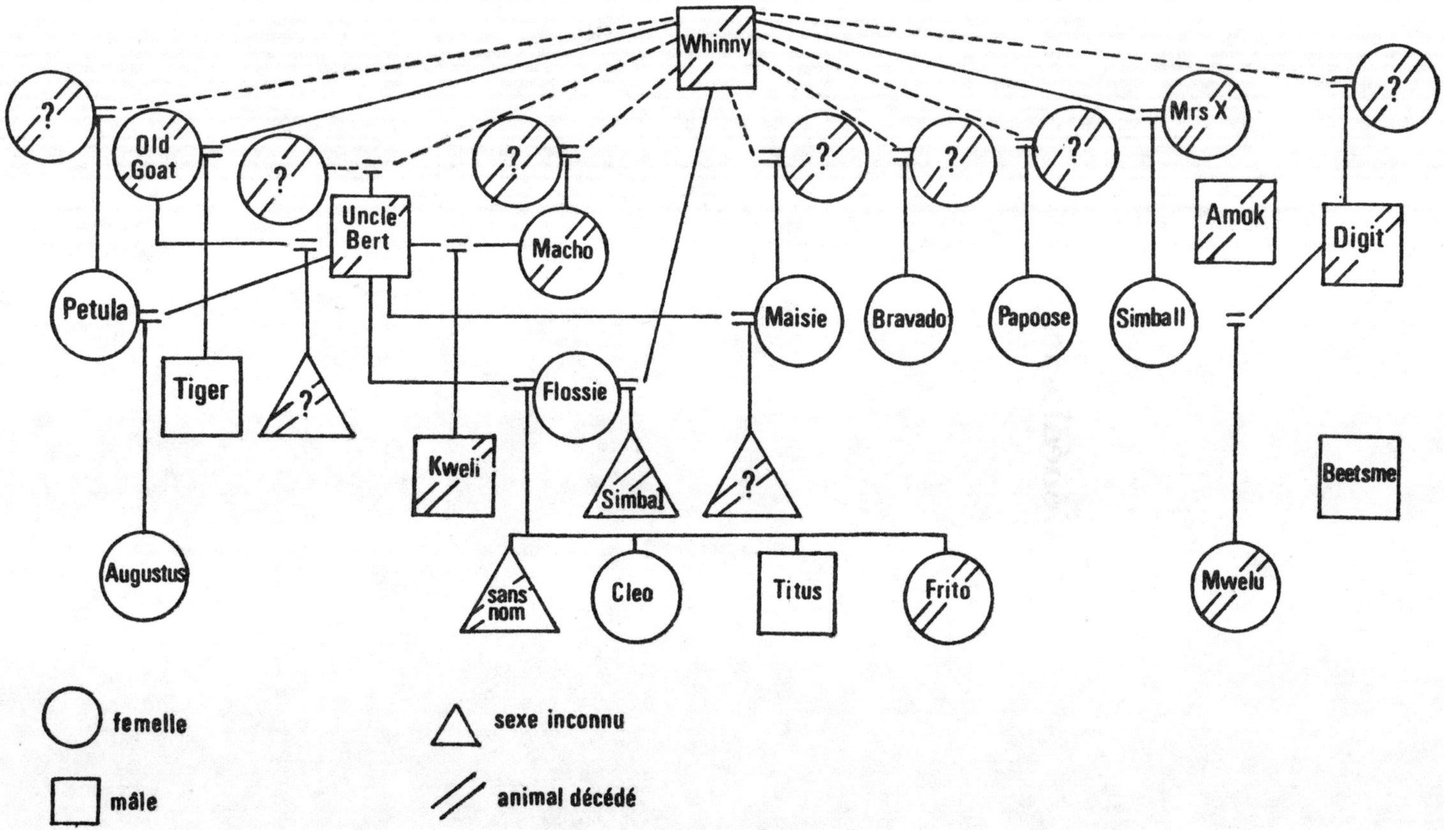
Whinny
?
Old Goat
?
Uncle Bert
?
Macho
?
?
?
Mrs X
?
Amok
Digit
Petula
Tiger
?
Kweli
Flossie
Simbal
?
Maisie
Bravado
Papoose
Simball
Beetsme
Augustus
sans nom
Cleo
Titus
Frito
Mwelu
femelle
mâle
sexe inconnu
animal décédé

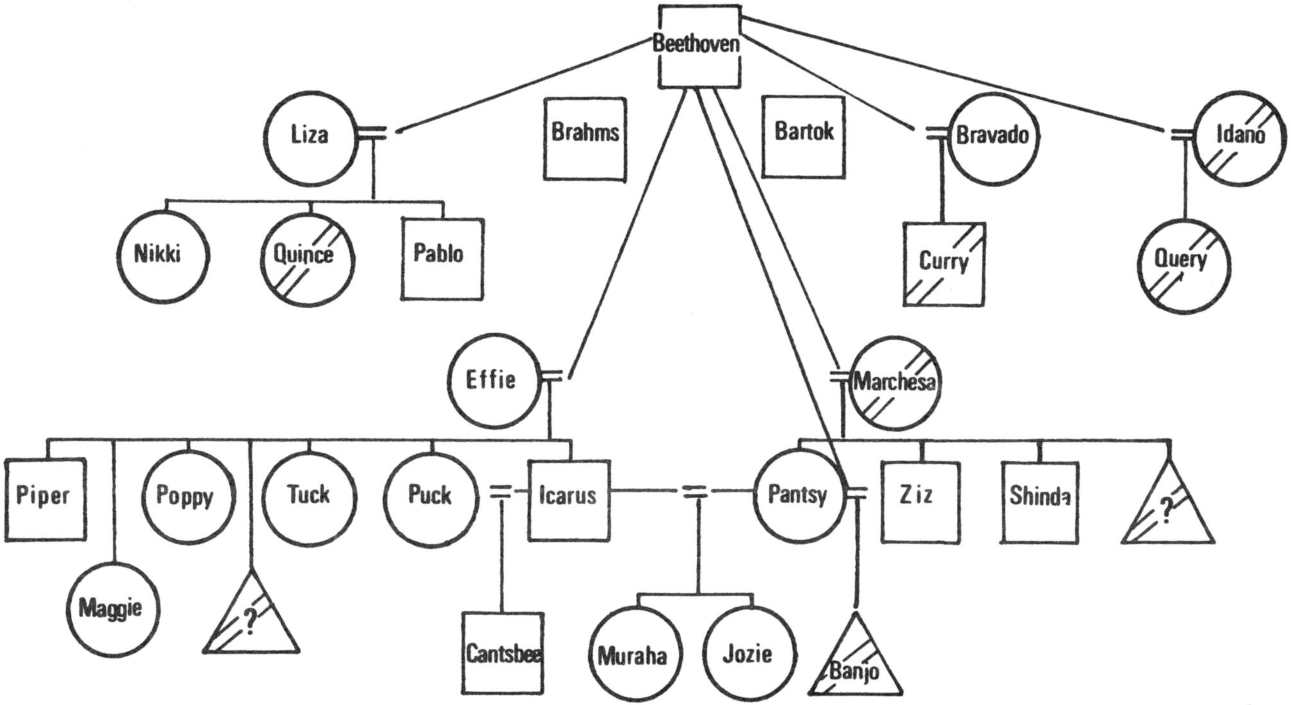
Beethoven
Liza
Brahms
Bartok
Bravado
Idano
Nikki
Quince
Pablo
Curry
Query
Effie
Marchesa
Piper
Poppy
Tuck
Puck
Icarus
Pantsy
Ziz
Shinda
?
Maggie
?
Cantsbee
Muraha
Jozie
Banjo

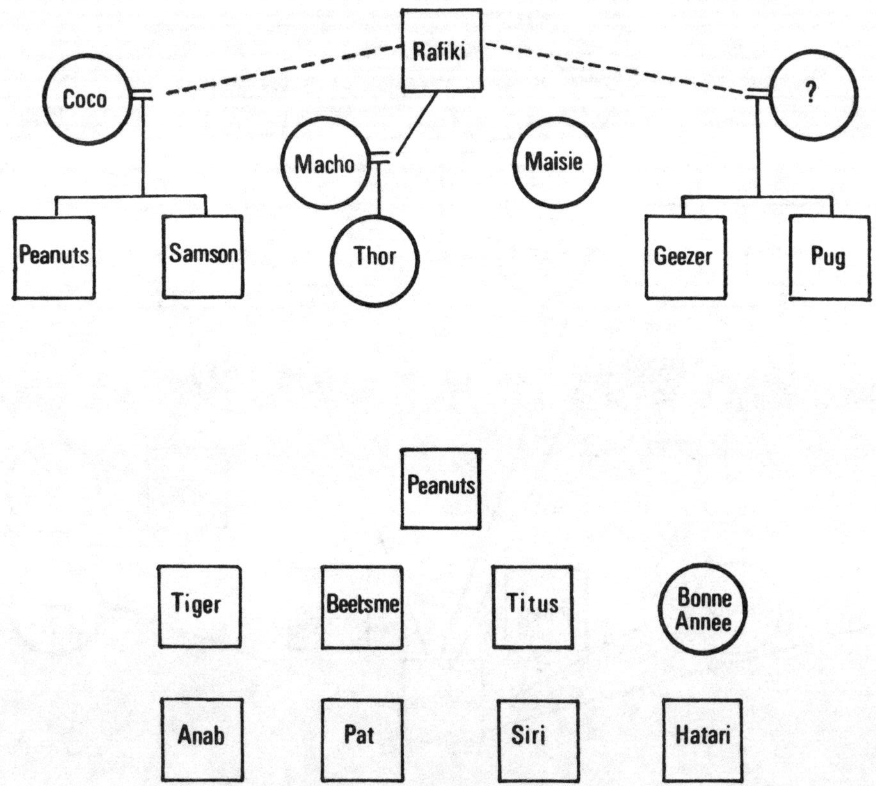
Rafiki
Coco
?
Macho
Maisie
Peanuts
Samson
Thor
Geezer
Pug
Peanuts
Tiger
Beetsme
Titus
Bonne Annee
Anab
Pat
Siri
Hatari

Postface

Le 27 décembre 1985, deux ans après la parution de ce livre, Dian Fossey était retrouvée morte dans son bungalow du *Karisoke Research Centre*. Elle avait été frappée à la tête d'un coup de machette et gisait dans une chambre dévastée. Visiblement, l'assassin avait fouillé précipitamment le bungalow, vidant le contenu des tiroirs, brisant des bouteilles ou des lampes, renversant les meubles...

Les yeux grands ouverts, Dian Fossey tenait dans sa main une poignée de ce que l'enquête révéla être des cheveux d'homme blanc. On retrouva également près d'elle son arme, un pistolet de gros calibre, qu'elle n'avait pas eu le temps d'utiliser pour se défendre.

Les enquêteurs ruandais, arrivés sur les lieux huit heures après la mort de l'Américaine, conclurent rapidement à la culpabilité d'un groupe de braconniers, les ennemis jurés de celle qui s'était entièrement dévouée à la préservation des gorilles de cette région. Dans les jours qui suivirent, cinq d'entre eux furent arrêtés et inculpés.

Six mois après pourtant, quatre des accusés furent remis en liberté, l'ensemble des charges reposant sur le cinquième, un ancien pisteur de Dian Fossey appelé Emmanuel Rwerekana. Mais le tribunal ruandais chargé de l'affaire mettait également en accusation un blanc, le chercheur américain Wayne McGuire.

Quelques jours plus tard, le 22 août 1986, Emmanuel Rwerekana était retrouvé pendu dans sa cellule. Wayne McGuire restait ainsi le seul suspect du meurtre de Dian Fossey...

Après la mort de Dian, Wayne McGuire était resté à Karisoke pour poursuivre ses recherches personnelles – une étude des rapports entre les grands mâles à dos argenté et leurs petits – ainsi que pour assurer l'intérim à la tête du Centre. Les suspicions de la Justice ruandaise avaient commencé à peser sur lui après la nuit du 3 février 1986. Cette nuit-là, il avait été surpris par des gardes dans le bungalow de la victime en train – selon les termes du procès – « de voler des cartons contenant les notes de travail de Dian Fossey ». Interrogé à deux reprises, les 8 et 11 février, par la police ruandaise, McGuire avait pris peur et décidé de s'enfuir du pays. Le 18 décembre suivant, il était condamné à mort par contumace. Les États-Unis n'ayant pas conclu de traité d'extradition avec le Ruanda, Wayne McGuire n'a pas été autrement inquiété et vit aujourd'hui en paix en Amérique.

Est-il coupable du meurtre de Dian Fossey, comme l'affirme le Ruanda? Cette hypothèse semble peu probable, en regard des autres hypothèses envisagées. McGuire lui-même s'est d'ailleurs expliqué sur les circonstances du drame dans un long article paru en février 1987 dans la revue *Discover*.

« Je suis arrivé à Karisoke le 1er août 1985, écrit-il. Ayant entendu parler des problèmes rencontrés auprès de Dian par d'autres chercheurs avant moi, je ne savais comment l'aborder. Le lendemain de mon arrivée, à 8 h 30 du matin, quelqu'un cria à l'extérieur de mon bungalow :

» – Hé, McGuire! Vous comptez rester là-dedans pendant les deux prochaines années, ou quoi?

» J'ouvris la porte et tombai nez à nez avec elle.

» – Juste les deux prochains jours, répondis-je, ce qui la fit sourire.

» Dian pouvait être très brutale. C'était sa façon de tester les gens. Elle ne faisait pas confiance au genre humain en général, et se méfiait tout particulièrement des étudiants et des universitaires. Nous avons parlé ensemble quelques minutes, puis elle me dit :

» – Vous avez sans doute entendu beaucoup de ragots sur mon compte. Mieux vaut les oublier et vous concentrer sur les gorilles...

» C'est ce que je fis.

» (...)

» La mort de Dian fut une horrible tragédie, non seulement par sa brutalité, mais aussi parce qu'elle mit fin à sa lutte pour la survie des gorilles. Je ne crois pas que nous saurons un jour qui l'a tuée, parce que jamais le Ruanda ne diffusera ses informations. Karisoke a été fermé au public en septembre, et le bungalow de Dian a été mis sous scellés. Le courrier adressé au Centre de recherches ou en provenant est ouvert et contrôlé...

» (...)

» Je n'ai pas tué Dian. Elle était mon amie.

» (...)

» Je crois que le gouvernement ruandais a estimé qu'il serait mauvais pour le tourisme d'admettre que Dian Fossey ait été tuée par un braconnier, et qu'il était préférable d'accuser un Américain, puis de lui permettre de quitter facilement le pays avant le procès. »

Les accusations ruandaises reposaient sur deux pièces à conviction : les dossiers prétendument subtilisés par McGuire, et la mèche de cheveux retrouvée dans la main de la victime. En ce qui concerne les dossiers retrouvés dans le bungalow de McGuire, ce dernier affirme que Dian Fossey les lui avait confiés un mois avant sa mort. L'explication de son intrusion nocturne dans le bungalow, le 3 février 1986, demeure moins convaincante :

« Je passais devant la maison de Dian lorsque je remarquai qu'une fenêtre était entrouverte. Les sentinelles qui devaient garder la maison n'étaient pas en faction, aussi ai-je posé à terre les deux cartons vides que je transportais et me suis-je hissé jusqu'à la fenêtre pour voir si tout allait bien. Je ne suis pas entré, mais des gardes m'ont vu redescendre. Quelques minutes plus tard, ils sont venus dans mon bungalow pour m'accuser de vol. »

Les cheveux d'homme blanc trouvés dans la main de Dian Fossey ne pouvaient provenir que du crâne de Wayne McGuire, seul blanc présent alors à Karisoke, mais, affirme McGuire, « personne à ma connaissance n'a étudié ces cheveux au microscope pour déterminer s'ils avaient été coupés ou arrachés ». Or Dian Fossey avait plusieurs fois proposé à McGuire de lui servir de coiffeur, ce qu'il avait accepté. Lors de l'inventaire de ses biens, on découvrit une enveloppe contenant une autre mèche des cheveux de Wayne McGuire.

« Je ne m'étais jamais douté du fait qu'elle ait pu conserver mes cheveux, dit ce dernier. Peut-être est-ce pour cela que nous nous entendions bien. Peut-être croyait-elle qu'elle pourrait contrôler mes actes par la sorcellerie... »

Sorcellerie. Le mot semble impossible, incroyable, incompatible avec la qualité de chercheur scientifique. Pourtant, il est établi que Dian Fossey se servit souvent d'une sorcellerie de pacotille – masques, inscriptions magiques, séances d'intimidation – pour effrayer les braconniers infestant « son » territoire.

« Beaucoup de choses peuvent paraître étranges, ici, écrit McGuire. C'est à cause de cette insupportable solitude. Vous en perdez votre anglais, vous en perdez le sens des relations humaines... »

Cette sorcellerie de pacotille, peut-être prise au sérieux par Dian Fossey, est pour certains la cause de sa mort. Cette seconde hypothèse se fonde sur un incident survenu au mois de novembre 1985, peu de temps donc avant le meurtre. L'une des patrouilles de rangers du Centre captura un braconnier du nom d'Hatageka. Durant son interrogatoire, Dian Fossey confisqua à l'homme son *sumu*, une bourse à gris-gris à laquelle les Ruandais confèrent des pouvoirs surnaturels. Cette perte pouvait être assez terrible pour qu'Hatageka tente un mois plus tard de récupérer son amulette – ce qui expliquerait la fouille désordonnée du bungalow – et qu'il ait décidé de se venger en tuant celle qui la lui avait prise.

Troisième hypothèse, la plus simple et la plus probable, serait une vengeance de ces braconniers contre qui cette Dian chasseresse avait engagé une véritable guerre, avec ses affrontements, ses prises d'otages et ses morts. Dian Fossey était d'ailleurs persuadée que l'attaque du Groupe 4 – la famille de gorilles à laquelle elle était tout particulièrement attachée – et la mort de Digit, le grand mâle à dos argenté qu'elle avait suivi depuis des années, n'était pas un hasard, mais bien un raid de représailles dirigé contre elle et organisé par le « parrain » des braconniers, un nommé Sebahutu, qui avait été capturé par ses rangers et condamné à une peine de cinq ans d'emprisonnement. Atteint de tuberculose, Sebahutu avait peu d'espoir d'arriver au bout de sa peine et pouvait fort bien avoir commandité par vengeance l'assassinat de l'Américaine.

La raideur et l'agressivité de Dian Fossey vis-à-vis du gouvernement ruandais, et plus particulièrement son refus obstiné de laisser son territoire de recherches se transformer en zoo à l'air libre, permet d'avancer une quatrième hypothèse, celle de l'assassinat de l'Américaine par un tueur commandité par le gouvernement ruandais. Cette hypothèse paraît cependant moins probable, dans la mesure où ce gouvernement disposait de moyens d'intervention non-violents pour écarter la chercheuse, comme par exemple de ne pas renouveler son permis de travail, ce qui aurait obligé Dian Fossey à quitter le territoire ruandais.

Wayne McGuire fait cependant remarquer qu'en 1986, après la mort de l'Américaine, le nombre des visites de la réserve de Karisoke s'est nettement accru pour atteindre un chiffre de vingt touristes et plus par jour. Le prix de la visite étant de cinquante dollars par personne, le chiffre d'affaires de la réserve atteint trois millions de dollars par an, soit 60 % du revenu touristique du Ruanda. De son vivant, Dian Fossey s'était parfois violemment opposée à cette exploitation, ce qui ne pouvait qu'indisposer le gouvernement ruandais, pour lequel elle n'était qu'une étrangère en mission scientifique, et qui ne lui reconnaissait aucun droit de propriété sur les gorilles de Karisoke.

Le film *Gorilles dans la brume*, fondé sur l'autobiographie de Dian Fossey que vous venez de lire, ne pouvait apporter de réponse à l'énigme de sa mort. Mais tous les éléments d'une explication s'y trouvent merveilleusement illustrés : intransigeance, autoritarisme, sorcellerie – de pacotille ou non – mais aussi passion, dévouement et amour de cette femme hors du commun, qui repose aujourd'hui au cœur de la réserve, parmi ces gorilles qu'elle a défendus jusqu'à la mort.

Devenue une légende de son vivant, Dian Fossey a emporté avec elle ce dernier secret. A jamais elle gardera le nom que lui donnèrent les Ruandais : *Nylramacibili*, « La femme-qui-vit-seule-dans-la-forêt ».

Table

Imprimé en France par la Société Nouvelle Firmin-Didot
Dépôt légal : septembre 1989
N° d'édition : 15866 - N° d'impression : 13179